3つのゼロの世界

A World of Three Zeros

The New Economics of Zero Poverty, Zero Unemployment, and Zero Net Carbon Emissions

貧困0《ゼロ》・失業0《ゼロ》・CO_2排出0《ゼロ》の新たな経済

ムハマド・ユヌス & カール・ウェーバー
Muhammad Yunus with Karl Weber

山田 文 訳

早川書房

3つのゼロの世界

——貧困0・失業0・CO_2排出0の新たな経済

A WORLD OF THREE ZEROS
The New Economics of Zero Poverty,
Zero Unemployment, and Zero Net Carbon Emissions
by
Muhammad Yunus
with Karl Weber

Translated by
Fumi Yamada
First published 2018 in Japan by
Hayakawa Publishing, Inc.
This book is published in Japan by
arrangement with
PublicAffairs
an imprint of Perseus Books, LLC
a subsidiary of Hachette Book Group, Inc.
New York, New York, USA
through Tuttle-Mori Agency, Inc., Tokyo.

新たな文明を築く若い世代へ

目次

第一部　問題

第1章　資本主義の欠陥

私は人生のほとんどを、最も貧しい人々、とりわけ貧しい女性たちのために捧げてきた。人々が自分たちの生活を改善したいと思うときに直面するさまざまな障害を取り除こうと努めてきたのだ。私が故国、バングラデシュで一九七六年に立ち上げたグラミン銀行は、マイクロクレジットと呼ばれるツールを通じて、貧しい村人、特に女性たちに資金を提供してきた。マイクロクレジットはその後、世界中で、三億人以上の貧困者に対して、起業家としての能力を発揮する機会を与え、貧困と搾取の連鎖を断ち切る手助けをしている。

マイクロクレジットのおかげで何百万もの人が貧困から脱することができた。これだけ大きな成果が見られたことからも、従来の銀行制度の欠点がはっきりとわかる。従来の制度は、銀行を最も必要とする人々、つまり、世界中で最も貧しい人々にサービスを提供することを拒んできた。貧困者は数多くの問題に直面している。問題は互いに密接につながっていて、銀行の問題はそのうちのひとつにすぎない。制度化されたサービスは期待できず、清潔な飲料水や衛生施設が足りない。医療も不足し、教育も不十分。住居の質は低く、電力などのエネルギーも手に入らずに、高齢者は放っておかれる。ほかにも問題は山積している。そして、こういった問題が見られるのは、発展途上国だけではない。

私は世界中を旅するうちに、世界で最も豊かな国々でも、低所得者は同じ問題をたくさん抱えていると気づいた。ノーベル経済学賞受賞者のアンガス・ディートンは言う。「インドの貧しい村で暮らすか、ミシシッピ・デルタやミルウォーキー郊外のトレーラー・パークで暮らすか、いずれかを選べと言われたら、どちらの生活がましか私にはわかりません(1)」

加速する富の集中

世界中で貧困者を苦しめている問題は、経済的・社会的問題の反映とも言える。すなわち、富の集中が続くことによる格差拡大の問題である。

格差は長きにわたって政治論争の的だった。近年、この問題に対処しようと強力な政治・社会運動や意欲的な計画が数多く立ち上げられ、さまざまな取り組みがなされている。この問題をめぐって、多くの血も流されてきた。しかしこの問題は、今なお解決からはほど遠い。それどころか、個人間の格差拡大の問題はここ数十年でさらに深刻化しており、それを示す証拠もたくさんある。経済発展に伴い、富の集中も進行しているのだ。国内レベルでも国際レベルでも、さまざまな開発プログラムや所得再分配プログラムが導入され、低所得者の問題を改善しようとする取り組みも見られる。これらはある程度の効果を示してはいるものの、富の集中という傾向は変わらない。いや、加速してすらいる。マイクロクレジットやその他のプログラムによって多くの人が貧困から脱出することができたが、それと同時に最も豊かな人々が世界の富の大部分をいまだに手にしているのである。

このような富の集中の加速傾向が危険なのは、それによって人類の進歩や社会の一体感、人権、民主主義などが脅かされるからだ。富が集中する世界は、政治権力が一部の者に支配され、その少数者の利益のために利用される世界でもある。

富の集中は、国内で進行するだけでなく、国と国との間でも進んでいる。何百万もの人々が貧困から抜け出そうとあがいているにもかかわらず、世界の富は大部分が五、六カ国に集中したままだ。

富と権力の格差が拡大すると、そこから不信感や恨み、怒りの感情が生まれ、世界全体で社会が不安定になり、国家間の武力紛争が起きる可能性も高くなる。

地球規模の貧困削減に焦点を当てた一八の非営利組織からなる国際的連合体がある。その連合体、オックスファムでは、専門家たちが富の集中の問題について研究している。そこで明らかになったデータは、まさに恐るべきものだった。

二〇一〇年のオックスファムの報告によると、世界で最も裕福な三八八人が、世界人口の下位半分、推定三三億人より多くの富を所有していた。当時、この数字は世界に衝撃を与えた。その後、問題はさらに悪化している。二〇一七年一月のオックスファムの発表では、世界人口の下位半分より多くの富を所有する〝超特権者〟の数は八人にまで減ったという。しかも下位半分の人口は三六億人に増えている。(2) 新聞各紙にこの八人の写真が掲載された。いずれも尊敬を集める有名人だ。ビル・ゲイツ、ウォーレン・バフェット、ジェフ・ベゾスといったアメリカのビジネス・リーダーをはじめ、ほかの国からは、スペインのアマンシオ・オルテガやメキシコのカルロス・スリム・エルーなどが名をつらねている。

この情報はにわかには信じられず、理解するのに時間がかかるかもしれない。たくさんの疑問が浮かんでくる。富の大部分をわずか数人が支配している国では、社会構造はどうなってしまうのか？ ただひとりが一国の富の巨大部分を支配することになったら、その人物が自分の思いどおりに国を動かすことを防ぐ手立てはあるのだろうか？　暗黙のうちに、あるいはあからさまに、その人物の意思が国の掟になってしまうのではないか？

バングラデシュのような低所得国では、こういったことが起こりやすい。しかし、いまやアメリカのような豊かな国でもこれが起こりかねない。二〇一六年の大統領選挙戦でバーニー・サンダース上院議員は、最も豊かな〇・一パーセントのアメリカ人が下位九〇パーセントと同じだけの富を所有している点を問題にした。この主張は、全米経済研究所のような中立的立場の情報源からの信頼できる研究データによって裏づけられている。[3] サンダースはまた、ウォルマートのウォルトン一族がアメリカ人口の下位四〇パーセントより多くの富を所有していると指摘し、この主張もまた、中立的なファクト・チェッカーによる研究によって裏書きされている。[4]

膨大な富と権力がわずかな人間に集中するのを許すと、国家にとって危険だ。アメリカの大統領選挙を制した人物が、国のリーダーとしては何の実績もなく、莫大な個人資産を持つだけの男だったのも、おそらく驚くべきことではない。

資本主義はいかに不平等を生むのか

富の集中を助長しているのは、まさしく現在の経済・政治状況に固有のいくつかの特徴である。しかし、現在の経済システムのもとでは、富の集中は避けようがなく、そのプロセスが止まることはない。それが現実だ。大金持ちは悪意に満ちた詐欺師であり、賄賂や買収によってシステムを不正に操作しているに違いないと思い込んでいる人もいるが、それは必ずしも正しくない。実際には、金持ちが現在の資本主義システムを悪用しているのではなく、現資本主義システムのほうが金持ちの利益となるように機能しているのである。富とは磁石のようなものだ。小さな磁石はどれも、いつのまにかいちばん大きな磁石に引き寄せられる。これが現在の経済システムの仕組みだ。そしてほとんどの人が、このシステムを暗黙のうちに受け入れている。非常に豊かな人のことをうらやみはするものの、攻撃することはあまりない。子どもたちは、大人になったら自分たちも豊かになるようにがんばりなさいと言われ続ける。

豊かな人とは対照的に、貧しい人、つまり磁石を持たない人にとっては、何かを自分に引きつけるのは難しい。仮に小さな磁石をなんとか手に入れたとしても、それを持ち続けるのは困難だ。というのも、より大きな磁石の力にはほとんど抗えないからだ。集中へと向かう一方的な力が、富を示す棒グラフの形を絶えず変える。豊かな人の富を示す棒が天まで届く壁のように高くなっていく。一方で、そのほかの人の富を示す棒は、ほぼゼロの地点にとどまったままだ。

このような構造は持続不可能である。社会的にも政治的にも、この構造は時限爆弾のようなもので、いずれ、われわれが長年かけて築き上げてきたものすべてを破壊してしまう。われわれが日々の生活に忙殺され、悲劇の前兆に気づかずにいるうちに、こうした恐るべき現実が形作られている。

伝統的な資本主義像を世界に広めようとした人たちは、こんな状況になるなどと教えてはくれなかった。二五〇〇年前に近代資本主義が現れると、自由市場が富を自然に調整するという考えが広く受け入れられるようになった。経済競争が起こり、「見えざる手」によって市場の均衡がもたらされて社会的利益が生まれ、それが社会のメンバー全員に自動的に共有される。多くの人はそう教えられてきた。もっぱら利益を追求する自由市場というものが、社会を構成する人々全員の生活水準を向上させるはずだと信じてきたのだ。

資本主義がイノベーションと経済成長を促してきたことは間違いない。しかし、格差が急激に広がりつつある世界で、多くの人が疑問を投げかけている。「見えざる手は、本当に社会の全員に利益をもたらすのだろうか?」。答えは言うまでもない。どういうわけか、見えざる手は大金持ちをえこ贔《ひい》屓《き》するようだ。そうでなければ、これほどまでにすさまじい富の集中が続くわけがない。「経済が成長して水位が上がれば、ボートもすべて持ち上がる」。多くの人がこのスローガンを信じ込まされてきた。しかしこの言葉は、水漏れする筏《いかだ》にすがりついている人々や、そもそもボートなど持ってすらいない無数の人々の窮状を無視している。

経済学者のトマ・ピケティは、ベストセラーになった著書『21世紀の資本』(みすず書房)の中で、現代資本主義における経済格差の拡大傾向を徹底的に分析し、世界中で論争を呼び起こした。ピケティの分析はまさしく問題の核心を突いている。しかしピケティが提示する解決策は、主に累進課税によって収入の不均衡を是正しようというもので、格差の問題を克服するのに十分とはいえない。

われわれは経済についての考え方を、もっと根本的に変えなければならない。新古典派バージョンの資本主義では、現在われわれが直面している問題を解決することはできない。これは、いまや認めざるをえないのではないだろうか。なぜなら、新古典派資本主義は、目覚ましい技術発展と莫大な富の蓄積をもたらしたが、その代償として巨大な格差と、格差から生じる悲惨な問題もまた生み出したからだ。個人の利益を中心に据えた市場がすべての問題を解決する、そんな盲信は捨てて、現在の経済の仕組みでは不平等の問題が自然に解決されることはないと認めなければならない。むしろ、この問題はすさまじい勢いで深刻化している。

世界人口の圧倒的多数を占める資本主義競争の「負け組」だけが、この問題の影響を受けるわけではない。問題の影響は、国レベル、ひいては地球レベルでの社会・政治環境や経済発展、そして、少数派の豊かな人々を含む私たち全員の生活の質にまで及んでいるのである。

格差の拡大は、社会不安や政治的分裂、集団間の対立をもたらした。「オキュパイ」運動、ティーパーティー、アラブの春、イギリスのＥＵ離脱、ドナルド・トランプの大統領選出、ヨーロッパとアメリカでの右翼ナショナリズムやレイシズム、ヘイト・グループの台頭。現在のありとあらゆる現象の根底にあるのが格差の問題にほかならない。力を奪われ、未来に期待を持てない人たちが、現状に幻滅して怒りを募らせているのだ。世界は、持つ者と持たざる者との間で分断されつつある。その結果生まれたふたつの集団には、互いに不信感、恐怖心、敵対感を抱いていること以外に、ほとんど共通点がない。互いの不信感は、情報通信技術が最下層の人々にまで広がるにつれて、さらに高まるだろう。現実がいかに不公平か、自分たちがいかに不利な状況におかれているかを、貧しい人たちがはっきりと認識するようになるからだ。

これは誰にとっても、社会階層のトップにいる人にとってさえ、決して望ましい状況ではない。豊かで力を持った人たちは、世の中の九九パーセントの人が生きる現実から逃げ出して、ゲーテッド・コミュニティ（一般の人から隔絶された金持ちのコミュニティ）だけに閉じこもって楽しく暮らしていけるだろうか？　彼らは、街ですれ違うホームレスや飢えた人々から目をそらして生きていたいだろうか？　警察権力やさまざまな強制力など国家の道具を使って、最下層の人たちから自然と生まれる抵抗を抑えつけるのは楽しいだろうか？　自分の子どもや孫に、本当にこんな世界を引き継ぎたいだろうか？

豊かな人のほとんどは、「ノー」と答えるだろう。

金持ちが金持ちになったのは、その人が悪人だからではない。たいていは善人が、ただ既存の経済システムを利用して上までのぼりつめただけだ。富める者と貧しい者がはっきりと分断され、そういう世界で生きることへの不安が広がっているが、豊かな人の多くもまた、この不安を共有している。

その証拠に、個人から非営利組織に、あるいは慈善基金を通じて巨額の寄付がなされている。毎年、何千億ドルもが寄付されているのである。企業のリーダーたちは、ビジネスの目的はあくまで利益の最大化だと信じているかもしれないが、それでもほとんどの企業は「社会的責任」の名のもとに利益の一部を社会奉仕事業や寄付に充てている。

さらに、ほぼすべての国では、税金のかなりの割合を福祉事業に充て、医療を提供したり、食料援助や住宅補助をしたりすることで、最貧困者の生活を改善させている。その取り組みが不十分であったり、計画がうまくいかなかったりすることも多い。しかし、そういう仕組みが存在すること自体、貧困者を救わなければならないという義務感がその国の人々の間にある何よりの証拠だ。極端な格差のために、安全で充実した生活を送るのに必要な最低限のものすら持てない人が何百万も存在する。この格差を是正するには何かしなければならないと。

寄付や福祉事業は、資本主義システムによって生じるマイナスを埋め合わせようとする善意による取り組みである。だが、本当に問題を解決しようと思ったら、システムそのものを変える必要がある。

資本主義的人間 vs. ほんものの人間

資本主義システムの問題の出発点には、人間の本性《ほんせい》についての思い込みがある。他人への無関心は、経済に関する現在の概念的枠組みから生じているのだ。経済学の新古典派理論の土台には、人間は基本的に個人の利益を追い求める存在だという考えがある。経済合理性とは、個人の利益を最大にすることだと考えられているのである。この考えから、人間は他人に対して単なる「無関心」にとどまらない冷酷な行動をとるようになる。「貪欲」、「搾取」、「利己的」とでも言える行動だ。多くの経済思想家によれば、人間が利己的なのはそもそも問題ですらない。それどころか、利己心は資本主義的人間の一番の美徳なのだ。

　私自身は、利己的であることが一番の美徳である世界には暮らしたくない。ただ、経済学理論にはさらに深い問題がある。人間が利己的だという考えは、現実からあまりにもかけ離れているのだ。資本主義的人間は完全に利己的に行動すると思われているが、現実世界では、幸いそんなふうに行動する人はほとんどいない。

　また、資本主義的人間《キャピタリスト・マン》というが、ここには資本主義的女性《キャピタリスト・ウーマン》も含まれるのだろうか？　両者は同じなのか？　資本主義的人間は資本主義的女性も表しているのか？　そうでないなら「ほんものの人間」を新たに創り出して、男女両方を代表させるべきではないだろうか。

「ほんものの人間」とは、さまざまな性質を併せ持つ存在だ。ほかの人間との関係に喜びを見出して、それを大切にする。ときには利己的になることもあるが、それと同じぐらい思いやりがあって人を信頼し、無私でもある。自分のお金を稼ぐためだけでなく、他人のためにも働く。社会をよくするために、環境を守るために、喜びと美と愛とをこの世界にもたらすためにも働くのだ。

　このように自己犠牲的な気持ちで人が動くことは、数多くの証拠が示している。もし自己犠牲の心がなければ、この世界をもっといい場所にしようと、難しい仕事をすすんで引き受ける人はいなくなるだろう。世界中で無数の人が、たくさんお金を稼げる別の道があるにもかかわらず、教師やソーシャル・ワーカー、看護師、消防士となることを選んでいる。このことからも、利己心が普遍的な価値観ではないことがわかる。数多くの人が、社会活動家や非営利組織のスタッフ、ボランティア、カウンセラー、メンターとして、自分たちのコミュニティで他人に手を差し伸べているのもその証拠だ。

　ビジネスの世界にいるのは資本主義的人間ばかりだと思うかもしれないが、そこでもまた、無私と信頼の美徳がきわめて重要な役割を果たしている。そのわかりやすい例が、バングラデシュのグラミン銀行だ。銀行全体が信頼で成り立っているのである。担保を求めず、法的な書類も要求しない。「信用力」の証明も必要ない。お金の借り手のほとんどは読み書きができず、資産を持たない。お金を扱ったことすらない人もたくさんいる。多くは、これまで金融システムを利用できなかった女性たちだ。こういった人にお金を貸して、自分のビジネスを始めさせるというアイデアは、旧来の銀行家や経済学者からはばかげていると思われた。

それどころか、グラミン銀行の仕組み全体がそもそも不可能だと見なされていた。

しかし今日、グラミン銀行は、信頼だけに基づいて年に二五億ドルを九〇〇万人の貧しい女性に貸し付けている。二〇一六年の返済率は九八・九六パーセントだ。それに、同じ原則で運営されているマイクロクレジット銀行が、アメリカを含むほかの多くの国でも成功を収めている。たとえば、グラミン・アメリカはアメリカの一二都市に一九支店を構える。八万六〇〇〇人の借り手はすべて女性で、平均約一〇〇〇ドルの起業融資を受けている。二〇一七年現在、グラミン・アメリカは合計六億ドル以上を融資しており、返済率は九九パーセント以上だ。

もし人間が、本当に資本主義的人間そのままの存在ならば、信頼ベースでお金を貸す銀行から借金した人は返済などしないだろう。その結果、グラミン銀行はすぐに潰れてしまうはずだ。グラミン銀行が長年うまくいっていることからも、ほんものの人間は資本主義的人間とは大きく異なり、はるかにいい人間だとわかる。

それにもかかわらず、経済学者やビジネス・リーダー、政府の専門家の多くは、今でも資本主義的人間が現実の人間だと考え、利己心が人間を動かす唯一の動機だと思い込んで行動している。その結果、利己的であることが奨励される経済と社会と政治のシステムが続いている。無私の行動をとること、相手を信頼して行動することを多くの人が直感的に望んでいるのに、そのように振る舞うのをどんどん難しくしているのだ。

たとえば、経済成長を測るために作られた仕組みのことを考えてもらいたい。国内総生産（ＧＤＰ）は、一定の期間に国の中で生産された製品とサービスすべての金銭的価値を表す数値だ。政府機関によって念入りに計上され、メディアで広く報じられる。国の経済システムの成功を測る数値として扱われることも多く、ＧＤＰの成長が芳《かんば》しくないという理由から政権が倒れることまである。

しかし人間社会は、さまざまな要素が混ざり合ってできている。ＧＤＰで測られる経済活動だけでなく、ほかにも多くのものから成り立っているのだ。国の成功や失敗は総合的に判断されるべきであり、狭く限定された経済データの合計だけで測られるべきではない。

ＧＤＰは全体を語らず、語ることもできない。お金のやり取りを必要としない活動は、ＧＤＰに算入されないからだ。つまり、人間がとても大切にすることの多くが、価値がないと見なされるのである。他方で、兵器や、人の健康を害したり環境を破壊したりするのに使われるお金はＧＤＰに算入される。苦しみを生じさせるだけで、人類の幸福にはまったく貢献しないにもかかわらずだ。

ＧＤＰは、資本主義的人間の利己的な行動を正確に測ることはできるかもしれない。しかし、ほんものの人間の成功をとらえることはできない。それをするには、何らかの新しい測定法が必要だ。おそらく、人類に加えられた害を「差し引く」新しいＧＤＰの計算法を考えるべきだろう。貧困や失業、非識字、犯罪、暴力、人種差別《レイシズム》、女性の抑圧など、人類に害となったり人類の潜在能力を開花させるのを妨げたりする行動をＧＤＰから差し引くのだ。もちろん、この新しい「正味ＧＤＰ」を正確に定義し測るのは難しいだろうが、だからといってあきらめるべきではない。計算するのは簡単だが経済がどれだけ健全な状態にあるかは正確に評価できない、そのような測定法に甘んじていていいはずがない(5)。

経済についての考え方に欠陥があると、さまざまな問題が生じる。誤解を招く測定法が広く使われているのは、そのひとつにすぎない。もうひとつの問題は、テクノロジーの変化を社会の変化とうまく結びつけることができず、社会の全員に利益をもたらすかわりに、少数の特権的な人だけが得をしていることだ。この五〇年間で、地球規模の貿易と経済統合が劇的に拡大した。これは交通やコミュニケーション、情報技術が発達するとともに、政治的・社会的障壁が少しずつ取り払われてきたおかげだ。このグローバリゼーションの新時代は、本来であれば人類をグローバルな家族にして、これまでなかったほど親密で調和がとれ、友愛にあふれた世界を実現していてもいいはずだ。しかし現実には、グローバリゼーションは非常に深刻な緊張と敵対関係を生んできた。人や国は互いに対決姿勢をとり、それぞれが利己的な関心を追っている。現在の経済理論ではゼロ・サム的な考え方が前提となっているので、人はみな経済の戦いで「勝者」となるように立ち回ることを求められ、ほかの人たちを必然的に「敗者」へ追いやることになる。そのひとつの結果として、ナショナリズムや排外主義、不信感、不安感が恐るべき高まりを見せている。

このようにわれわれは、哲学的パラドックスを抱えて生きている。経済理論家やジャーナリスト、専門家、政治家の多くは、自由市場資本主義は完璧なメカニズムであり、制約から完全に解放しさえすれば人類のあらゆる問題を解決できると今でも主張している。だが、それと同時に社会は自由市場に欠陥があることを暗に認めていて、それを正そうと毎年何十億ドルもの資金を投入している。残念ながら、こういった取り組みはほとんど効果を上げていない。少数者への富の集中が続き、すべての人間を苦しめている現状を見ても、それは明らかだろう。

新しい考え方が求められている。

経済のエンジンを再設計する

経済理論家がかつて夢見たものは、おとぎ話にすぎなかった。みんな心の奥底ではそう思っている。今ある資本主義のエンジンは、解決よりもダメージを多く生んでいる。部品を一つひとつ再設計するか、完全に新しいエンジンと取り替えなければならない。

グラミン銀行での経験から、再設計後のエンジンがどのようなものになるか私には想像できる。私が銀行を立ち上げたときには、大それた目標は持っていなかった。ただ、故国の村に暮らす貧しい女性たちの生活をほんの少しよくしたかっただけだ。しかしここ数十年で、私は経済のエンジンを設計し直して新しいモデルを現実世界で試す活動に、少しずつ取り組むようになった。古いエンジンが生んだ問題に新しいエンジンが非常に効果的に対処するのを目にして、とてもうれしく感じている。

再設計された経済のエンジンには、三つの基本的な要素がある。第一に、われわれはソーシャル・ビジネスの考え方を受け入れる必要がある。無私という人間の美徳に基づいた新しい事業形態だ。第二に、人間は仕事を探す者だという考えを捨て、人間は起業家だという新しい考えと置き換える必要がある。第三に、経済の底辺にいる人たちに効果的に機能するよう、金融システム全体を設計し直す必要がある。

世界中で何千もの人が、新しい資本主義を作る取り組みに加わっている。私がバングラデシュで創設したグラミン銀行のほかにも、世界のいたるところで何百ものソーシャル・ビジネスが立ち上げられ、旧来の資本主義が生んださまざまな問題に取り組んでいる。

この後の章では、これらの経験について説明し、経済の新しい考え方には人間社会を変えるとても大きな可能性があることを示したい。新古典派経済学の土台にある思い込みを正せば、ほんものの人間のニーズを真に満たす新しい経済システムを創ることができる。そして、潜在的創造力を発揮するチャンスを誰もが得られる、そんな世界を創ることができるのだ。

第2章　新たな文明を創る――対抗経済《カウンター・エコノミクス》としてのソーシャル・ビジネス

これまで見てきたように、近年、富の集中の問題はますます深刻になっている。問題意識は拡大・深化しており、ある国で、また別の国で市井の人々が次々と怒りに駆られて立ち上がり、現在の不公平な経済システムに抗議している。政治家の中にはこの問題を利用して票を集めたり、移民やマイノリティなどスケープゴート集団への恨みや敵対感情を掻き立てたりする者も残念ながらいる。しかし、富の集中が進む傾向は、野放しのままだ。これを止めることはできるのか。あるいはこれは自由市場システムがもたらす避けられない副産物なのだろうか。

はっきりと言っておきたい。富の集中を止めることはできる。自由市場を非難する理由はない。非難すべきものは、それを越えたところにある。資本主義理論が人間本性を解釈する、そのやり方だ。そこにこそ根本的な原因がある。自由市場に参加できるプレイヤーのタイプは限られている。今、市場に参加するのを許されているのは、利己心に動かされたプレイヤーだけだ。無私の心に動かされたプレイヤーも市場に参加できるようになれば、状況は完全に変わる。

従来、不平等への取り組みは慈善事業や政府プログラムを通じて行なわれてきたが、それでは問題を解決することはできない。従来の資本主義の考え方と決別して行動することで、問題を解決できるのだ。必要なことはただひとつ。無私の心に動かされたビジネスを創出する取り組みに参加する意志を表明すること、つまり人類の問題を解決するために自分の能力に適したソーシャル・ビジネスを創出する意志を示すこと、それだけだ。

このシンプルな行動で、世界全体が変わる。あらゆる経済状態にある何百万もの人が率先して人類の問題解決に取り組めば、富の集中のペースを落とし、最終的には逆に富を拡散させることができる。それに企業は、自分たちの経験とテクノロジーを提供して、大きな力を持つソーシャル・ビジネスの創出を支援しようという気になるはずだ。政府もそれにふさわしい政策を整えて、人々や企業のこういった取り組みを支えるだろう。その結果、変化へと向かう勢いは止まらなくなる。

パリ協定——人々の勝利

別の切迫した地球規模の問題と比べてみよう。これも富の集中の高まりと深く関係している。気候変動の問題だ。

富の集中の問題を意識するのと同じように、人間が引き起こした気候変動によって危機がもたらされていることを世界中の人々が意識するようになってきた。それにもかかわらず、気候条件の悪化は今も続いている。

近年、毎月のように観測史上最高気温が更新されている。北極の海氷面積は史上最小レベルになった。海面水位は上昇し続けている。極端な気象現象が以前よりも頻繁に見られるようになった。こういった変化はすべて、あまり目につかない形で起きていたので、本来であれば向けられるべき注意が払われてこなかった。

気候変動の問題に取り組む多くの活動家が、街頭でのデモやメディアを通じて情報を発信し、人々や政策立案者にこの問題に関心を持ってもらおうと最善を尽くしてきた。この問題を研究する科学者の圧倒的多数も同じだ。世界に向かって活動家や科学者が呼びかけてきたのは、このような憂慮すべき状況を見過ごしていたら、やがて引き返すことのできない臨界点《ティッピング・ポイント》に達し、自然のシステムが引き起こす「正のフィードバック」のために、破滅へと向かう恐ろしい傾向を食いとめるのがほとんど不可能になるということだ[1]。一般の人々、とりわけ若者たちが、地球が危機的な状況にあることを政府に認識させ、それに歯止めをかける対応策をとらせようと世界中で長年キャンペーンを続けてきた。

二〇一五年、四〇年にわたる取り組みを経て、ようやく対応策がとられ始めた。

ＣＯＰ21としても知られる二〇一五年のパリ気候変動会議では、地球規模の気候変動を生じさせる温室効果ガスの排出を制限・削減する実践的枠組みに、世界各国の代表が初めて合意した。二〇一五年一二月一二日に全会一致で採択されたパリ協定には、現在、気候変動に関する国連枠組条約（ＵＮＦＣＣＣ）のメンバー一九五カ国が署名している。

私はＣＯＰ21の成果に興奮し勇気づけられた。気候変動を信じる者と信じない者との間で四〇年にも及ぶ戦いがあり、ついに信じる者が勝利を収めたのだ。熱心な科学者と活動家が、あらゆる場所で人々に訴え、世界が本当に危険な状態にあり、危機を逃れるためには一体となって行動しなければならないと納得させた。その結果、大小、貧富にかかわらず多くの国が法的拘束力のある協定に署名し、差し迫った気象災害から地球を守る可能性が開けたのである。

この勝利においては、多くの国の政治リーダーが重要な役割を果たした。しかし、もっと重要なことがある。パリ協定は人々の勝利だ。そして人々を率いたのが、自分たちの大きな目標に向けてあきらめずにキャンペーンを続けた献身的な活動家たちだった。

通常、われわれは政府の決定の背景となる世論を喚起するのに、政府をあてにする。地球温暖化の場合は、これが逆だった。世界中の市民が政府の意識を喚起したのである。何千もの活動家が苦しい戦いを強いられながら、気候変動は実際に起きていて深刻だが、防ぐこともできると政治家やビジネス・リーダー、市民を説得した。始めは傍観者だった何百万もの人たちが、少しずつ活動家になっていった。彼らは温暖化対策を支持する候補者に投票し、環境への配慮を掲げる政党が、地方でも国レベルでも勝利を収めるようになった。パリ会議の期間中も、何十万もの人々が世界中のイベントでデモ行進をし、愛するものすべてを守るためクリーン・エネルギーの未来を実現させようと呼びかけてひとつになった。(2) こういった動きが政治家にプレッシャーをかけ、立場の違いを越えて全世界共通の利益のために行動するよう促したのだ。

気候変動の問題は、まだ解決からはほど遠い。化石燃料企業など、ただ利己的な理由から変化に反対する人たちから、今なお根強い抵抗がある。アメリカでは、パリ協定脱退を掲げるドナルド・トランプが大統領に選出された。このことからも、この問題からあえて目を背けようとする人たちとの戦いが今も続いていることがわかる。しかし、ようやく正しい側が勢いを得てきたようだ。

私はCOP21に触れて、市民運動の力を使って準備を整えれば、世界はもうひとつの切迫した大問題も乗り越えられるのではないかという希望を持つことができた。気候変動と富の集中は、どちらも人間社会の未来にとって大きな脅威だ。地球上に生命が存在できるのは自然システムのおかげであり、気候変動はこの自然システムへの物理的な脅威となる。すべての人間には、尊厳を持って自由で平和に暮らし、ただ命をつなぐだけでなく、それ以上の大きな目標を追求する権利がある。富の集中は、この権利を社会的、政治的、経済的に脅かす。気候変動と富の集中の問題は分かちがたく結びついていて、それはトランプの大統領選勝利にもはっきりと表れている。経済システムのせいで虐げられていると感じる人たちがトランプの勝利を支え、それが今度はパリ協定の未来を脅かしているのだ。社会のあらゆる階層から市民が集まってひとつになり、熱心な科学者や活動家たちが先導して行なってきた取り組みが、気候変動に対する世論を変え、政治家を動かした。気候変動の場合と同じ道をたどれば、富の集中がかつてないほど進行しているこの危機から、人類を守るのに必要な力を駆り立てることができるはずだ。私はそう信じている。

極端な富の集中は、人類にもともと備わった不変の運命などではない。人間が作り出したものなのだから、人間の努力で解決できる。集団としてのわれわれの心には目隠しがされていて、社会が爆発せざるを得ない方向へわれわれを押しやっている力が見えていない。心の目隠しを外す努力が必要だ。世界をこの問題へと導いてきた現在のパラダイムに、異議申し立てをしなければならない。

富の集中を緩和しようとする試みは、ほとんどが所得の再配分に焦点を当てており、累進課税によって上位の人から税を多く徴収し、さまざまな給付事業を通してそれを底辺の人に与えようとするものだ。

残念なことに、民主主義政府が再配分プログラムを通じて大きな成果を上げるのは、ほぼ不可能だ。政府が重税を課すはずの最も豊かな人たちは、政治的にとても大きな力を持つ。政府が有効な対策を取ろうとしても、それが自分たちの利益に反するならば、豊かな人々は圧倒的な影響力を使って阻んでしまうのだ。

本当の解決策は、結果ではなく原因に対処することだ。必要なのは、われわれの社会の経済の枠組みを再設計して、純粋に個人の利益だけに動かされるシステムから、個人と集団、両方の利益が認められ、促進され、祝福されるシステムへと変えることだ。

グラミン銀行——金融システムを考え直す

もっと平等な社会を創るために、経済の枠組みを再設計しようという考えは、実現不可能だと思われるかもしれない。しかし、それは可能だと私にはわかっている。実際に起こりつつあるのを、この目で見ているからだ。

新しい経済の枠組みを創る私の試みの出発点になったのが、グラミン銀行だった。グラミン銀行が誕生したのは、状況に促されて、私が右も左もわからないことをやるようになったのちのことだ。この話は、著書『ムハマド・ユヌス自伝』（一九九九年）と『貧困のない世界を創る』（二〇〇七年）にすでに書いた。しかし、本書の読者のみなさんは読んでいないかもしれないし、この話は本書で示す「経済を作り直そう」というメッセージとも直接関係しているので、グラミン銀行誕生の経緯をかいつまんで説明させてもらいたい。

一九七四年にひどい飢饉がバングラデシュを襲い、私もその他の大勢の人々も、この国でとても大きな苦しみを生んでいる貧困をなんとかしなければと考えるようになった。私は、経済学を教えていた大学の近くのジョブラ村で、灌漑設備を使った農作物栽培に取り組んでおり、その中で村の貧困者のことを知り、村でのお金の貸し借りが貧困者にどのような影響を与えているのかも知った。やがて気づいたのは、お金の貸し手は極端に厳しい条件を借り手に押しつけ、貧しい村人はほぼ奴隷状態に置かれていることだった。村人たちを助けようと、私は自分のポケットマネーからお金を貸すようになった。これがグラミン銀行誕生へとつながる道のりの出発点だ。

私は銀行業務について経験も知識もなかったので、従来の銀行から仕組みを学ぶ必要があった。しかし、従来の銀行のやり方はジョブラ村の貧困者には役立っていなかったので、ただ真似をするわけにはいかない。真似をするのではなく、従来の銀行のやり方をひとつ学ぶたびに、私はそれと逆のことをした。その結果、私が作った銀行は、これまでの銀行のアンチテーゼとなったのである。

従来の銀行は、企業や豊かな人が拠点とする大都市で営業したがる。グラミン銀行はバングラデシュの村だけで活動する（実際、グラミン銀行の名前はベンガル語で単純に「村の銀行」という意味だ）。

従来の銀行は、豊かな人が所有して経営する。グラミン銀行を所有するのは、ほとんどが同時に顧客でもある貧しい女性だ。貧しい女性たちが役員となり、経営方針を決めている。

従来の銀行は、とりわけバングラデシュでは、おおむね男性にサービスを提供する。グラミン銀行は女性に焦点を当て、女性が起業家になる手助けをして、家族が貧困から脱け出せるようにする。

従来の銀行は、貧困者には信用力がないと思い込んでいる。グラミン銀行は、貧困者、とりわけ貧しい女性が非常に信用に足る人々であること、実際、豊かな借り手よりもローン返済率が高く信頼できることを歴史上初めて証明した。

従来の銀行は、担保（ローン返済を保証するために借り手が提供する財産）と、法律家が作成する厳密な法的契約書をもとにお金を貸す。グラミン銀行では担保も法律家も必要ない。私たちが創ったのは、完全に信頼だけをもとにした銀行制度だ。

グラミン銀行が創った銀行制度は「マイクロファイナンス」と呼ばれ、主に非営利組織や非政府組織（ＮＧＯ）を通じて、徐々に世界中に広がっている。マイクロファイナンスはとても大きな成功を収めたので、近年、世界銀行や国際通貨基金（ＩＭＦ）、国連などの主要開発機関が、さらに多くの人に開かれた金融プログラムの促進に関心を示している。金融システムには貧困者も参加することができるし、参加すべきだという私たちの主張が、しぶしぶながらも、これらの機関に受け入れられるようになったのだ。

残念ながら、銀行制度をもっと多くの人に開かれたものにしようとする現在の取り組みは、しばしば高コストの限られた金融サービスを、従来の銀行から貧困者に提供させようとするプログラムが中心となっている。こういった取り組みがうまくいっていないことからも、真に開かれた銀行は、従来どおりの金融制度を通して実現することはできないとわかる。現在の金融制度は、世界人口のほぼ半分を排除する原理と運営形態の上に成り立っているのだ。

豊かな人の銀行は、豊かでない人の役に立つようにはできていない。上からの圧力のもと、貧困者にサービスを提供するそぶりは見せるかもしれないが、そんなものは事業の一パーセントにも満たないだろう。銀行を利用できずにいる世界中の人たちは、ほんものの銀行を利用する必要があるのであって、主に広報戦略の一環として実施される、わずかばかりの些末なプログラムを必要としているわけではない。

マイクロクレジットの仕事をするうちに、私は銀行制度の根本に疑問を持つようになった。ほんものの人間は、現行の銀行制度の土台となっている古典派経済学理論が想定する人間よりも、はるかに大きな存在だと気づいたのだ。グラミン銀行のマイクロファイナンスのアイデアが世界中に広がったのは、ＮＧＯがこれを取り入れたからだ。しかしＮＧＯは、既存の金融機関が残した経済的な穴を埋めるのに必要な法律上の力を持っていない。必要なのは、穴を埋めるために特別にデザインされた金融機関だ。つまり銀行へのアクセスを持たない人たちに、その人たちだけのために考えられたあらゆる種類の金融サービスを提供できる金融機関が必要なのだ。従来の金融機関を通してわずかばかりのローンを提供したところで、根底にある問題はほとんど解決されない。

既存の金融機関は、富の集中のパイプ役になっている。それらを通して富の集中が起き、勢いづく。現在の金融機関は、富の集中の問題をこの先もどんどん悪化させるだけだろう。富の集中傾向を本気で緩和したければ、金融システムについて、ふたつのことをしなければならない。第一に、現在の銀行制度を再設計して、富の集中を助長する媒体として機能しないようにする必要がある。第二に、貧困者に金融サービスを提供する一連の新しい金融機関を作る必要がある。グラミン銀行はほぼ貧困者によって所有されていて、貧困者のニーズと関心に特化しているので、新しい銀行制度のモデルになるはずだ。

グラミン銀行を通じて貧しい女性たちと仕事をしたことが第一歩となって、私は発見の道のりを歩み、今の経済システム全体を深く洞察するようになった。グラミン銀行を立ち上げてからは、経済システムをさらに開かれたものにし、あらゆる人がアクセスできるようにするために、グラミン銀行のほかにも数多くの取り組みを行なってきた。

ソーシャル・ビジネスと新しい経済の枠組みへの第一歩

貧困者に銀行サービスを提供する中で、私は貧困者がほかにも多くの問題を抱えていることを知った。私はこういった問題に一つひとつ取り組もうとした。つねに、新しいビジネスを創り出すことで問題を解決することを試みた。これが自然なアプローチだと感じられたのだ。というのも、当然のことながらビジネスは具体的な目的を達成するために、つまり人が必要とし、欲し、お金を払うモノやサービスを提供するために計画されるからだ。ビジネスを立ち上げる人やそこで働く人は、たいてい自分たちが何を成し遂げようとしているのか、はっきりと自覚している。この精神こそ、私が人々の問題の解決に取り組む際に取り入れようとしたものにほかならない。

やがて、ビジネスを立ち上げるのが私の習慣になった。問題に直面するたびに、それを解決すべくビジネスを立ち上げた。そのうちに私は、数多くの会社や、会社のような独立プロジェクトを設立した。貧困者にモノやサービスを提供するビジネスで、提供するのはたとえば住宅や衛生施設、安価な医療、再生可能エネルギー、よりよい栄養源、きれいな飲料水、看護教育などだ。ほかにもたくさんある。

私がこれらのビジネスを立ち上げたときには、大きなビジョンを持っていたわけではない。手を差し伸べようとする貧困者が抱える、最も深刻な問題に対処しようとしただけだ。しかし時間が経つにつれて、私が立ち上げたビジネスは徐々に共通の特徴を持つようになった。いずれも自立したビジネスで、モノやサービスを売ることで収入を得るように作られているのだ。こうしなければならなかったのは、さもなければすぐに資金が尽きて誰の役にも立たなくなってしまうからだ。ただし、ビジネスでは収入が支出を上回るものの、そこから誰も個人的な利益を得ることがないようにした。そもそも私の目的は貧困者を助けることであって、経営者を金持ちにさせることではない。したがって、ビジネス立ち上げの元手を提供した出資者には、始めに出資した額は返還されるが、それ以上のお金は支払われない。当初の出資額が出資者に返還された後は、会社が得た利益はすべて会社に再投資され、ビジネスを改善し拡大するのに使われる。そうすることで、さらに多くの貧困者が利益を享受できるようになるのだ。

やがて私は、自分の試みが新しいタイプのビジネスを創り出したことに気づいた。そして、それを「ソーシャル・ビジネス」と呼ぶことにした。私の定義では、ソーシャル・ビジネスは「人類の問題を解決することに力を注ぐ無配当の会社」だ。この考えは理論や空論から生まれたのではない。当時の地球上で最も貧しい国のひとつで、困難な社会問題を解決しようと村人たちとともに働いた実践的な経験から生まれたのだ。

この成果には驚かされた。人類が直面する問題を解決するのは、びっくりするほど簡単だ。モノやサービスを必要とする人たちに人類の利益となるものを提供し、それを唯一の使命とする組織をビジネスとして立ち上げればいいとわかったのだ。

初めのころは不思議に思ったものだ。なぜ私よりも先に誰もソーシャル・ビジネスを思いつかなかったのだろう。なぜ世界は、社会問題解決への挑戦を政府と慈善団体だけに委ねてきたのか。その答えは経済理論にあった。この経済理論がビジネスに唯一絶対の指令を与えてきたのだ。利益と個人の富を生み出すべしという指令だ。しかし、ビジネスはそれとは完全に異なる目的のために使うこともできるとわかった。すなわち、人類が直面する問題を解決するのに使うこともできるのだ。また、目的を達成するのにとてつもなく大きな力を発揮することにも気づいた。突如として、世界をよりよい場所にするという目的のために、ビジネスが持つあらゆる創造力を結集させられるようになったのだ。

さらに根本的な次元では、経済理論の盲点は、経済理論が想定する人間本性の盲点に由来する。ビジネス・パーソンは利己心だけで動くと思われている。「商売《ビジネス》は商売《ビジネス》」と言われるように、目的は利益を出すことただそれだけで、利益さえ得られれば経営者はみんな満足すると考えられているのだ。

しかし、人間は金儲けのためのロボットではない。人間にはさまざまな側面があって、利己心と無私の心の両方が備わっている。私がソーシャル・ビジネスを立ち上げるときには、ビジネスを通じて自分の無私の面を表現する。従来の経済的思考では、そんなことは不可能だと思われていた。ビジネスの世界に無私の心が入り込む余地はない、無私の心はチャリティの世界でしか表現できないというのだ。だが、どうしてだろう。なぜビジネスの世界は、利己心と無私の心が両立できる、偏りのない活動の場であってはいけないのか。なぜ経済学の教科書は、二種類のビジネスのあり方を学生に教えないのか。従来の利己心に動かされたビジネスと、無私の心に動かされたソーシャル・ビジネスのふたつだ。若者自身に、どちらの道を歩みたいか選んでもらえばいい。あるいは、人生のさまざまな時点で、または同時に、両方を少しずつやってみてもいい。

私がソーシャル・ビジネスについて語り始めてから数十年が経った。当初はバングラデシュでわずか数社だけが実践する目立たないアイデアだったが、いまや世界中に支持者と実践者がいる世界規模の運動となった。数々の大学にソーシャル・ビジネス・センターが設置されて、この思想が研究され、深められ、教えられている。多国籍企業が手を挙げて独立した企業を作り、ソーシャル・ビジネスを始めている。何千人もの若者がこの考えに惹きつけられ、起業家精神に富んだソーシャル・ビジネス・ベンチャーを立ち上げて、自分たちのコミュニティの社会問題に取り組んでいる。

こういった展開を後押ししようと、私はソーシャル・ビジネス運動の仲間たちとともにファンドを作った。起業家の卵が夢を実現するのを支援するため、元手となるお金を提供するファンドである。若者がすばらしいソーシャル・ビジネスのアイデアを思いついたら、私たちがそのビジネスに出資し、専門的な助言と指導をして、経済的に自立できるよう手助けするわけだ。ビジネスがうまくいったら、私たちの出資分を買い戻してもらう。出資者に利益は配当されない。私たちが返済を受けて再び使えるようになったお金は、また別のソーシャル・ビジネスの立ち上げ支援に使われ、これが何度も繰り返される。

私たちはまた、ソーシャル・ビジネス・ファンドを作って、失業中の若者が自分で利益を上げる企業家になれるように支援してきた。つまり、求職者でなく仕事の創出者となれるように、資金を提供してきたのだ。今ある従来型の銀行や金融制度は、このニーズを満たすようにはできていない。担保や信用履歴《クレジット・ヒストリー》のない無職の若者にかかわる気などないのだ。だからこそ、この目的のために特別なファンドが必要となる。すでに多くの若者が名乗りを上げて、私たちのファンドと手を組み自分たちのビジネスを立ち上げた。この協力関係から、ソーシャル・ビジネス・ファンドが利子や利益を受け取ることはない。出資金の返還を受け、事務費用をまかなうために定率の手数料を受け取るだけだ。お金の面で起業を支援するソーシャル・ビジネス・ファンドは、個人や家族、コミュニティ全体を貧困から救い出す効果的な道具になることがわかった。

私たちはバングラデシュで「ノビーン・ウッドクター（新しい起業家）」プログラムを作った（通常は短くノビーン・プログラムと呼んでいる）。これに参加するために若者がしなければならないのは、ビジネスのアイデアを思いつくことだけだ。ビジネス・プランが承認されたら、その人は資金提供を受けて、営利企業を設立できる。ソーシャル・ビジネスを立ち上げる必要はない（そうしたければ、しても構わない）。私たちのソーシャル・ビジネス・ファンドは、それ自体、ソーシャル・ビジネスとして運営している。財政的に自立していて、利益が経営者や出資者に還元されることはない。経営者や出資者が受け取るのは、最初に出資したお金の返還分だけだ。

現在、私たちのソーシャル・ビジネス・ファンドは、一カ月あたり平均一〇〇〇件のビジネス計画を承認している。想像してもらいたい。農村に暮らす失業中の若者が毎月一〇〇〇人、起業家になっているのだ。二〇一七年中にこの数字はほぼ倍増し、月に二〇〇〇人近くに達する見込みである。「新しい起業家」プログラムの仕組みについては、のちほどさらに説明することにしたい。さしあたり強調しておきたいのは、このプログラムが成功したのは自然の成り行きだったということだ。出発点は、私たちがグラミン銀行を運営する中でとてつもなく重要なことに気づいたこと。誰もが起業家としての能力を内に秘めているのに気づいたことだ。

起業家のＤＮＡは全人類に共通のものだ。われわれは、この惑星で自立した狩猟者や採集者として生活を始め、周囲の世界からふんだんに提供される資源をもとに暮らしを立てようとした。自分自身を支える道を見つける能力は、今でも一人ひとりに潜んでいるのである。

起業家を支援すること、それが主流経済モデルの致命的な欠点を乗り越える基本的な道となる。その欠点は、政府や会社での仕事に依存しなければ人が生きていけないようにしていることと、雇用を提供する側や政府、企業だけが経済成長の推進力だと想定していることである。先進国の若者も、バングラデシュの若者と同じように起業家になれるはずだ。それができない理由はない。鍵となるのは、フレンドリーに若者たちの起業を支援する、利用しやすい金融機関を作ることだ。

起業という対抗経済《カウンター・エコノミクス》

これまでにソーシャル・ビジネスは大きく成長し、広がりを見せてきた。それを考えると、近代以降ほとんどの人間の世界観を支配してきた、従来の不完全な経済システムへのオルタナティヴが現れてきたことがわかる。主流の経済思考に潜むふたつの基本想定を取り除き、それをソーシャル・ビジネスによって明かされた新たな現実と置き換えれば、新しくて完成度の高い、正確で有効な対抗経済が現れる。

第一に、人間は生まれつき利己的だという想定を取り除く必要がある。したがって、利己心が中心的な動機となって、あらゆる経済発展をもたらしているという想定も捨てなければならない。そしてその代わりに、人間は利己心と無私の心の両方を持っていて、経済活動ではこの両方の動機が役割を果たすのだと想定しなければならない。

第二に、ほぼすべての人間はほかの人のもとで働いて人生を送るよう生まれついたという想定を捨てて、人間はみな生まれながらの起業家であり、無限の創造力を内に秘めているという想定と置き換える必要がある。

このように考え方を転換したならば、今ある経済の枠組みが生み出した問題に対処するのに、新しい経済がどれだけ力を持つかわかるようになる。ソーシャル・ビジネスを活用すれば、貧困や飢餓、病気、環境破壊など昔から続くたくさんの問題に取り組むことができる。それに、何百万人もの失業中の若者を起業家として扱うことで、無駄になっていた才能をしかるべく活用できる。

ソーシャル・ビジネスとは、創造性を活かして人類の問題を持続可能なやり方で解決することにほかならない。マイクロファイナンスがバングラデシュから出発して、信頼をベースにした銀行という考えが世界で受け入れられるようになったのと同じように、失業中の若者に向けた「新しい起業家」プログラムも、世界のほかの場所でプラスの変化を起こす新たな道を切り拓くだろう。

世界のどこに暮らしていても、失業中の若者はまず自分の生活を支える最低限の収入を何より求める。しかし若者は、自分の人生に意味を見つけたいという抑圧された欲求も強く持っている。幸い今の世代の若者は、最低限の生計を立てる必要から解放されさえすれば、人生の意味をうまく見つけ出せる恵まれた状況にいる。生まれたときから驚くべきテクノロジーに接してきた世代だからだ。途方もないハイテク経済のおかげで、アジアやアフリカ、南米の農村に暮らす若者たちでも、これまでに例を見ない処理能力を持つスマートフォンやその他のモバイル機器を使うことができる。このことから、今の若者は人類史上最強の世代といえるかもしれない。タッチスクリーンやリモートコントロール、アプリが、何でもやりたいことを実現する力を与えてくれる、それを知りながら育った世代なのだ。自分が持つ力に完全に気づいてはいないかもしれない。けれども、自分には不可能なことをなんでも可能にする潜在能力がある、そういう感覚を持っている。

今日の若者たち――バングラデシュからブラジル、アルバニアからハイチ、インドからアイルランド、日本からアメリカまで、世界中の都市、町、郊外、村に暮らす何億もの若者たち――は、世界を変える才能やエネルギー、知性、理想、他者への優しさを持っている。若者は、貧困や失業、環境破壊の暗がりから脱した新しい文明を創ることができる。今、求められているのは、新しい経済システムを作って若者の力を解き放ち、若者が自分の可能性を実現できるようにすることだ。本書の残りの章では、新しい経済システムがどのようなものになるのかを説明し、この新しいシステムがすでに形になりつつあることがわかる希望あふれる兆しをいくつか紹介したい。

第二部　3つのゼロ

第３章　貧困ゼロ――収入格差に終止符を打つ

「起業家精神」という言葉を聞いて、何が頭に浮かぶだろうか。カリフォルニアのシリコンバレーと、そこにある数多くのハイテク製造業者やアプリ開発業者、ソフトウェア企業を思い浮かべるかもしれない。あるいは、バイオテクノロジーやロボット工学、コンピューターのハブとして現在、急成長しつつあるマサチューセッツ州ボストンやオーストラリアのシドニー、インドのバンガロール、カナダのバンクーバーのようなところを想像するかもしれない。

しかし、おそらく東アフリカの国ウガンダのことは思い浮かべないのではないか。しかし、二〇一五年の報告で、グローバル・アントレプレナーシップ・モニター（GEM）という機関が、ウガンダを世界で最も起業家精神にあふれた国と位置づけた(1)。GEMによると、過去三年半の間に、ウガンダの人口の二八パーセント以上がビジネスを始めたという。これはアメリカ（四・三パーセント）の六倍以上にあたる。ほかの研究の推定では、八〇パーセント以上のウガンダ人が生涯のどこかの時点でビジネスを始めるという。

もしこれに驚いたのなら、それはおそらくあなたの起業家イメージの範囲が狭すぎるからだ。ビジネスを立ち上げるのに、工学やコンピューター科学の学位はいらない。起業家の多くは、小さな店を開いたり、ヤギや牛を買ったり、車一台でタクシーを始めたり、手作りの工芸品を売りに出したりして、ビジネスの世界に飛び込む。シリコンバレーの辣腕起業家たちと同じように、自分が信じる創造的なアイデアに基づいたビジネスに時間とリソースを注ぐ。やがてうまくいけば、事業を広げて雇用を創出し、富を生み出して地域経済の成長に寄与することもある。

これこそ、ほとんどが小規模の何百万ものビジネスがウガンダのあちこちで、またほかの多くの発展途上国で行なっていることにほかならない。この過程で、起業家は国と国民を貧困から少しずつ脱却させる手助けをしているのだ。こういった起業家たちが、私が主張する新しい経済構造の根本原理を示している。起業を可能にするスキルと才能は、選ばれたわずかな者だけでなく、すべての人間に共有されているという根本原理だ。これはウガンダだけの話ではない。世界中の新興国において、経済の最下層で同じように起業の波が押し寄せている。しかし残念なことに、どの国でもニーズに見合った支援の仕組みが整っていない。これはウガンダでも同じだ。数多くの国民が起業家としてのすばらしい才能を持っているにもかかわらず、自由な経済の文化が育つのを、既存システムが阻んでいるのである。

ウガンダは、現在ユヌス・ソーシャル・ビジネス（YSB）が活動する世界七カ国のうちのひとつだ。YSBは、ソーシャル・ビジネスのコンセプトを広めることを使命とする非営利組織で、ソーシャル・ビジネスの立ち上げに関心を持つパイオニアに研修や支援を提供したり、ソーシャル・ビジネスに専念する会社や部局を作ろうとする企業やビジネス・リーダーとともに仕事をしたりしている。活動する国々で新しい経済セクターを育てるのに貢献し、そうすることで自立した会社が現れて、貧困や失業、環境破壊といった問題への解決策を生み出せるよう促しているのだ。このようにYSBは、不完全な構造を持つ従来の資本主義を補完するために切実に必要とされる、新しい経済構造を創り出すのに寄与している。

どのようにこのプロセスが機能するのか、それがわかるシンプルながらも強力な例として、ＹＳＢが支援したソーシャル・ビジネスをひとつ見てみよう。〈ゴールデン・ビーズ（黄金の蜂）〉という会社で、本社はウガンダの首都カンパラにある。

ウガンダの主要産業は、国内消費用と輸出用の農業だ。ＧＤＰにおいて、ほかのどの経済セクターよりも大きなシェアを占める。しかし、地方農村の小規模農家にとって、生産した商品を国内や海外の市場へ送り出すのは難しい。このせいで収入が制限され、家族やコミュニティを最低生活水準から引き上げるのが困難になっている。

こういった農家にとって、最も成長が期待される分野が養蜂《ようほう》だ。蜂は当然、ハチミツを作る。ハチミツはアフリカで人気のある商品だ。いろいろな食品で甘味料として使われ、多くの家庭のキッチンに必需品として備えられている。蜂はほかにも多種多様なものを生み出し、中にはハチミツよりもさらに利益を得られるものもある。たとえば蜜蠟《みつろう》で、これはさまざまな化粧品やヘルスケア製品の重要な原料になる。蜂の針から採取する蜂毒は、医療用に広く使われる。それに、「蜂ヤニ」とも呼ばれるプロポリスという樹脂質の物質は、医療に使えるのではないかと最新の研究が進められている。

ゴールデン・ビーズはソーシャル・ビジネスであり、その使命は、ウガンダでたくさんの小規模農家が養蜂に取り組めるようにすることにある。そのために、養蜂に欠かせない道具やサービスを農家に販売し、養蜂技術の研修を提供している。そして、農家が生産した製品を収集、処理して売り込む。活動を通じて生み出される収入によって、ゴールデン・ビーズは事業を続けている。利益は事業拡大のために再投資され、さらに多くの農家がサービスを利用できるようにしている。

二〇一六年半ばの時点で、ゴールデン・ビーズは一二〇〇以上の農家のネットワークを築き、さらに数百が研修を済ませて道具を受け取るのを待っている。一番小さな農家は巣箱をたった三つしか持っていないが、一番大きなところには五〇〇もの巣箱が並んでいる。ゴールデン・ビーズは、首都近郊の農業地域に小さな店舗を三つ構え、そこでハチミツや蜂の関連商品を販売したり（それによって収入を得て、従業員の給料をまかなう）、地域の養蜂家に研修やコンサルティングのサービスを提供したり、ハチミツ採取時に刺されないようにする防護服や巣箱などの道具を販売したりする。店舗はハチミツなどの生産物を一手に集める拠点にもなっていて、生産物を加工する農家がゴールデン・ビーズに持ち込みやすいようにしている。

ゴールデン・ビーズが生産するハチミツなどの製品は、カンパラのおよそ八〇のスーパーマーケットで販売される。今後の見通しも明るく、ゴールデン・ビーズは事業を拡大して、ウガンダ全国や海外の市場も視野に入れつつある。中国や日本、デンマークの企業からも蜜蠟の注文が入り、世界中の製薬研究所がウガンダのプロポリスに関心を寄せている。こういった市場に商品を供給するため、ゴールデン・ビーズは製品の品質向上に取り組み、海外メーカーの厳しい品質基準を満たそうとしているが、これも小規模農家が数軒集まっただけではできない仕事だろう。

ゴールデン・ビーズの物語は、起業家精神の力を示す一例だ。貧困者が、さらにはコミュニティ全体が貧困から抜け出す手助けをするとともに、すでに貧困線よりも上の生活をしている家庭が切実に求めるさらなる収入を提供するという力の。ウガンダの農家は、ずっと以前から強い意志と知恵と勤勉さを持っていた。つまり、収益率の高い養蜂ビジネスを、自分たちが持つリソースに見合った規模で始めて続けられる力があった。しかし、実際にそれに着手するためのツールや情報がなく、また国内外の市場とつながるのに必要なビジネス構造もなかった。ゴールデン・ビーズはこれらの欠けていたものを提供し、残りは農家に任せる。ここに示されているのは、新しい形態のビジネスが起業家精神の力を解き放つ手助けができること、またそれによって、貧困者が自分自身の創造的な取り組みを通じて、自分たちや自らのコミュニティを貧困から脱却させることができるということだ。

われわれの経済システムの三つの大きな欠陥

あまりにも長い間、われわれは貧困や失業、環境破壊が続くのに耐えてきた。まるで人間がまったくコントロールできない自然災害か、あるいは経済成長に伴う避けようのない代償かのように考えてきたのだ。そんなことはない。これらの問題は、われわれの経済システムの欠陥から生じている。経済システムは人間が作ったのだから、人間がこの経済システムを捨てて、人間の本性とニーズ、欲求をより正確に反映した新しい経済システムと入れ替えることを選択すれば、こういった欠陥は正すことができるのだ。

思い出してほしい。いま稼動している資本主義の何よりの問題は、システムがただひとつの目的しか認めていないことにある。個人の利益を利己的に追求するという目的だ。その結果、この目的に沿って設計されたビジネスだけが受け入れられ、支援される。しかし、世界中で何百万もの人々が、貧困や失業、環境破壊の根絶など、個人の利益以外の目的を追求しようと熱意を燃やしている。貧困と失業と環境破壊をなくす、これらを目標にビジネスを設計して始めさえすれば、この三つの問題は劇的に軽減できるはずだ。そこでは、ソーシャル・ビジネスが決定的に重要な役割を果たす。

ソーシャル・ビジネスには、利益の最大化を目指す企業や、従来の慈善団体にはない長所がある。利益を上げなければならないというプレッシャーがなく、利益を求める投資家からの圧力もないソーシャル・ビジネスは、現在の資本主義がうまく対処できない状況でも経営を続けることができる。投資利益率はほぼゼロだが社会的な見返りが非常に大きい、そんな状況でも経営を続けられるのだ。また、ソーシャル・ビジネスは収益を生み出すように設計されており、経済的に自立している。だから、事業を続けるためにドナーから資金を集め続ける必要はない。非営利組織の世界では、多くの人がドナーからの資金獲得のために時間とエネルギーを費やしている。

このように、ソーシャル・ビジネスの経済は、シンプルで持続可能となりうる。発展途上国と豊かな国の両方で、すでに立ち上げられた試みが成功していることからも、それがわかる。

われわれが生きる時代は、新形態のビジネスを試みるのに特にふさわしい時代だ。情報通信の電子技術が大きな役割を果たし、起業家一人ひとりの力を増幅させるからだ。ソーシャル・ビジネスの経営者が、貧困者を助ける製品やサービス、あるいは何らかの形で社会に役立つものを考え出したら、ソーシャル・ネットワーキングなどメッセージを拡散するオンライン・ツールを使って、範囲の広い市場に訴えかけられる。インターネットのおかげで、よいアイデアは以前よりも速く拡散できる。うまくいくとわかったビジネス・モデルは、これまで以上に速く簡単に規模を大きくできる。ソーシャル・ビジネスとテクノロジーの力を組み合わせることで、医療や教育、マーケティング、金融サービス、その他多くの経済領域を根本から変革させることができるのだ。

このような新しい経済の考え方が、起業家や経営者、研究者、学生、政治家の取り組みによって世界中に広がりつつあるのは刺激的だ。今こそ、ソーシャル・ビジネスが持つ潜在力を活用して、格差と失業、環境破壊の問題を解決するときだ。これらの問題はいずれも、資本主義のエンジンが壊れていることの表れなのである。

貧困ゼロ、失業ゼロ、二酸化炭素排出ゼロ――この三つのゼロの世界へ踏み出せるか否かは、未来の世代にかかっている。ソーシャル・ビジネスが決定的な役割を果たす新しい経済システムが、目標を達成させてくれるはずだ。

不都合な真実――資本主義の危機がいかに貧困の問題を悪化させたか

人類は総じて、かつてない繁栄の時代を生きている。これは知識と科学、テクノロジーによって加速されたものでもあり、とりわけ情報テクノロジー革命が大きな役割を果たした。この繁栄によって、多くの人の生活が変わった。しかし、何十億もの人々がいまだに貧困や飢餓や病気に苦しんでいる。また、この一〇年で大きな危機がいくつか訪れ、その影響が組み合わさって世界の最下層にいる四〇億人がさらに悲惨で苦しい生活を強いられるようになった[2]。

これらの危機を事前に予測していた人は、ほとんどいない。二一世紀は大きな希望と理想に満ちた夢とともに幕を開けた。この希望と夢は、ミレニアム開発目標（ＭＤＧｓ）として知られる国連の取り組みにも込められていた。この先の数十年で、かつてない富と繁栄が、少数の人だけでなく地球上の全員にもたらされると多くの人が信じていたのだ。

のちほど論じるように、ＭＤＧｓが打ち出されたことで、貧困との闘いの前線では重要な前進がいくつか見られた。しかし残念なことに二〇〇八年は、食糧価格危機、石油価格危機、金融危機、悪化の一途をたどる環境危機の年として、歴史に残る一年となった。われわれの資本主義システムがひどい弱点を抱えているという不都合な真実に気づかされたのだ。グローバル・システムを完全に理解しコントロールしていると思っていた人たちは、これらの危機が一気に訪れたことでシステムへの信頼を根底から失った。またこの危機のせいで、ＭＤＧｓに代表される希望に満ちた未来の実現が阻まれた。

まず、食糧危機について考えてみよう。二〇〇八年初め、国連世界食糧計画（ＷＦＰ）が恐ろしい発表をした。七八カ国で七三〇〇万人以上が、食糧供給の減少に直面しているというのだ。新聞では、人類が二度と経験することはないと思われていたニュースが次々と報じられた。穀物や野菜など必需食料品の価格高騰（小麦だけ見ても、二〇〇〇年から二〇〇〇パーセントも上昇した）、多くの国での食糧不足、栄養失調による死亡率の増加。それに食糧暴動まで起きて、世界の国々の安定を脅かした。二〇〇八年六月に世界の食糧価格がピークに達してから、価格は変動を続け、二〇一一年に再び記録的高値となる。二〇一六年時点ではわずかに下落して、多くの人がつかの間の安心を得た。しかし食糧価格は引き続き高いままで、貧困者の生活を大きく圧迫している。貧困者は、日々の食費をまかなうのに収入の三分の二も費やすことがあるのだ(3)。

緊急プログラムを導入して、食糧危機の深刻な影響を緩和するのは有効だ。確かに、短期的な援助策は食糧危機の直接の影響を食い止め、飢餓が広がるのを防ぐ。しかし、一歩ひいて、危機をもたらしているより大きな原因に目を向けることも大切だ。世界経済の発展、とりわけ食糧の生産・分配システムの発展が、いかに今日のジレンマを招いてきたのか、それを考えなければならない。意外に思われるかもしれないが、先進国の経済・政治・ビジネスの慣行が、世界の貧困国における食糧の入手可能性にきわめて大きな影響を与えている。したがって、地球規模の食糧問題を解決するには、単に地方や地域のレベルで改革を進めるだけでは不十分で、国際的な枠組みを再設計する必要がある。

現在の問題は、歴史に根ざしている。一九五〇年代と六〇年代の緑の革命によってアジアとラテンアメリカでは農作物の生産量が増え、食料輸入に依存していた多くの国が自給自足できるようになった。飢餓と栄養不良の割合も大幅に下がった。緑の革命による穀物の大量増産のおかげで、最大一〇億人の命が救われたとされる。

しかし今は、さまざまな動きが互いに結びついて進行したことで、緑の革命による前進が一部後退している。問題の一部は、過去三〇年間に食糧市場のグローバル化が進められてきたやり方に見出される。私は自由貿易を強く支持する。人と国がモノやサービスを互いに交換することで、長期的に人類全体の繁栄につながると信じるからだ。しかしほかの市場と同じで、グローバル市場にも公正なルールが必要だ。参加者全員が恩恵を受ける機会が確保されていなければならない。

今日のグローバル市場では、残念ながら自由は部分的にしか確保されていない。いまだに残る制約や歪みのせいで、貧困国が不利益をこうむっているのだ。この半自由貿易によって生じる不均衡が市場を歪めて価格の上昇を招き、かつては膨大な食糧の余剰を誇っていた貧困国で農業を破壊するにまで至っている(4)。

アメリカ合衆国などでのエタノールへの補助金が、この問題の一例だ。トウモロコシや大豆の栽培を奨励し、化石燃料のガソリンの一部をそれに替える試みで、この種の補助金は石油価格が一バレル二〇ドルのときには意味があったかもしれない。比較的安価で豊富にある石油を一部代替するものとして、バイオ燃料を使うのが採算に合うように設計されていたからだ。実際、意図したとおりに補助金が機能し、二〇〇七年にはアメリカ合衆国で収穫されたメイズ（トウモロコシ）の四分の一がまるまるエタノール生産に使われた。

しかし、これと同じ補助金は、石油価格が一バレル五〇ドルを超える高値のとき（二〇一七年初めもそうだった）には正しくない。また、エクソンモービルのような大規模で多くの収益を上げる企業に石油生産の補助金を出し続けるのも正しくない。いずれの補助金も市場を歪める。また生態系、社会、経済にも意図せぬ事態を生じさせるので、一刻も早く廃止すべきだ。さもなければ、たとえば農地などの農業資源が食糧ではなく燃料の生産に向けられ、日常食糧品の価格を直接・間接に上昇させ続けることになるだろう。

食肉の需要増加も食糧価格の構造を歪め、世界規模の食糧不足を引き起こす一因となってきた。世界の最貧国の中に発展を遂げつつある国があるのは、もちろんすばらしいことだ。過去三〇年の間に、何百万もの人が貧困から抜け出すことができた。自由市場へのアクセス向上や技術発展のおかげであり、また、以前は資本主義システムから閉め出されていた人たちに投資資金を提供するマイクロクレジットのようなプログラムのおかげでもある。

しかし豊かになることで、それに伴う問題も生じている。一般的な中国人が消費する肉の量は、一九五八年には年間二〇キログラムだったのが、現在では五〇キログラムを超えている（それでもアメリカの平均五七キログラムよりはやや少ない）[5]。インドネシアやバングラデシュのようなほかの大きな国でも、同じ増加傾向が見られる。これらの国では、より多くの人が肉を買えるようになっただけでなく、〝モダンな〟ライフスタイルの一部として肉を食べるようになった（また、肉の少ない伝統的な食事から離れつつある）のだ。

あいにく肉食は、天然資源の利用法としてあまり効率がよくない。肉から得られる栄養カロリーは、穀物から直接摂取できるカロリーよりもはるかに低い。それにもかかわらず、今はどんどん穀物などの食糧を人間の食用ではなく家畜の餌にしている。計算の仕方によっては、世界の穀物生産量の最大三分の一と、漁獲量の三分の一が家畜の餌になっているという。また、地球上の農地は、人間が消費する食糧の生産用から、家畜の餌になる穀物の生産用に次々と切り替えられている。

こうした変化によって、人間の生命を究極的に維持するプロセスに、コストのかかる段階がいくつか加わった。土地の利用をエタノールや食肉の生産にシフトさせるなど、農業分野でまずい選択をした結果、日常的な食糧まで値上がりしているのだ。

このほかにも、発展途上国で食糧危機を深刻化させた要因がある。グローバル化が進む食品市場で、貧困国の農家が競争についていくのが次第に難しくなっていることもそのひとつだ。つまり、発展途上国の小規模農家が苦しいのは、先進国の大規模生産者と競争することを強いられるからだ。この一方的な戦いが、これまで世界の貧しい農家に壊滅的な打撃を与えてきた。

農業資源が徐々に企業に支配されつつあることも、発展途上国の農家を苦しめている。大規模なアグリビジネスが種《たね》の備蓄をほぼ独占支配し、高価な合成肥料と農薬の供給をコントロールしている。その結果、小規模農家は必要な物資をまかなえず、新たなグローバル食品市場での競争についていくことができずに、次々と廃業に追い込まれているのだ。

石油価格はここでも重要な要因である。たとえば、肥料の多くは石油由来なので、一バレルあたりの石油価格が上がるたびに肥料の価格も上昇する。当然のことながら、石油価格が高くなるとエネルギーを必要とする活動にかかる費用もすべて上昇する。灌漑や農業機器の使用、市場への商品の配送、加工工場への食品の搬入・搬出などだ。

こういった経済と社会の問題は、悪化の一途をたどっている。また、地球規模の環境変化が、世界中で農業の未来を脅かしている。気候変動と旱魃が、かつて肥沃な農地だった広大な土地を砂漠へと変えつつある。新たな農地が必要とされ、都市も拡大を続けるのに伴って森林が伐採され、地球温暖化をさらに加速させている。科学的シミュレーションによると、気候変動によって農業に使える土地の合計面積はわずかに増えるが、農耕地の全体的な質は低下する。さらに、農地が失われることで最も影響を受けるのは、サハラ以南のアフリカや北アフリカ、中東など、すでに世界で最も深刻な経済問題を抱える地域でもある。[6]

真っ先に影響を受ける国のひとつが、世界で最も人口密度の高い国である私の故国バングラデシュだ。国土は平坦で、土地の二〇パーセントが海抜一メートル以下である。海水位が上昇し続けるのに伴って、バングラデシュでは洪水が徐々に深刻化し被害が大きくなっている。環境災害が人的災害に直結する、新たに現れつつある事例のひとつだ。

二〇〇八年、食糧危機と石油価格危機、環境危機に加えて、最大の危機が訪れた。アメリカ金融システムの大崩壊である。巨大金融機関や自動車メーカーなどの主要製造業者が、破産したり前例のない政府による救済策によって命をつないだりした。

この歴史的な経済破綻については、さまざまな原因が取り沙汰されてきた。市場で人々が欲をかきすぎたことや、投資市場がカジノのようなギャンブルの場に変わってしまったこと、規制機関がうまく機能しなかったことなどだ。ただ、ひとつ明らかなことがある。金融システムが破綻したのは、その基本目的が根本的に歪められたからだ。

金融市場は、もともと人間のニーズに応えるために作られた。ビジネスをする人に、会社を立ち上げて拡大する資金を提供するために作られたのだ。このサービスと引き替えに、銀行などのお金の貸し手は妥当な利益を得ていた。みんなが恩恵をこうむっていたのだ。しかし、二一世紀になって金融市場は、別の目的を持つ比較的少数の個人と企業に歪められた。金融工学のずる賢い技術を使って、非現実的に高い見返りを得ようという目的だ。住宅やその他のローンを見栄えよくリパッケージして洗練された金融商品にし、リスクの高さなどの特質を隠蔽したり偽装したりした。そしてこういった商品を販売・再販売して、取引のたびに少しずつ利益を得た。その間ずっと、投資家はせっせと価格をつり上げ、持続不可能な成長を追い求めてギャンブルに奔走していたので、システムの根底にある弱点が明るみに出ることはなかった。

やがて、避けられない事態が起き、砂上の楼閣が崩れ落ちる。そしてグローバリゼーションのせいで、この金融の津波は世界中に広がった。

結局のところ、この金融危機で最も苦しんだのは、豊かな人々ではない。苦痛のほとんどは、地球上の底辺にいる四〇億人の肩にのしかかったのだ。この危機を生み出すのに、いかなる意味においても何の責任も負っていないにもかかわらずだ。豊かな人々が特権的なライフスタイルを享受し続ける一方で、底辺の四〇億人は仕事と収入を失った。多くの人にとって死活問題となったのだ。

金融危機、食糧危機、エネルギー危機、環境危機、この四つが組み合わさることで生じる効果は今も広がっていて、底辺の四〇億人に甚大な影響を与えている。世界中の政府が危機への対応策としてさまざまな緊急プログラムを実施している。たとえば、問題を抱えた金融機関や巨大企業に巨額を投じてテコ入れする救済措置もなされている。しかし、長期的な貧困問題への取り組みは十分になされていない。「大きすぎてつぶせない」巨大機関を支援するのに集中しているが、これは暗に何十億もの貧しい人は「小さすぎて構っていられない」と言っているようなものだ。

ソーシャル・ビジネスに活動の場を確保する資本主義への新しいアプローチは、この問題を改善する希望を与えてくれる。

ソーシャル・ビジネスが貧困から生じるさまざまな影響を緩和する

ソーシャル・ビジネスのコンセプトが私の頭の中で結晶化したのは、グラミン・ファミリーのさまざまな会社での経験を通じてだった。すでに説明したように、このアイデアは理論的概念として考え出されたのではない。バングラデシュで貧困から生じる最悪の影響を緩和するためのシンプルかつ実践的な道具として現れたのだ。

貧困は貧しい人々が作り出すのではないと認識するところから始めることが重要だ。貧困を作り出すのは、あらゆるリソースがトップへ押し寄せる傾向にある経済システムである。そこでは人口のたった一パーセントが持つ富が、キノコの傘のように大きく膨らみ続けている。キノコの傘のイメージは、現在の状況をとてもよく表している。巨大なキノコの傘の部分が少数が所有する富で、そこからぶら下がる非常に長くて細い柄が、残り九九パーセントが所有する富だ。時間の経過とともに、柄はさらに細く長くなり、傘はどんどん大きくなる。

〝格差〟という言葉は、この擁護不可能でとうてい受け入れがたい状況を表現するにはまったく不十分だ。アリとゾウの違いを描写するのに、〝格差〟などという言葉は絶対に使わないはずだ。

現在のシステムは、「富の再配分」をするそぶりさえ見せない。これは認めざるを得ない。今のシステムは、燃えさかる森林火災が森の酸素をすべて吸い上げるのと同じで、一方的な富の集中のために作られている。システムには、このプロセスを止める仕組みは備わっていない。富の配分ではなく富の独占のために設計されているからだ。

現在のシステムの中では、貧困者はまるで盆栽のようなものだ。盆栽の木も、自然に生える普通の大きさのマツやカバと同じ種《たね》から出発する。しかし小さな鉢で育てられ、水も栄養もわずかしか与えられないので、盆栽は本来の大きさまで育つことがない。普通サイズの木の小さなレプリカになるだけだ。

貧困者にも同じことがいえる。貧困者は盆栽人間だ。盆栽のように成長を阻まれているのである。貧困者になる前の出発点にある種《たね》には、何の問題もない。しかし今のシステムは、非貧困者と同じ機会を貧困者に提供しない。その結果、ほかの人と同じように創造性と起業家精神を発揮することができないのだ。

われわれが必要とする新しい経済システムは、世界中の盆栽人間がまっすぐ、高く、美しく育つのに必要なリソースを与えるシステムだ。

貧困の最も目に見えにくく、また破壊的な性質は、さまざまな面で人間の幸福や福祉を攻撃することだ。一つひとつの攻撃が、ほかの攻撃を補強し強化するのである。たとえば、貧困者はたいてい、まともな医療を受けることができない。その結果、病気の症状が長引いて深刻になる。これによって、寿命が縮まるだけでなく、学校に通ったり、生活のために働いたりすることも難しくなり、そのためにさらに貧困の深みにはまる。同じように、清潔な飲料水の不足や質の悪い住宅、移動手段の不足や欠如、こういった問題がすべて組み合わさることで、貧困者は苦しく惨めな生活を送ることを余儀なくされ、貧困の影響が雪だるま式に膨れ上がって、さらにそこから抜け出すのが難しくなる。

グラミン銀行の設立後、長年の間に私は、貧困者の問題に取り組む財政的に持続可能なプロジェクトや事業をたくさん立ち上げた。たとえば、貧しい家庭の子どもに広く見られる夜盲症《やもうしょう》の問題と闘うための植物種子のマーケティング事業や、公衆衛生事業、手押しポンプつきの掘り抜き井戸を使って安全な飲料水を確保する事業などだ。後に私は正規の会社を設立して、バングラデシュの貧困者が直面する互いに結びついたさまざまな問題に取り組むようになった。再生可能エネルギーを供給する会社でも、医療を提供する会社でも、また、貧しい人に情報テクノロジーを提供する会社でも、つねに私たちのモチベーションになるのは、貧困の中に生きる人々の社会的ニーズに応えたいという気持ちだ。

私たちは、これらのビジネスが収入を生み出すように設計した。これは事業を続けて、より多くの貧困者に継続的に製品やサービスを提供するための工夫だ。いずれの場合も、関心を向けるのは社会的ニーズだけである。個人の事業主や投資家のために利益を得ることは、まったく考えていない。こうして私は、社会的ニーズを軸に、私利私益を動機とすることなしにビジネスをゼロから作ることができることを知った。

ソーシャル・ビジネスの考えが世界的に注目されたのが、二〇〇六年、グラミン銀行とフランスの多国籍食品企業ダノンが合弁事業を立ち上げたときだ（この話については、私の二〇〇七年の著書『貧困のない世界を創る』でさらに詳しく語った）。グラミン銀行は、ダノンの会長で当時の最高経営責任者フランク・リブーと協力して、バングラデシュ農村の栄養不良の子どもたちに向け、ビタミンやミネラルなどの必須栄養素を加えたヨーグルトを作る会社を立ち上げた。ヨーグルトを貧しい家庭に手頃な値段で販売し、会社を自立的に維持するのに必要なお金だけをもらう（現在、ヨーグルト一カップの値段は一〇バングラデシュ・タカ、アメリカの通貨で一二セント相当だ）。ダノンとグラミンは、当初の出資額およそ一〇〇万ユーロ相当の返還を受けた後は、いずれもこの事業でお金を儲けていない。正式な書面で合意した条件のとおりだ。すでにヨーグルト工場がひとつ、首都ダッカから北へ行ったところにあるボルガという町の近郊で稼働しており、いずれはこのような工場を全国に作りたいと考えている。

〈グラミン・ダノン・フーズ〉は、互いに補強し合う複数の手段を使って貧困の影響を和らげる手助けをしている。まず当然のことながら、販売するヨーグルトは子どもたちの健康によい影響を与える。放っておいたら栄養不良に由来する病気にかかるであろう子どもたちに対するヨーグルトの効果は、「栄養改善のためのグローバル・アライアンス」（ＧＡＩＮ）の支援を得て科学者チームが実施した二〇一三年の研究でも証明されている。(7) また、ボルガにヨーグルト工場があることで、コミュニティにはほかの利益ももたらされた。生産に使う牛乳は地元の農家から仕入れるので、農家は定期的な収入が増えた。地元の女性が一軒一軒ヨーグルトを売って回り、稼いだ歩合で家計を助ける。また、ダノンで研修を受けた地元の人たちが工場を運営し、流通とマーケティングの担い手になって地域経済にさらに活気を与えている。

　グラミン・ダノン・フーズは、私たちが立ち上げた合弁ソーシャル・ビジネスの第一号にすぎない。現在は、私たちと手を組んで新しいソーシャル・ビジネスを立ち上げようとする企業が次々と名乗りを上げている。たとえば、フランスを拠点とする大手の水処理・供給会社ヴェオリアとともに、バングラデシュの村に安全な飲料水を届ける合弁企業を作った。バングラデシュには、既存の上水道がヒ素でひどく汚染された地域がある。私たちの合弁企業は水処理施設を運営し、作った清潔な水をその地域に暮らす五万の村人に届けている。村人への販売価格は一〇リットルあたりわずか三セントだ。この収入は会社を維持するのに使われ、グラミンやヴェオリアは経済的利益を得ない。

　私たちは、ほかにも合弁ソーシャル・ビジネスをバングラデシュで作っている。パートナーとなったのは、インテルやＢＡＳＦ、ユニクロ、ＳＫドリーム、ユーグレナなどだ。

　これらのビジネスの一つひとつに、ユニークな物語がある。たとえば、〈グラミン・ユーグレナ〉の始まりは、一九九八年に出雲充《いずもみつる》という一八歳の学生がバングラデシュを訪れたときにさかのぼる。グラミン銀行でインターンをしてから、出雲は栄養不良の問題に熱心に取り組むようになった。専攻を文学から農学に変え、ミドリムシの驚くべき性質に惹きつけられる。ミドリムシは、人間が生きるのに必要な成分をほとんど含む単細胞生物だ。ミドリムシを世界のスーパーフードにできると信じ、出雲は商業生産の道を探った。二〇〇五年、出雲は製品販売のためにユーグレナという会社を創業し、現在は東京証券取引所に上場している。二〇一四年にはグラミン・ユーグレナをグラミン農業財団との共同事業として立ち上げた。このソーシャル・ビジネスは、子ども向けのミドリムシ・クッキーや、緑豆、栄養価の高いマメ科植物を生産し、バングラデシュでおよそ八〇〇〇人の農民の収入増につながった。

外部の企業と協働せずに、グラミン独自で立ち上げたバングラデシュのソーシャル・ビジネスもある。私たちが取り組んできた問題のひとつが、白内障による失明だ。これも貧困者の暮らしを困窮させる疾患だが、通常の手術で比較的容易に治療できる。

この問題に取り組むため、私たちは二〇〇八年にボルガに病院を設立した。目の検査と白内障の手術ができ、社会的に公正な原理に基づいて運営資金を確保する病院だ。中産階級や富裕層の患者が支払う治療費によって、費用をわずかしか払えない人やまったく払えない人の治療を補助するのである。もちろん、支払った治療費の多寡に関係なく、全患者が同様に質の高い治療を受ける。この病院は、設立から四年のうちに財政的に自立することができた。二〇〇九年には、同じように運営されるふたつ目の病院をバングラデシュ南部のバリサルに設立し、こちらも三年のうちに持続的に経営できるようになった。第三の病院がバングラデシュの北端部に二〇一六年に設立され、二〇一七年時点で四つ目が建設中である。これまでに私たちの病院は一〇〇万人以上の患者を治療し、五万五〇〇〇件以上の手術を実施して視力を救ってきた。

別のソーシャル・ビジネスで成功しているのが、〈グラミン・ディストリビューション〉だ。これは二〇〇九年に私たちが作った農村のマーケティング・ネットワークで、農村家庭の玄関先で役に立つ商品を手頃な価格で販売する。グラミン・マーケティング・ネットワークのメンバーとして雇用された貧しい女性が売るのは、携帯電話の本体や付属品、ソーラーパネルとミニ・ソーラーエネルギー・システム、マラリアなどの感染症の罹患率を減らすのに役立つ化学処理をした蚊帳、エネルギー効率のよい照明器具や電球などだ。農村の一五〇万以上の世帯を市場とすることで、グラミン・ディストリビューションは農村に暮らす何千もの女性に草の根レベルで雇用を創出し、一カ月あたりの世帯収入を平均三七ドル増やした。バングラデシュでは、たとえば巨大な服飾産業での最低月給はわずか六八ドルだ。このような国にあって、三七ドルは貧困から抜け出そうとする家庭にとって大きな増収だ(8)。

　たくさんある中から、もうひとつソーシャル・ビジネスの例を挙げよう。二〇一〇年三月に学生の受け入れを開始した、グラミン・カレドニアン看護大学だ。質の高い最新医療を提供するには、看護師が決定的に重要な役割を果たす。しかしほとんどの貧困国と同様に、バングラデシュでは職業看護師が大幅に不足している。バングラデシュの人口は一億六五〇〇万人だが、看護師の数はわずか二万三〇〇〇人にすぎない。六〇〇〇人に看護師ひとりという計算だ（これとは対照的に、人口六〇〇〇万人のイギリスでは六八万人の看護師がいて、八八人に看護師ひとりの割合だ）。この看護師不足も一因となり、バングラデシュでは八七パーセントもの母親が専門的な医療支援を受けることなく出産している。これも、貧困のさまざまな影響が結びついて貧困者の生活を苦しめる一例だ。

　この問題に取り組むため、グラミン・ヘルスケア・トラストがグラスゴー・カレドニアン大学と協定を結び、世界に通用するレベルの看護師・助産師教育を提供する大学を首都ダッカに創立した。数カ月で最新のカリキュラムを開発し、教員と事務職員を採用した。最新の訓練施設や図書館、実験室を用意し、学生寮も整えた。コースが開始されたのは二〇一〇年で、入学した四〇人はすべてグラミン銀行からお金を借りている人の娘だ。二〇一七年春までの時点で、六三四人が入学し、二二三人が看護師資格を得て卒業した。卒業生はみな、すぐに国内の主要病院で職を得ている。二〇一七年には、さらに八一人が卒業する予定だ。

　さらに、この看護大学はすでにほぼ自立的に運営されている。創立時の学長、バーバラ・パーフィット教授が言うように、経営に際してこの大学は「ドルを追い求める」プレッシャーに意識的に抵抗してきた。最高水準の教育を提供するためにプログラムと方針をデザインし、それから費用をまかなう方法を見つけて経済的にしっかりと成り立つようにしたのだ。まさにこれこそ、ソーシャル・ビジネスの根底にある哲学にほかならない。

植物種のマーケティング・プロジェクトから、その後何年もの間に立ち上げた数多くの事業まで、バングラデシュのすべてのソーシャル・ビジネスは、この国の村々に見られる貧困の深刻な影響を緩和する手助けをしてきた。その結果、何百万もの「盆栽ファミリー」が清潔な飲料水から最新の医療、専門職に必要とされるスキルや訓練まで、幅広いリソースを利用できるようになり、より大きなことを成し遂げ、豊かで幸せに暮らすことができるようになったのだ。

バングラデシュから世界へ——地球規模で広がる経済実験の精神

貧困者の生活に深くかかわるようになればなるほど、私は貧困者が直面している数多くの問題に取り組むことがいかに大切かを認識するようになった。また、個人の利益追求という目的から完全に解放され、創造的にデザインされたソーシャル・ビジネスが、これらの問題に取り組むのに力を発揮することもわかってきた。ソーシャル・ビジネスに取り組めば取り組むほど、それに惹かれていった。バングラデシュでソーシャル・ビジネスが成功すると、当然の疑問がわいてくる。同じモデルを世界のほかの場所にもうまく適用できないだろうかと。

私は世界中の大学やビジネス・カンファレンスによく招かれて話をする。それらの機会を利用して、私の経験を共有し、参加者からフィードバックをもらう。二〇一〇年に話をしに訪れた大学のひとつに、ロンドン・スクール・オブ・エコノミクス（ＬＳＥ）がある。訪問から数カ月後に知ったのだが、私の講義を聴いていた学生の中に、ソーシャル・ビジネスの考えに大いに興味を持った人がいた。

この若い女性、サスキア・ブロイスンは、その後ベルリンで開催されたイベント〈ヴィジョン・カンファレンス〉で私が行なった別の講義も聴きに来た。今度は講義後に私のところへ話をしに来て、彼女と友だちのソフィー・アイゼンマンがバングラデシュやほかの国でソーシャル・ビジネスにかかわるチャンスはないかと尋ねられた。手っ取り早く話を進めようと、私はブロイスンをハンス・ライツへ紹介した。ドイツ、ヴィースバーデンの若き起業家だ。ハンスはすでにソーシャル・ビジネスのアイデアから刺激を受け、ドイツでソーシャル・ビジネスを立ち上げてこの考えを世界へ広める役を買って出ていた。この目標を追求するために、二〇〇六年、ハンスはグラミン・クリエイティブ・ラボ（GCL）という組織をヴィースバーデンに立ち上げている。

ハンスはすぐさまブロイスンと友人を招き、ふたりはGCLに加わった。ブロイスンはボストン・コンサルティング・グループ（BCG）で働く経営コンサルタントだった。MBAの学位を持ち、ビジネスと非営利の両方のセクターで仕事をした経験があった。ブロイスンの学校時代からの長年の友人でルームメイトのアイゼンマンも、同じような学歴と職歴を持つ。ふたりはBCGでの仕事を辞めてGCLに加わり、ソーシャル・ビジネスを広めるという目的に専念することになった。

ふたりはGCLで一年間働いたのちに退職し、自分たちの会社、ユヌス・ソーシャル・ビジネス（YSB）をダッカのユヌス・センターとともに立ち上げた。彼女らは世界中にソーシャル・ビジネスを立ち上げたいと考えている。コロンビアとハイチでGCLが実施していたプログラムを引き継ぎ、ふたりの取り組みはスタートした。

YSBの目的は、われわれが必要とする新しい経済構造を作る手助けをするため、ソーシャル・ビジネスの理論と実践を世界中に広めることにある。用いる方法はいくつかある。そのひとつが、ビジネス・インキュベーターとベンチャー・ファンドとしての役割を果たすことだ。このベンチャー・ファンドは、従来のベンチャー・ファンドとはある点で大きく異なる。ＹＳＢのベンチャー・ファンドが行なう投資は、大きな利益を得ることを目的とはしない。ソーシャル・ビジネスであるＹＳＢは、投資先の会社から利益を得ることはない。その代わりに、経費をまかなう手数料だけを徴収する。コンセプトはシンプルだ。ＹＳＢのプログラム・リーダーが、地域の人のビジネス・プランから、最も有望なものを選ぶ。選ばれるのは、持続的な形で地域の問題を解決するようにデザインされたプランだ。持続的とは、収益を得られる活動をするということで、経済面で自分たちの事業を続けられるということである。出資者は、出資額の払い戻しを受ける資格がある。それ以上の利益は、事業に再投資されるか、何らかの形で地域の人たちに役立つように使われる。すべてがコミュニティに還元されるわけだ。

インキュベーターとしてのＹＳＢの機能をよく示す例として、ウガンダのゴールデン・ビーズを挙げることができる。ゴールデン・ビーズの創業者がＹＳＢの地元チームにコンタクトを取り、ビジネス・アイデアへの助言と支援、資金を求めた。ＹＳＢは彼を地元のビジネス専門家に紹介し、その専門家がファイナンシャル・プランニングや市場分析などについて、無料で研修とガイダンスを提供した。その後、ＹＳＢが起業資金を出資して、ゴールデン・ビーズが出発できるように手助けしたのである。

現在、ＹＳＢのチームは引き続きゴールデン・ビーズの成長を見守り、必要に応じてさらなる支援ができる態勢にある。ウガンダでは、ほかにも十数社のソーシャル・ビジネス・ベンチャーに同様のサービスを提供し、それらのベンチャーは、たとえば浄水システムや、改良型の環境に優しいコンロなどのビジネスを展開している。

二〇一一年以降、YSBは急速に成長した。現在、ハイチ、アルバニア、ブラジル、コロンビア、インド、チュニジア、ウガンダの七カ国で事業を展開中だ。YSBには四五人以上の多彩な背景を持つ人材が集まって、強力で国際色豊かなチームを作り、全員がソーシャル・ビジネスへの熱意を持って仕事に取り組んでいる。YSBが立ち上げに協力したソーシャル・ビジネスには、たとえば、コロンビア、カルダス地域の貧困者に手頃な費用で医療を提供するネットワーク〈ヴィーヴェ〉や、家庭用掃除用品をハイチ農村の貧困者に販売することでマイクロ起業家の自立を助けるビジネス〈ディーゴ〉、また、アルバニアで高齢者にデイケアや入所サービスを提供する〈シニアズ・ハウス〉などがある。

YSBの役割は、起業インキュベーターにとどまらない。ソーシャル・ビジネスを始めたいと関心を寄せるすでに実績のある営利企業とも協働している。このモデルの出発点となったのが、フランスの大企業、ダノンとヴェオリアとの合弁事業の経験だった。

あなたは不思議に思うかもしれない。利益を上げることをモチベーションとせず、社会問題に取り組むことを使命とする、そんなビジネスを営利企業が立ち上げようとするのはなぜだろうかと。その理由はさまざまだ。企業によっては、オーナーや経営者が貧困や教育、医療、環境汚染など、特定の問題に熱い想いを持っていることがある。そこで、自分たちの企業の専門性を活かして問題を解決しようと、ソーシャル・ビジネスの立ち上げを思いつくことがあるのだ。また、企業の目的にプラスになると考えることもある。この取り組みがあることで、従業員が自分の仕事に前向きに熱心に取り組み続けられるようになるかもしれない。また、より大きなコミュニティから認知され評価されるかもしれない。それに、ソーシャル・ビジネスのモデルを知り、それが自分たちのビジネスが持つ意味をもっと広く学ぶのに役立つかもしれない。

だがほとんどの場合、ビジネス・リーダーがソーシャル・ビジネスを受け入れるモチベーションは、起業家や学生など、この考えに魅せられた人たちのモチベーションと同じだ。ただ単に、同じ人類の仲間のことを深く気にかけて、その人たちの生活を改善するために自分にできることをしたいというだけなのだ。ソーシャル・ビジネスが体現するのは、イノベーションとサービスへの斬新な道を提供する新しい経済構造だ。それゆえ、これを試してみようと熱心に関心を寄せるビジネス・リーダーが世界中で増えている。

CEOなど企業経営者たちが、YSBチームのメンバーとコンタクトを取ろうとドイツのフランクフルトやベルリンのオフィス、またその他の国のオフィスに連絡してくることがある。あるいは、ドイツのヴィースバーデンにあるグラミン・クリエイティブ・ラボのオフィスにいるハンス・ライツのコンサルタント・チームや、バングラデシュ、ダッカのユヌス・センターの専門家に連絡がある。ダッカは、私の地元および国際的なあらゆる活動の中心地だ。ユヌス・センター・パリという新しいオフィスも、二〇一七年にフランスの首都に市長の要望に応じて開設された（これについては後述する）。これらの組織すべてが、情報センターとしての役割を果たせるようになっていて、ソーシャル・ビジネスを始める際の情報とガイダンスを提供する。ソーシャル・ビジネスとは何なのか。どのように機能するのか。ビジネスを成長させるためにすべきこととしてはいけないことは何か。こういったことを伝えるのだ。

必要に応じて、これらの組織の専門家が、経営者に指導や訓練、助言を提供する。独立した会社として、あるいは既存企業の一事業部の仮想企業として、ソーシャル・ビジネスを企画しているか、もしくは立ち上げつつある人たちを支援するのだ。また、非営利組織（NGO）のリーダーで、社会のニーズに応えるために活動の一部をソーシャル・ビジネスへ転換させようと関心を寄せる人も支援している。

フランス・アクション・タンク――豊かな国で貧困と闘う

　ＹＳＢが支援する新しい試みで、きわめて刺激的な展開となったのが、ソーシャル・ビジネス・アクション・タンクと呼ばれるものの誕生だ。〝シンク・タンク〟をもじったアクション・タンクは、ソーシャル・ビジネスの考えを学ぶことに関心を寄せる大企業の経営トップの集まりである。学ぶだけではない。実際にソーシャル・ビジネスを立ち上げて育て、彼らの従来型の巨大企業と並行して社会問題に取り組むのである。

　最初のソーシャル・ビジネス・アクション・タンクは、二〇一〇年にパリに創設された。その立役者のひとりが、二〇一四年にダノンのＣＥＯに就任したエマニュエル・ファベールだ。想像力豊かで深い思いやりと人間味にあふれるビジネス・リーダーで、人類にとって喫緊の問題への解決策を求めてさまざまな経済モデルをすすんで試そうとする人物だ。ファベールとフランク・リブーはすでにソーシャル・ビジネスに深くかかわっており、それを試すために最初の合弁企業を立ち上げていた。バングラデシュのグラミン・ダノン・フーズだ。このモデルをヨーロッパへ持ち込もうと、ファベールはマルタン・イルシュと手を組んだ。フランスの著名な社会活動家で、恵まれない人たちを支援する事業の創出に公務員として長年の経験を有する人物である。ふたりがチームを作って、ソーシャル・ビジネス・アクション・タンクを誕生させた。

　そしてこのふたりが、アクション・タンクにすばらしいリーダーたちを引き込んだ。経験豊かなビジネス・コンサルタントで、現在アクション・タンクの長を務めるジャック・ベルジェもそのひとりだ。ほかの企業のリーダーたちも、やがてこのプロジェクトに加わった。経済学や経営学を専門とする研究者も参加して、アドバイザーを務めると同時に、立ち上げられた試みを研究し、ほかの人に役立つ教訓を見つけようとしている。たとえば、フランスのビジネス・スクールHECでソーシャル・ビジネスに特化した特別学科の長を務めるベネディクト・フェヴル・タヴィニョは、アクション・タンクの仕事について先頭に立って研究を進め、成果を世界中の研究者に発信している。

二〇一六年秋の時点で、フランス・アクション・タンク（旧名「ビジネスと貧困のアクション・タンク」）は、フランスの貧困者が直面する深刻な問題に取り組むよう設計されたソーシャル・ビジネスをいくつか立ち上げている。

豊かな国で貧しい人々を助けるには、世界最貧国のひとつであるバングラデシュで私が対処してきたものとは異なる一連の困難が伴う。ウガンダのような貧しい国で、YSBチームと起業家のパートナーが対処している問題ともまた異なる。フランスは世界有数の豊かな国だ。それに、社会のセーフティ・ネットが充実していて、医療や教育、住居といった生活に最低限求められるものを、必要な人に提供する仕組みが整っている。

しかし、フランスでも貧困者が占める割合は今なお大きく、人口の一三パーセント、合計およそ八〇〇万人に及ぶと推定される。ジャック・ベルジェによると、一九〇〇年から一九七〇年にかけて、貧困者の数は徐々に減ったが、この改善傾向は失速した。従来の資本主義システムでは貧困削減が困難である何よりの証しだ。フランスの貧困者の中には、一定額のささやかな年金で暮らす高齢者もいる。経済が閉塞状態にある地方に暮らす人もいる。また、中東やアフリカ、アジアからの移民で、フランス経済になんとか足場を築こうと必死の人もいる。

フランスの社会階層で最底辺にいる人たちにとって、生活は困難であり、上昇を阻む障壁も無数にある。フランス・アクション・タンクが立ち上げたソーシャル・ビジネスは、こういった障壁のいくつかを取り除こうとしている。目標は、一九七〇年に失速するまで進展していた貧困との闘いを再開させ、フランスを貧困ゼロのゴールへと導くことだ。

こういったソーシャル・ビジネスのひとつが〈モビリズ〉だ。これは貧しい人たちにも手が届く価格で交通手段を提供しようと、自動車メーカーのルノーが立ち上げた会社である。この目的に向けてビジネス・モデルのアイデアを練っているとき、ルノーの幹部はいろいろな案を出した。たとえば、貧しい人にも買える超低価格自動車を設計して生産するというアイデアも出た。しかし、ターゲット市場の人たち、すなわち貧困者自身と話せば話すほど、そのような方法では貧困者が直面する最も切迫した移動の問題は解決できないことに気づいた。

わかったのは、貧しい人の多くはすでに車を持っているということだ。たいていは質の悪い中古車で、年式は古く走行距離は数十万キロに達しているが、貧しい人が買えるのはせいぜいそのような車である。不幸なことに、車の値段とメンテナンス費用は反比例する。フランスの貧しい人が乗るポンコツ自動車は頻繁に故障し、修理には多額の費用がかかる。修理のためにしきりに店に車を預けるので、仕事に行けない日も多い。そして、底辺の職場で働くぎりぎりの労働者は、二日も仕事を休めば首を切られる可能性が高い。

ルノーが気づいたのは、フランスの貧しい人に移動手段を提供するには、自動車メンテナンスと修理の費用を手頃にする必要があるということだ。そうして、二〇一〇年に自動車修理店のネットワーク作りに着手した。一般の顧客に引き続き定価でサービスを提供して店のコストをまかないながら、同時にモビリズのメンバーに割引価格でサービスを提供する店のネットワークを作ったのだ。今では数百の「連帯修理店」が、対象となる何千人もの客にサービスを提供している。貧困者と密接に仕事をする地元のNGOが対象者を選び、モビリズに知らせる。修理店にとっては、メンテナンスと修理を必要とする顧客を確保できるメリットがあり、顧客にとっては、質の高いサービスを受けて自動車を走らせ、問題なく生活を送ることができるという利点がある。

ルノーが試行するソーシャル・ビジネスは、これで終わりではない。ルノーは現在、移動にかかわるサービスを、必要とするさらに多くの人に届ける方法を、ほかにもいくつか模索している。たとえば、誰でも運転を学べるように、スマートフォンを使って安価で利用しやすい運転講習を提供する試みや、公営住宅で低コスト電気自動車を時間貸しするカー・シェアリング・サービスを提供する試みなどだ。

フランス・アクション・タンクを通して立ち上げられたソーシャル・ビジネスが、〈オプティク・ソリデール〉だ。世界有数のレンズ・光学機器メーカーであるフランス企業、エシロールの独立部門である。フランスには、累進多焦点レンズを使った高品質眼鏡を買うことができない人がたくさんいる。通常は二三〇～三〇〇ユーロもするからだ。エシロールの専門家チームは一五カ月かけて実験を重ね、眼鏡レンズのデザインやサービス提供システムを検討して、価格を下げる努力を続けた。現在では五〇〇以上の眼鏡店を結ぶネットワークを築き、そこで貧困者に高品質の眼鏡を三〇ユーロという低価格で提供できるようになった。当初は六〇歳以上の高齢者を対象としていたが、二〇一四年にプログラムを拡大し、四五歳以上の貧困者も対象に含めた。利用資格があるのは、裕福ではない人に提供される特別な国民健康保険の受給者だ。

ほかにもアクション・タンクは、フランスの有力企業と連携してソーシャル・ビジネスのプロジェクトを作り、ホームレスのための緊急収容施設や、通常の保険料を払えない人のための住宅保険、貧困者が利用できる銀行サービスなど、さまざまな課題に取り組んでいる。(9)

先進国世界の豊かな国で貧困に取り組むこれらのプロジェクトは、アジアやアフリカ、ラテンアメリカの貧しい国での取り組みとはやや異なることがわかるだろう。貧困者が人口に占める割合は比較的小さく、また貧困者は豊かな人の中に紛れて暮らしていることが多い。したがって課題となるのは、そういった人たちを見つけ出して特定し、貧困者に利益が届くようにソーシャル・ビジネスを設計することだ。

〝資格がない〟人を厳密にはじくために、煩雑な確認の仕組みやルールを作りたくはない。とはいえ、貧困の影響を緩和することを目標としたソーシャル・ビジネスなので、実際にその目標に資するものにしたい。サービスや製品を全員に同じ値段で提供すると、最も必要とする人が押しのけられてしまう可能性がある。それゆえ、アクション・タンクの試みが貧しい人を対象とすることは重要だ。

フランス・アクション・タンクが創出したプロジェクトは、きわめて刺激的で成功も収めたので、現在、この考えはほかの国にも広がりつつある。YSBは現在、インドとブラジルでアクション・タンクを立ち上げている最中だ。このふたつの国の経済状況は、フランスとは大きく異なる。いずれも成長中の国で、中産階級が急激に拡大しつつあるが、それと同時に非常に多くの貧しい人々が今なお地方にも広大な都市部のスラムにも存在する。いずれの国にも、世界規模の巨大企業がいくつかある。おそらく、インドとブラジルの新しいアクション・タンクから生まれるアイデアには、フランスでの取り組みに似たものもあれば、異なる社会構造のニーズに合わせて、まったく違った形を取るものもあるだろう。

インドでもブラジルでも、YSBチームはすでに多くの企業から協力を得て、企業関係者は新しい経済構造を試そうという熱意を持っている。YSBチームはまた、地元の大学とも関係を築いて研究面で支援を得られるようにした。こういった新しい試みが展開するのはすばらしいことだ。同様の取り組みは現在、日本とオーストラリアでも形になりつつある。アクション・タンクは、豊かな国や大きな国だけに限定される必要はない。貧しい国や小さな国で、地元企業や現地で事業展開する多国籍企業を巻き込んで作ってもいい。最終的には、こういったさまざまな国での経験を活かすことで、世界のあらゆる地域で数多くの都市にソーシャル・ビジネス・アクション・タンクを作ることができるだろう。

新しい経済と貧困ゼロの目標

これらの例が示すのは、ソーシャル・ビジネスの手助けでジャンプ・スタートしつつある経済の転換によって、人類は初めて貧困のない世界を創るチャンスを得たということだ。

貧困は貧困者によって作られるのではない。その確信が私を動かしている。世界のあらゆる場所の、あらゆる身分の、あらゆる人間が、等しく創造力とエネルギーの無限の可能性を与えられているにもかかわらず、貧困が人為的に人々に押しつけられているのである。貧困撲滅とは、貧困者が直面する障壁を取り除き、自分たちの問題を自分たちで解決できるよう貧困者の創造性を解き放つことにほかならない。私たちが持つのと同じ機会さえ提供できれば、貧困者は自分たちの生活を変えられるのだ。あらゆるセクターで創造的にデザインされたソーシャル・ビジネス、それこそが最速で目標を達成する道だ。貧困は文明社会にはそぐわないと私はずっと主張してきた。貧困は博物館にこそふさわしい。そこをわれわれの子どもや孫が訪れて、人々がいかに残酷な目にあっていたかを知り、自分たちの先祖はなぜこんな状態をそれほど長く続かせたのだろうと問うのだ。

未来の世代には、地球上から貧困をなくす力がある。人間は奴隷制を終わらせ、アパルトヘイトを克服し、人類を月へ送った。いずれもかつては不可能だと思われていた偉業だ。これから創ろうとする未来に貧困はいらない。そう決意さえすれば、われわれは貧困を克服することができる。貧困の苦しみがない世界を選択してそこに暮らすことを決めるのは私たち自身だ。そして、自分たちが選択した世界を実現する新しい経済システムを創るのも、私たち自身である。

第4章 失業ゼロ――われわれは仕事を探す者ではなく仕事を創る者である

二〇〇八年から二〇〇九年にかけての大不況以来、世界中の人々が現在の経済システムは何かがとてつもなくおかしいという感覚を深めてきた。若者の失業率はとりわけ衝撃的だ。ヨーロッパでは二五歳未満の失業率は一八・六パーセント（二〇一六年一二月時点）である。ギリシャやスペイン、イタリアなど、四〇パーセントを超える国もある。[1] また、アメリカ合衆国では相当数の若者が就業意欲喪失者となり労働力人口から除外されているため、失業統計は実際の問題の大きさを矮小化した楽観的な数値になっている。[2]

さらに、若者の失業は一時的な問題ではないことも研究で示されている。数年間、失業していた若者、あるいは成長が期待できない低賃金の仕事に従事した若者は、一生その影響に苦しむことになる。どれだけ懸命に働いても、高収入で生涯安心して暮らせ、次の世代にチャンスを創出できるよい仕事に就ける可能性は低い。

失業と不完全就業という障害が、ひとりの人間が一生の間に得られる収入を決めてしまう。このふたつは、経済格差を生む大きな要因だ。先に見たように、格差は世界の未来を深刻に脅かす。心理的・社会的影響も同じくらい深刻だ。失業は、充分に働く能力を持った人間をゴミ箱に放り込んでしまうきわめて残酷な仕打ちである。

人間は生まれながらにして活動的で、創造力とエネルギーに満ち、問題を解決する能力を持っている。そして、自分の無限の可能性を解き放つ新たな道を絶えず求めている。創造的な人間のスイッチを切ってしまい、その人が持つ驚くべき能力を発揮する機会を奪うなどということが、許されていいのだろうか。しかし現在、アメリカとヨーロッパで何百万もの若者が、経済システムの巨大な欠陥のために暇をもてあます状況へと追いやられている。その結果、若者の世代が絶望感を背負って生きているのである。

世界中で若者を訪ねると、聡明で活気に満ちていながらも、現在の経済の制約と欠陥政策のせいで閉塞感に苦しむ男女に数え切れないほど出くわす。失業中であったり不完全就業の状態であったりして、家を買ったり家庭を築いたりするお金がない。何万ドルもの学生ローンを抱えている人も多いが、その返済などとてもかなわない。自分は何を間違えたのだろうか、どうして世の中に自分の才能を活かせる場がないのだろうか、若者はそう自問している。スペインのルドビク・スブランのような経済学者が、「ひとつの世代がまるまる犠牲になっている」と嘆くのも無理はない(3)。

さらに悪いことに、人口統計や経済の傾向を見ても、この問題が自動的に解決する兆しはない。国際労働機関（ＩＬＯ）の予測では、若者が加わることで労働力が増え、これからの一〇年間で合計約四億人に達するという。これがつまるところＩＬＯの言う「切迫した課題」で、向こう一〇年のうちに四億の生産的な雇用を創出しなければならないということだ。年に四〇〇〇万件ということになる(4)。

問題をさらに悪化させているのが、オートメーションやロボット技術の広がりや、人工知能の発達などの動きだ。それらのおかげで、企業は多くの分野で生産高を減らすことなく労働者を削減できるようになった。加えて、人々は健康で長生きするようになったので、生計を立てるために長く働く必要があり、また長く働きたいと希望している。これが雇用をめぐる状況をさらに圧迫する。この先何年も、政治家や政府は雇用創出と失業対策に頭を悩ませることになりそうだ。

この問題の原因はどこにあるのか。改善するにはどうすればいいのだろうか。

失業の問題——間違った診断と間違った治療法

当然のことだが、まともな仕事を見つけようともがく今日の若者は、何も間違ったことはしていない。貧困に囚われた貧しい女性が何も悪いことをしていないのと同じだ。どちらの場合も、われわれが設計し完全に信頼して従ってきた経済システムに問題がある。だから、これを変えなければならない。

失業問題は、失業者自身が作ったわけではない。われわれの頭の中には、ひと握りの幸運な資本家のもとで働くために人々は生まれてくるという考えが深く刷り込まれているが、このひどく誤った考え方こそが問題を生じさせてきたのだ。経済を動かすのは少数の経営者であると現在の理論では考えられており、政策と制度はすべてこの少数者のために作られる。その人たちに雇ってもらえなければ、そこでおしまいだ。人間の運命を、なんとひどく誤解していることか。無限の創造力を持った人間に対して、なんという侮辱だろう。

われわれの教育システムも、同じ経済理論を反映している。学生は懸命に勉強してよい成績をとり、あらゆる経済活動と成長の原動力と目される企業でよい仕事を得るべきだ、そんな想定のもとに教育システムが成立しているのだ。世界トップ・クラスの大学は、採用通知をポケットに卒業式に臨む卒業生の数を誇る。

一生、あるいは人生の一部を企業で過ごすこと、それ自体には何の問題もない。しかし自然で魅力的なほかの道があるのに、それをまったく顧みようとしない経済システムは、何かがとてもおかしいと言わざるを得ない。人はふたつの選択肢を持って生まれてきており、このふたつの選択肢を一生持ち続ける。しかし、若者はこれを教わることが一度もない。ふたつの選択肢とは、誰もが、仕事を探す者になることもできれば、仕事を創る者になることもできるというものだ。つまり、ほかの起業家の仕事に依存するのではなく、自分自身が起業家になれるわけだ。

経済理論家の見識に疑問を投げかけるのが怖いからといって、一世代の若者がまるまる経済理論の裂け目から転落していくのを、手をこまねいて見ているわけにはいかない。「市場の見えざる手」に問題解決を委ねるのではなく、人間の無限の能力を認識することで、現在の理論を再設計しなくてはならない。私たちは目を覚まさなくてはいけない。「見えざる手」が見えないのは、そもそも存在しないからだ。あるいは仮に存在するとしても、目に見えないところで金持ちのために尽くしているだけだ。

現在の経済システムのもとで理論家が提示できる失業への解決策は、せいぜいインフラ整備への投資か政府の雇用創出プログラムによって経済成長を促すことや、慈善事業で貧困者の苦しみを緩和することぐらいだ。こういった政策は問題を一部解決はするが、根底にある本当の問題には取り組むことができない。

もちろん、人々が失業で苦しんでいるなら、政府が手を差し伸べて救う必要がある。これは必要不可欠だ。しかしその直後から、社会とその代表である国家はさらに大きな責任を負う。国に依存する状態から人々が一刻も早く抜け出せるように手助けする責任だ。依存は人間をおとしめる。人生を価値あるものにする自由と独立性を欠き、他者に依存して生きる最下層が存在する状態に甘んじていてはいけない。われわれの使命は、地球をみんなにとってよりよい場所にすることだ。

われわれには、失業問題に終止符を打つのに必要なテクノロジーと経済的手段がある。足りないのは、枠組みと意志だけだ。

仕事への障壁を乗り越える

失業問題を大きくしている誤った思い込みのひとつが、経済的価値を生み出すことができない人がいるという考えだ。彼らは何らかの欠陥や欠点があるせいで価値を持たず、ゴミのように打ち捨てられてしかるべきだというのだ。この思い込みによると、こういった人たちは、施しや政府の助成金に頼るしかないということになる。

障壁によってやりがいのある仕事をするのが困難な人が、それを乗り越えるのに助けを必要とすることはある。心身に障害を抱えて、状態に合わせた特別な道具や機械の提供を受けたり、状態に応じて出勤スケジュールを調整してもらったりなどの支援を必要とする人もいる。オートメーション化のために仕事がなくなった労働者の中には、新たなスキルを伸ばすために訓練を必要とする人もいる。こういった問題があるからといって、世界中のほとんどの国で見られるような、ずっと失業したままの大規模な集団を生み出すことがあってはならない。

現実には、ほぼすべての人間が、自分自身と家族を支えながら、社会的価値に貢献する意味ある仕事をする能力を完璧に備えている。雇い主の企業のために大きな利益を果てしなく生み出すことを要求されるような状況から解放されたところで、とりわけこの能力は発揮される。これが嘘でないことを証明するソーシャル・ビジネスが現在はたくさんある。その一例が、二〇一二年一二月に福岡で創業した株式会社ヒューマンハーバーだ。

私が初めてヒューマンハーバーのことを耳にしたのは、二〇一二年に九州大学を訪れ、同大学のユヌス&椎木《しいき》ソーシャル・ビジネス研究センターで開催されたソーシャル・ビジネス・デザイン・コンテストに出席したときのことだ。最も有望な計画のひとつを発表したのが、保護司として活動していた副島勲《そえじまいさお》だった。副島は、元受刑者が苦しい状況に置かれていることに心を痛めていた。元受刑者は、刑務所から釈放された後に仕事を見つけようと思っても、深刻な障害に向き合わねばならない。この障害は、ほぼ社会が作り出したものだ。恐れと偏見のために普通の仕事をさせてもらえず、刑務所で築いた地下人脈を使って再犯に走る人も多い。ほとんどの国と同じく日本でも、元受刑者が新たに犯罪を犯して再び刑務所に戻ってくる確率が高いという問題に取り組むことが求められている。統計によると、全国的な再犯率は最近、三〇パーセントから四六パーセント超まで上昇したという(5)。

副島が作りたかったのは、この問題に取り組むソーシャル・ビジネスだ。元受刑者の高山敦《たかやまあつし》とともに株式会社ヒューマンハーバー（ＨＨ）を創立し、これが日本初のユヌス・ソーシャル・ビジネスとなった。ＨＨはふたつの社会問題に取り組んでいる。産業廃棄物を回収しリサイクルすることで公害と環境破壊の問題を軽減する。その過程で、刑務所から釈放されて間もない数多くの〝雇用不可能〟とされる人たちを雇うのだ。

副島のビジネス・プランはうまく回っている。ＨＨはすぐに自立して二〇一六年には売り上げが二四〇万ドル（日本円で二億四一〇〇万円）に達し、二〇一七年は三五〇万ドル（三億五〇〇〇万円）の売り上げを目指している。福岡、東京、大阪の三カ所で二六人を雇用し、そのうち九人が元受刑者だ。ＨＨの従業員だった立花太郎《たちばなたろう》は二〇一五年に退社し、ＨＨと協力して自身のリサイクル業ソーシャル・ビジネスを立ち上げた。成功するビジネス・コンセプトがえてしてそうであるように、ＨＨの背後にある考えはすでに自然と拡散・拡大しているのである。

役に立つ仕事ができない人がいる、そんな考えは退けられるべき誤った思い込みだ。ＨＨのような会社は、それを証明している。そんな思い込みは、すべての人間が居場所を見つけられる新しい経済システムを創る障壁となる、古い考えのひとつにすぎないのだ。

バングラデシュで失業問題に取り組む――〝ノビーン〟（新しい起業家）プログラム

長年、私が悩んでいたのが、グラミン銀行からの借り手の第二世代にひどい失業問題が見られることだ。この新世代は学校教育を受けていて、高等教育まで受けた人も多い。それにもかかわらず、何千人もが仕事を見つけられずにいた。

そこで私は、自分なりの解決策を推し進めることにした。バングラデシュの若者にビジネス・チャンスの扉を開く失業問題への実践的な解決策だ。

すでに説明したとおり、グラミン銀行とマイクロクレジットとして知られる金融システムは、一九七六年にジョブラ村での小さな取り組みから始まった。それ以来、マイクロクレジットは世界規模の運動に成長し、三億以上の貧しい家族が起業を通じて経済状況を改善させるのを助けてきた。

当初からグラミン銀行は貧困者の基本問題に注意を払い、基礎的な衛生や適切な医療といった重要な事柄について、貧困者が持つ意識に気を配ってきた。それに、グラミン銀行の利用者が預金口座にお金を預けやすくすることで貯金の習慣をつけさせるなど、よりよい生活スタイルを選択できるよう支援もしてきた。

私たちはまた、借り手家族の第二世代を特に重視してきた。私たちがグラミン銀行利用者の家族に勧めているのが、「センター・ハウス」と呼ばれる集会所を子どもたちの学習場所として利用することだ。センター・ハウスとは、借り手が集まって週に一度の会合を開く小屋である。地域の借り手グループの多くが、地元の少女や女性たちにささやかな給料を払って（通常はおよそ五〇〇タカ、約六ドル相当）就学前の子どもたちに毎日勉強を教えてもらっている。遊びと学びに使われるこの新しい地域センターが、大勢の子どもたちに読み書きの手ほどきをするとともに、授業を受けた経験がなく教育に恐れを抱く家族が教育を受け入れられるよう手助けしてきた。

さらに私たちは、子どもをみな学校へ通わせるよう努めることを、広く知られているグラミン銀行の「一六カ条の決意」に盛り込んだ。これは、借り手の誓約をまとめた基本宣言書だ。その第七条は「私たちは子どもたちに教育を受けさせ、子どもたちが自分の教育費を稼げるようにします」である。毎週、そして毎年センターで会合が開かれるたびに、グラミン銀行の借り手全員がこれらの決意を一緒に声に出して読み上げる。私たちは、グラミン銀行利用者家族の子どもを一〇〇パーセント学校に通わせるキャンペーンを始めた。この国では貧しい家庭の子どもはほとんど学校に行かないので、一〇〇パーセントというのは大胆な目標だ。毎年何千人もの児童に奨学金を出し、通学を続けてさらによい成績を目指すよう後押しした。

子どもたちが小学校を卒業すると、中等学校へ進むよう勧めた。ほとんどが進学した。そして中等学校を卒業すると今度は大学へ行くよう勧めて、貧しい農村家庭の子どもが高等教育を受けられるようにする新しい教育ローンのプログラムを導入した。これまでに何千人もの学生がグラミン銀行の教育ローンを利用して大学を卒業し、医者や技術者、専門職業人になっている。

しかしこの成果から新たな問題が生じた。新卒者のほとんどが仕事を見つけられないのだ。そこで私たちは、また別のプログラムを立ち上げて、若者の考えを方向転換させることにした。就職活動をするという従来の道を離れ、起業家精神を発揮して自分とみんなのための仕事を創る道へと向かわせようと思ったのだ。グラミン銀行利用者の子どもたちに、「われわれは仕事を探す者ではない。仕事を創る者である」というスローガンを復唱してもらう。そしてこの考えを実現する手助けをしようと、私たちは新しい起業家のためのローンをグラミン銀行から提供してビジネス創出の取り組みを支える新プログラムを導入した。この道を選ぶ若者のことを、私たちは「ノビーン・ウッドクター」と呼ぶようになった。これはベンガル語で「新しい起業家」という意味だ。

二〇〇一年に最初にノビーン・プログラムを発表したとき、立ち上げられるビジネスの数は少なかった。親たちは、すでに教育ローンの返済を抱えているのに、さらに息子や娘に借金をさせようという気にはならなかったのだ。また、グラミン銀行の職員の中にも、同じようにまだ返済が終わっていないお金のことを気にして、新たなローンの提供を渋る者がいた。

この問題を改善して、もっと多くの若者が起業という考えを受け入れるようにするため、私はグラミン銀行の組織の外部にソーシャル・ビジネス・ファンドを作るアイデアを思いついた。新しい起業家への金融事業を一手に引き受けるファンドだ。関係者全員の心に起業家精神を植えつけるために、また、あらゆる立場の人たちが定期的に交流することで方法論に磨きをかけられるように、起業を目指す若者がビジネス・プランを発表できる開かれた場を作ることに決めた。そうした場があれば、若者がビジネス・アイデアを思いつくよう後押しできる。それに、ソーシャル・ビジネスのコンセプトを使っていかに社会と経済の具体的な問題に取り組めるのかを示すこともできると考えたのだ。

二〇一三年一月、ダッカのユヌス・センターが主催して、第一回ソーシャル・ビジネス・デザイン・ラボを開催した。この成功を受けて、私たちは月に一度、デザイン・ラボを開催することにした。そこには、会社経営者やＮＧＯのリーダー、研究者、学生、特定分野の専門家、社会活動家らが参加する。ラボで発表されたプロジェクトに出資しようと名乗り出る参加者もいる。

二〇一七年四月までに、一万六〇〇〇人近くの新しい起業家がビジネス・プランを承認され、ソーシャル・ビジネス・デザイン・ラボを通して助言と指導を受けて、合計二一〇〇万ドルの出資金を得た。公開のデザイン・ラボは今も毎月開かれているが、組織内で開催されるデザイン・ラボも増えており、最終承認されるレベルのビジネス・プランが毎月およそ一〇〇〇件も誕生している。二〇一七年末には、資金援助の承認を受けるビジネス・プランは月に二〇〇〇件に達する勢いだ。現在、選考とモニタリングはきわめて高い質を保って行なわれている。質を確保するためにゆっくりと成長させるよう努めているが、二〇一七年終わりまでには二万五〇〇〇件のプロジェクトが承認され、出資額は三六〇〇万ドルに達する見込みである。

新しい起業家に出資するファンドと出資者はソーシャル・ビジネスであり、新しい起業家自身は、経営者が利益を得ることを目的とした通常の会社を設立する。ノビーン・プログラムを通じて資金援助を受けるビジネスがどういったものなのか、そのイメージをつかんでもらうために二〇一六年五月にデザイン・ラボで承認されたプロジェクトを六つ挙げよう。

- ●ミタリ・テーラーズ――ルミ・モリクというふたりの子を持つ若い寡婦が、夫の死後八カ月を経て、亡き夫が経営していた仕立屋を拡大するために資金援助を受けた。
- ●プリヨント苗畑――接ぎ木の手法を用いた植物繁殖の専門家、ロジョン・チャンドロ・ストロダールが、自分の苗畑をビジネスとして立ち上げるのに必要な資金を受け取った。
- ●エティー・ジャムダニ・ハウス――熟練した技術を持つ〝ジャムダニ〟（洗練されたモスリンのサリー生地）の織り手、ムサマト・パルヴィンが、自宅を拠点にした会社を拡大する資金を得た。

●サリム・パカ・シルポ――虐待を受けて夫のもとを離れることを余儀なくされたアスマ・ベグムが、ヤシの葉の伝統的なうちわを作るビジネスを立ち上げるべく資金提供を受けた。

●トゥムパ精米所――精米機操作の豊かな経験を持つムハマド・ルフル・アミンが、自分の精米所を作るために資金を得た。

●ボドゥア美容院――訓練を積んだ美容師ハスナ・ベグンが、ビジネス拡大の資金提供を受けた。

ここに挙げた例からわかるように、これらは従来の経済発展プログラムが好んで支援した製鋼所やエレクトロニクス工場、水力発電所といった巨大プロジェクトではない。コミュニティのニーズと好みをよく知る若者が設計した小規模で庶民的な会社で、一社が必要とする資金は一〇〇〇ドルから三〇〇〇ドルだ。ビジネスは起業家個人から始まり、拡大に伴ってもうひとり、あるいはそれ以上の人を雇う。一つひとつのビジネスが若者にとって起業と自立の喜びを初体験する機会となり、同時にコミュニティに有益なモノやサービスを提供するチャンスとなる。これが数千に、そして数百万に増えればどうだろうか。起業家的なビジネスがバングラデシュの無数の農村で経済活性化に寄与し、若者たちの将来を変えることができるはずだ。

ノビーン・プログラムは現在順調に運営されているが、この仕組みを考え出すまでにユヌス・センターはかなりの時間をかけた。二〇一三年一月から九月までの間に、基本的な方法や報告書式、日々のモニタリング・システム、会計手続き、認証・評価手続きなどを整えた。現在は、コンピューター化した情報管理システムや会計ソフトウェア、研修施設などの共通の設備や機能を開発中だ。緻密な実施体制が整いつつあり、新しい起業家たちが充実したオリエンテーションを受け、会社経営や会計、報告の研修を受講して、支援サービスを受けられるようになっている。

当初は、グラミン・ファミリーの一社、グラミン・テレコム・トラストが中心的な出資者となって、新しい起業家に資金を提供していた。現在は、グラミン・カルヤン（医療企業）やグラミン・シャクティ・サマジク・ビボシャ（ビジネス・プロモーション企業）、グラミン・トラスト（海外にグラミンの手法を移植する企業）など、さらに多くのグラミン・ファミリー企業がこのプログラムに参加している。合わせて四つのソーシャル・ビジネス・ファンドができて、それぞれ独自のノビーン・プログラムを実施中だ。

通常、一五〇人ほどが月例の公開デザイン・ラボに出席し、その他三〇カ国以上の人々がインターネット上のストリーミング中継で参加する。参加者が質問をし、プロジェクトをさらによくする方法を提案して、プロジェクト計画時に見逃されていた可能性のある問題を指摘する。

デザイン・ラボそのものは、実のところ複雑なプロセスのクライマックスにすぎない。そのプロセスは、新しい起業家となる可能性のある人を見つけるところから始まる。各ソーシャル・ビジネス・ファンドには村レベルのオフィスがあり、スタッフがやる気のある起業家を探し、密に連絡を取って問題解決の手助けをする。スタッフは未来の起業家の家を訪ね、夢や心配事、家族の支援といったことについてさらに詳しい情報を得る。三〇～五〇人の若者を見つけて面会をすませると、その村のスタッフがオリエンテーション・キャンプを実施する。「新しい起業家」プログラムのルールと手続きを説明し、各参加者に自分のビジネス・アイデアを簡単に話してもらう。そして、スタッフの指導のもと各自のアイデアをみんなで議論し評価する。その後、参加者の中から起業家として成功する見込みのある候補者をキャンプのリーダーが選び、リストを作る。これが選考過程の第一段階だ。

ここで選考を通過できなければ、失業決定ということになるのだろうか。そんなことはまったくない。私たちは、ある基本方針をすべての参加者に説明している。誰も拒まれることはなく、最初に自分のプロジェクトが合格しなくても見捨てられることはない。私たちは、プロセスの最初から最後までこの方針を守る。したがって、最初に選ばれなかった人も次のキャンプへの招待を保証される。それまでの間に、次はもっといいプレゼンテーションを行なえるように準備できるわけだ。

候補者となった人は、第二ラウンドのプロジェクト開発演習に参加する。このラウンドに選ばれた起業家はダッカに招かれ、訓練を受けた投資担当スタッフの手を借りながら、自分のビジネス・プランを最終的な形にして、本格的に仕上げる。また、デザイン・ラボでの五分間プレゼンテーションに向けて、プロジェクトのサマリーを英語で準備する。

これだけの準備を経ているので、デザイン・ラボの審査員はたいていプロジェクトを承認する。ただし、ビジネス・プランを現実に実行する際に役立つよう、有益な助言をしたり問題を指摘したりすることも多い。ビジネス・プランをさらによくするため、修正して次のデザイン・ラボで再び発表するよう求めることも稀にある。

プロジェクトが承認されると、実施に向けた支援のプロセスが始まる。一緒に始めるこの事業が成功の道を歩むよう、出資者と起業家は一定期間の研修と若手教育《メンタリング》をともにする。これから出発する起業家は、出資を受けるほかに経営研修やコーチング、助言も提供され、新しいビジネスが成功するよう準備を整える。出資者はビジネスが成功することを社会的な見地から強く望んでいるので、こういった支援を提供するのは自然なことだ。ベンチャー投資家がコーチングや助言をして、支援先のビジネスが成長する可能性を最大化しようとするのと同じで、ソーシャル・ビジネス出資者も支援先の新企業に援助とガイダンスを与えるわけだ。

この期間に、計画されたビジネスにかかわる規制の問題があればすべて解決し、必要な書類も全部整える。モニタリングと会計の研修も終える。

ついに、出資金が支払われてビジネスが動き出す。グラミン・コミュニケーション（グラミン・ファミリーの情報技術企業）が開発した会計・モニタリングのソフトウェアが、起業家の新しい会社から重要データを毎日収集する。このレポートはすべて中央サーバーに送られ、そこですべての会社の日ごとのモニタリング・レポートが作成されて、出資者に提供された簡単に操作できるダッシュボード上にデータが表示される。

ノビーン・プログラムの確固たる土台となっているのが、誰もが起業家になれる潜在能力を持っているという信念だ。各自の創造性をもとにしたビジネスを創ることで、誰もが自分自身の生活を支えながら経済と社会に貢献できるのだ。ソーシャル・ビジネス・ファンドと出資者、ビジネス設計の専門家、資金と支援を必要とする起業家志望の若者をひとつにすることで、私たちはこの信念が真実であることを証明している。そして、何千人もの低所得の若者たちが失業の落とし穴から抜け出せるよう支援している。

ローンから出資《エクイティ》へ――起業家精神を広める鍵

グラミン銀行の初期に、マイクロクレジットを貧しい女性たちに広めていたとき、世界中の多くの専門家からこのコンセプトはうまくいかないと言われた。起業家精神は人間にとって珍しい性質であり、とりわけ貧しい人には稀で、さらに貧しい女性となるとほとんど見られないというのだ。私の見解はその反対だった。人間は誰もが起業家だ。男性でも女性でも、農村にいても都市にいても、豊かでも貧しくても例外はない。ノビーン・プログラムもこれと同じ確固たる信念に根ざしている。

マイクロクレジットとノビーン・プログラムには大きな違いがある。そのひとつが、ノビーン・プログラムは起業希望者にローンではなくエクイティ・ファイナンスを、すなわち投資金融を提供する点にある。ソーシャル・ビジネスの世界でエクイティ・ファイナンスがどのような仕組みで動いているのか、少し説明させてもらいたい。

ソーシャル・ビジネス版のベンチャー・キャピタルでは、出資者は出資によって利益を得ることはない。出資金が返還され、それに加えて私たちが「シェア・トランスファー・フィー」と呼ぶ総出資額の二〇パーセントに相当する手数料を受け取るが、それでおしまいだ。ノビーン・プログラムでは、起業家は受け取ったお金とシェア・トランスファー・フィーを決められた期限内に返済する責任を負う。返済が終わると、会社の所有権は起業家へ移る。

シェア・トランスファー・フィーを二〇パーセントに固定することで、所有権委譲の際に株価を評価する必要がなくなる。別の見方をすれば、この二〇パーセントの手数料は、新しい起業家が出資者と一緒に仕事を始めてから受けてきた研修や支援、コンサルタント・サービス、問題解決サービス、会計サービスといったものすべてのささやかな対価とも考えられる。それにこの手数料は、ソーシャル・ビジネス・ファンド自体の運営コストをまかなう資金にもなる。この手数料によって、ソーシャル・ビジネス・ファンドは持続可能なビジネスとして自立でき、失業中の若者を起業家へ変身させる手助けを続けられるのだ。

シェア・トランスファー・フィーは、比較的少ないコストでこのすべての役割を果たす。仮に起業家がバングラデシュの銀行からお金を借りたら、三年間の返済期間で利子は私たちが指定する二〇パーセントの少なくとも倍になるだろう。返済期間がもっと長ければ、利子は数倍になるはずだ。新しいビジネス・ベンチャーに資金を提供するのには、コストがかかる。全体的に見れば、起業家が会社の所有権を得る際にシェア・トランスファー・フィーを払うのは、そのコストをまかなうのに妥当な方法だと思う。

ノビーン・プログラムのような取り組みには、巨大な可能性がある。私はそう確信している。このコンセプトによって、若者の失業問題に、いや、いかなる失業問題にも、持続可能な方法で取り組める可能性が生まれるのだ。それに、同じ取り組みをさまざまな場所で簡単に再現できる。考えを転換させて、利益の最大化を目指す企業や政府の大規模インフラ・プロジェクトによって雇用を創出する従来のやり方を離れ、失業者が考えたビジネスに対して、シンプルかつ持続可能なマイクロエクイティ・ファイナンスを直接的に提供する方向へと向かわせるのである。ここでの私たちの行動は、解決すべき問題を抱える人に直接向けたものだ。問題解決はもはや、まったく別の目的のためにデザインされた事業からたまたま生じる副産物ではなくなる。つまり、誰かほかの人の利益を最大にするために作られたビジネスの副産物ではもはやないのだ。

グラミン銀行同様、ノビーン・プログラムも確固たる方法を開発してきた。この方法は、いかなる国でも、いかなる都市のいかなる場所でも、いかなる農村でも、いかなるコミュニティでも用いることができ、独立して経済的に自立している。失業や不完全就業の問題があるところでは、どこでも適用可能だ。人でいっぱいの都市でも、人口がまばらな農村でも、難民キャンプでも、移民コミュニティでも、低所得国でも、非常に豊かな国でも、どんな場所でも使える。このように機能するのは、基本的な背景はどこも同じだからだ。つまり、人間はみな生まれながらの起業家なのだ。

ノビーン・プログラムの方法は、私たちがバングラデシュでやっているように大きな規模でも比較的容易に展開でき、また考えうる最小単位でも、つまり失業者ひとりだけを対象にしても簡単に用いることができる。出資できるお金を持った人であれば誰でも、この方法を使って自分が選んだコミュニティで失業問題に取り組める。起業希望者が提案するビジネス・アイデアをただ検討するだけでいい。次に助言やカウンセリング、支援を提供して、これから立ち上げるビジネスの成功可能性を高める。そして、一定期間内に起業家が返済する決められた額のエクイティ・ファンディングを提供する。二〇パーセントのシェア・トランスファー・フィーをもらい、これによって出資者から起業家へ会社の所有権が正式に譲渡されるようにする。

二、三人の新しい起業家に出資したいだけの個人のソーシャル・ビジネス出資者は、起業家からエクイティ・ファンディングを返還された後は、どうすればいいのだろうか。出資金の返済を受けたら、ソーシャル・ビジネス出資者は自分の望みどおりにそのお金を使えばいい。次の起業家にまた投資してもいいし、ほかの好きな目的に自由に使ってもいい。

そのお金を別の起業家に再び出資すれば、新しい経済モデルの可能性を最大限に発揮させることになる。寄付金とは異なり、再投資されるソーシャル・ビジネスのお金は、使い切られることがない。このお金は使い切られずに働き続け、失業状態から人が抜け出すのを次から次へと手助けして、失業ゼロが実現する日を着々と近づけるのである。

バングラデシュの農村からニューヨークの街頭へ――起業家精神を広めるツールとしてのマイクロクレジット

地球上で最も豊かな国々でも、多くの人が、貧困あるいは貧困に近い状態で身動きをとれずにいる。これは、雇用が収入を得る唯一の道になっているからだ。アメリカなどで見られる経済的な苦悩の多くは、大企業に依存して地域経済の繁栄を維持するシステムに人々が閉じこめられていることから生じている（この苦悩が、高まりつつあった怒りと不安と敵意に油を注ぎ、二〇一六年の選挙でドナルド・トランプの驚くべき勝利をもたらした）。このような状態では、大企業が海外に移転したり、工場をオートメーション化したり、完全に廃業したりすると、コミュニティ全体が破壊されかねない。そして、有色人種など不利な立場にいて、職探しが最も難しい人々が主に暮らす地域では、失業が常態化し、人々が何世代にもわたって困難と苦しみの生活を送る運命を背負わされる。

バングラデシュで成果を見せつつあるのと同じように、アメリカなどの国でも、この問題を緩和するのに起業という解決法が重要な役割を果たせると私は信じている。その証拠として、グラミン・アメリカが成功しつつあることを挙げたい。バングラデシュのグラミン銀行の方法と哲学をアメリカ各地に持ち込んだ銀行だ。

マイクロクレジットは、はたして豊かな国でも貧困者に力を与え、失業の悪影響を和らげることができるのかが、何十年にもわたり問われてきた。だからこそ、世界中の政府やビジネスのリーダーがグラミン銀行について研究し、そこから学ぼうとしてきたのだ。グラミン銀行を真似たアメリカ初の組織が、一九八七年にアーカンソーに作られた。アーカンソーはアメリカでも指折りの貧しい州だ。私がヒラリー・ロータム・クリントンと友人になったのも、これがきっかけだった。当時、彼女はアーカンソーのファーストレディで、ホワイトハウスの住人となったりアメリカ上院議員や国務長官を務めたりするはるか前のことだ。

アーカンソーでの経験があるにもかかわらず、その後もこんなふうに主張する人がたくさんいた。アメリカとバングラデシュでは人と経済のしくみがあまりにも異なるので、グラミン式のプログラムはアメリカでは長続きしないだろうと。私はこれに断固として異論を唱え続けた。アメリカで実際にプログラムを立ち上げて私の考えを証明してはどうかと勧める人もいて、二〇〇八年、ついに私は思い切って行動に出た。マサチューセッツの熱心な起業家、ヴィダル・ジョーゲンセンから資金と経営の支援を受け、グラミン・アメリカ（ＧＡＩ）を立ち上げたのだ。ニューヨーク市クイーンズ区ジャクソンハイツ地域に、支店をひとつ構えて出発した。

反応はすぐに見られ、しかも有望だった。資金を得て自分のビジネスを始めたり、すでに所有している小さなビジネスを拡大したりするチャンスがあると知り、さまざまな背景を持った多くの地元女性が奮起した。バングラデシュの場合と同じで、ＧＡＩの顧客もベースとなるのは従来の銀行では決して信用があるとは見なされなかった女性、つまり担保も資産も貯金も保証人も持たない女性たちである。持っているのはアイデアと、それを成功させるために一生懸命働きたいという熱意だけだ。

数カ月のうちにＧＡＩのジャクソンハイツ支店は、何百ものメンバーを集めた（顧客はメンバーと呼ばれる）。このプログラムが成功するにつれて、自分たちもサービスを利用したいというリクエストが、アメリカ中のさまざまな都市からＧＡＩのオフィスに山のように届くようになった。しかし、こういったプログラムを始める資金はなかなか確保できないとわかり、ＧＡＩのリーダーたちは急がず、十分な資金を確保してから新しい支店を立ち上げる方針を立てた。急速に拡大しすぎて人材や経営能力が手薄になるリスクも避けたかった。場所の選定にも慎重を期し、本当にニーズがあって地元からの財政支援が手厚いところを選んだ。

ＧＡＩを現在率いるのは、エイボン社の元社長兼ＣＥＯのアンドレア・ジュングだ。熱意を持って仕事に取り組み、経済的に持続可能な確固とした組織の枠組みをＧＡＩにもたらした。二〇一七年三月現在、ＧＡＩはニューヨークやロサンゼルス、インディアナポリス、オマハ、シャーロット、ノースカロライナなど一二の都市に一九支店を展開している。メンバーの数は八万六〇〇〇人を超え、全員が女性だ。多くが正式な手続きを経ない移民であり、そのせいでメインストリームの社会サービスや金融サービスを利用するのが難しい人たちである。ＧＡＩのメンバーは合計五億九〇〇〇万ドル以上のローンを受け、九九パーセントを超える返済率を維持している。

二〇一八年、ＧＡＩは一〇周年を迎える。それまでにメンバーは一〇万人を超え、ローンは累計一〇億ドルに達する見込みだ。これからの一〇年間で、一〇〇の支店ネットワークを通じて一〇〇万人の借り手に利用してもらうのがジュングの願いである。このためにローンとエクイティで一五億ドルが必要となるが、ＧＡＩが銀行業の免許を得て預金を受けつけられるようになれば、あるいは資金調達のためのソーシャル・ビジネス・ファンドをＧＡＩが立ち上げれば、問題なく調達できる額だ。

ＧＡＩの経験から得られたきわめて重要な教訓がある。ニューヨークやネブラスカのような場所でも、マイクロクレジットを成功させるのに必要な運営原理とシステムは、バングラデシュの農村で私たちが開発したものとほぼ完全に同じだということだ。私たちは、女性が五人のグループを作るか、あるいは形成中のグループに参加した後にお金を貸す。グループの女性が互いに支え、助言し、励まし合う仕組みだ。ローンを受ける前に、メンバーはＧＡＩのスタッフにビジネス・アイデアとそれを実行し成功させるのに妥当と思われる計画を提示しなくてはならない。メンバーはまた、子どもを学校に通わせ、家族の健康と幸福を育み、よりよい未来に向かって進むことを約束する。このすべてにおいて、アメリカで行なわれているグラミンのマイクロクレジットの手順は、バングラデシュでの手順とまったく同じだ。

世界中でマイクロクレジットの流行に便乗した組織が現れたが、必ずしもすべてが首尾一貫した同じルールに従っているわけではない。これは重要なので、理解しておいてもらいたい。ＮＧＯが立ち上げたマイクロクレジット・プログラムの多くは、グラミン銀行の成功と効果を支える原理を無視したり歪めたりしている。最もひどい例では、マイクロクレジットが貧困者を助けるためのソーシャル

・ビジネスではなくなり（グラミン銀行の場合、実際に貧困者自身によって所有され管理される）、貧困者をだしに利益を得て、裕福な人を富ませる金儲けの仕組みに成り下がっているのだ。

その結果現れたのが、八〇パーセントを超える利息をとる、いわゆる〝マイクロクレジット〟会社で、この利率はグラミン銀行の最大利率の数倍にあたる。こういった会社は、貧困者にサービスを提供するのは難しく債務不履行のリスクもあると言って、この法外な利率を正当化する。しかしグラミン銀行は同じ困難に対処しながらも、貧困者が自分のビジネスで稼いだお金をほとんど手元に残せるようにしている。ローンの費用として多額のお金をグラミン銀行に払うことはない。

マイクロクレジット組織の中には、ローンの際に必ず担保を求めるところもある。債務を保証するために、借り手が資産を抵当に入れることを求めるのだ。このやり方だと、世界の最も貧しい人は排除されることになるが、こういった人こそマイクロクレジットが手を差し伸べようとする対象にほかならない。また別の例では、生活に必ずしも必要でない商品を販売する会社が、いわゆる〝マイクロクレジット・プログラム〟を通じて資金を融通することで、自社の商品を買うよう貧困者を誘導する。これは完全にグラミンの趣旨にもとる。私たちがお金を貸すのは、生産的な投資を支援するためであり、それによって借り手が資産を築いて自らと家族を貧困から抜け出させるようにするためだ。消費のために過剰な借金をすると、借金の泥沼にはまり、貧困の連鎖から解放されるどころかさらに深くそこに閉じこめられてしまう。

このような理由から、マイクロクレジットの仕組みを理解したいのであれば、グラミンの組織について学ぶことを強く勧めたい。バングラデシュのグラミン銀行やアメリカのＧＡＩ、そのほか世界中にある数多くのグラミンの組織だ。豊かな所有者のために金儲けをするよう設計されたマイクロクレジット・プログラムを、私は強く非難する。私たちは、貧困者が貧困を乗り越えられるよう手を差し伸べるためにこのモデルを創ったのに、それを歪め、マイクロクレジットの考えを悪用して、マイクロクレジットの目的を世間の人たちに誤解させるからだ。

もちろん、バングラデシュとアメリカでは経済や社会の状態は大きく異なる。プログラムが運営される市場の状況もかなり違う。たとえば、バングラデシュではグラミン銀行は地方の農村で活動する。国内の貧困者は、ほとんど農村に集中しているからだ。アメリカでは、貧困は地方と都市の両方に見られるが、これまでのところＧＡＩの支店は中心市街地にのみ設置されている。つまり、ＧＡＩが支援する小規模ビジネスは、都市部で、主に都市の顧客を対象に成功するようデザインされていることになる。

また、起業に必要な投資額は、バングラデシュよりもアメリカの方が通常はるかに高いので、ローンの平均額もかなり大きい。バングラデシュでは、多くの女性は四〇ドルから五〇ドルのローンがあれば起業できる。ミシンや手織り機を買ったり、ちょっとした商品を仕入れて村に小さな店を開いたりするのに十分な額のお金だ。アメリカではＧＡＩの起業ローンは通常、一〇〇〇ドルから一五〇〇ドルだ。メンバーは、最初のローンの返済を終えて自分のビジネスを築くと、さらなるローンを受けられるようになり、たいてい初回よりも高額の融資を受ける。

ここで、ローンを通じてＧＡＩが支援し、成功した起業家の例をいくつか挙げたい。

- ダマリス・Ｍは二〇一四年にＧＡＩに参加した。最初に一五〇〇ドルのローンを受けて、ボストンにある自分の新しいレストラン、サボール・デ・ミ・ティエラに必要となる物品を購入した。サボール・デ・ミ・ティエラは、カリブ・中米料理の専門店だ。三年後、ダマリスは六度目のローンを組んでビジネスを拡大させ、ローンの累計額は一万七〇〇〇ドルを超えた。パートタイムの店員をひとり雇い、繁盛して忙しくなってきたので、息子のブライアンが早朝の買い出しを手伝い、娘のダイアナが配達を担当している。

●レイナ・Hは七人の子を持つ母親だ。子どもを養い、一生懸命働けば報われることをお手本として示そうと起業を目指した。二〇一五年にGAIに参加して一五〇〇ドルを借り、テキサス州ノース・オースティンの通りに面した自分のブティック用にペンキと商品、陳列棚、陳列ケースを購入した。今は三度目のローンを組んでクレジットカード決済を受けつける機械を導入し、将来は顧客により近いオースティンのダウンタウンにもっと大きな店を構えたいと願っている。

●グレイシー・Nは自分の美容院を一五年間経営してきたが、リソースを欠き、店を拡大したり需要の高まりに応えたりできずにいた。二〇一六年にニュージャージー州ニューアークの支店でGAIに参加し、一三〇〇ドルのローンを受けて染毛剤などの美容用品を購入した。グレイシーは維持手数料のかからない貯蓄口座も開いて収入の一部を毎週貯金し、ずっと以前から望んでいた店の改装を実現させようとしている。

これらの例からもわかるように、バングラデシュ農村の貧困者に向けて私たちが開発した資金貸与システムは、アメリカの恵まれない人にも同じようにうまく機能する。アメリカでプログラムを実施するにあたっては調整を施したが、ほんの表面的な調整にすぎなかった。人間の根源的な性質、とりわけ重要なのは起業家としての潜在能力で、これはどこの国でもどこの民族でも同じだったのだ。この経験によって私は希望を持つことができた。失業問題を解決するある方法がひとつの場所で機能すれば、いずれそれはあらゆる場所で機能させられるのだと。

すでにＧＡＩはしっかりと足場を築いたので、当然のことながら次のステップとなるのは、ノビーン・プログラムを作って低収入のアメリカの若者が立ち上げるビジネスに出資することだ。私たちはそういったプログラムを計画していて、近いうちに立ち上げたいと思っている。

起業家精神、新しい経済、失業ゼロの目標

多くの読者には、私がこの章で語ってきた物語は逆説的に聞こえるのではないだろうか。経済学者ら多くの人々が、アメリカは史上最もダイナミックで革新的な資本主義国で、起業家経済のモデル国だと考えているからだ。しかし、この自由市場の活力の本拠地アメリカは、解決不可能と思われる失業問題に長い間ずっと苦しんでいて、何百万もの人が無為の生活に追い込まれている。

この問題はあまりにも手強いので、経済学者は〝完全雇用〟という自己矛盾した考えを編み出した。これは実のところ完全な雇用などではまったくない。四あるいは五パーセントと漠然と定義された最低レベルの失業のことで、〝許容範囲内〟とされる何百万もの人がゴミために取り残される。何百万もの人が失業状態に取り残されても問題ない、それどころかこんなにわずかな数ですんでいるのはラッキーだとでも言わんばかりの用語だ。

グラミン銀行での経験のおかげで、私はこの絶望の原理に異議申し立てをする勇気を得た。無為の状態に閉じこめられている人に資金への門戸を開けば、なすすべもなくいた人たちを救うことができるとわかったからだ。みんながやりたいことを何でもできる。心を目覚めさせることができる。採用担当者のイエスとノーに、運命を左右されることはもうない。ほかの人の言いなりになる必要などないのだ。

失業者を起業家へ変えようという私のアイデアが、四〇年前まで小規模農家以外にはほとんど何もなかった国で生まれたのは興味深い。いまや私は、高度に産業化された西洋諸国にこのアイデアを採用するよう促し、失業問題、とりわけ若者の失業問題を解決しようとしている。もしこれが実現すれば、西洋で新しいアイデアが考え出されて徐々に南の途上国へと広がるという通常のパターンを逆転させることになる。このアイデアが場違いな国から出てきたからといって、豊かな国の人たちが活用をためらうことがないよう願っている。

失業を起業に変えることができれば、計り知れないほどの人間の創造性、才能、生産性が解放される。さらに重要なことに、何億もの人を国への依存から救い、役に立たない、不要だと見なされたときに人間が感じる不幸から救い出すこともできる。

失業を起業に変えると、拡大し続ける富の集中に決定的に重要な影響を及ぼす。第一に、私たちが支援する新しいマイクロ起業家一人ひとりが、富を集めるマイクロ結集点となる。起業家が集めた富は、トップの一パーセント、二パーセント、五パーセントへ流れていくことなく、起業家のもとにとどまる。この新しい富のポケットが少しずつ増えることで、コミュニティに繁栄がもたらされるのだ。そこに上位一パーセントの人が入り込む余地はない。

第二に、トップ一パーセントのために働く人の数が減る。自分のビジネスを経営するのに忙しいマイクロ起業家はみな、報酬目当てに一パーセントのために働く暇などなくなる。その分、トップへの富の流れは減速する。

第三に、起業が広がることで、女性がより完全な形で経済に参加できるようになる。発展途上国でも豊かな国でも、女性の経済参加は課題となっている。仕事を探すことを中心に成り立っている現在の世界では、女性はきわめて不利な立場に置かれている。仕事のほとんどは、女性の生活の実態に合わない。職場ルールは融通が利かず、多くの女性が望む母親として、また家族生活の中心としての役割と衝突する。女性に優しくなるよう職場ルールを調整しようという取り組みも見られるが、部分的にしか成功していない。その結果、多くの女性が職場から追い出されたように感じ、また世界は女性の創造性と参加を活かすことができなくなる。

誰もが起業家となる世界では、女性が自分の望むように仕事をデザインでき、テクノロジーを活用していつでもどこからでも好きなように働ける。これまで男性が知らなかった経済の側面を女性が明らかにし、新たに何百万人もの女性が働くことによって生産性が大幅に向上する。

このような変化の結果、起業家精神が広がり経済成長が加速する。経済を動かす少数の巨大企業などに頼って、成長を刺激し雇用を創出してもらう必要はなくなる。誰もが起業家になれば、成長も雇用創出もさらに早く実現できる。一般の人々の収入・消費レベルを向上させ、それによって経済を劇的に発展させることができる。すでに必要以上のモノを持つ少数の豊かな人に贅沢品をさらに買わせようとするよりも、はるかに効果的だ。

うまくいけば、私たちが創りつつある新しい経済システムが、いずれトップへ一方的に向かう現在の富の流れに歯止めをかけ、あるいはそれを逆転させて、平等な世界という夢が実現するだろう。現状では、政府が提供する生活保護や民間のチャリティに頼っているが、それは新しいシステムへと道を譲る。そこでは、自由市場が提供する機会を利用して誰もが自分の家族を支え、社会の進歩に貢献できるのだ。

これは不可能なゴールのように思われるかもしれない。しかしもう不可能ではないとわかるはずだ。達成を阻むものは、人間の能力についてのわれわれの理解不足だけだ。

この新しいレンズを通して見ると、毎年四〇〇〇万人の若者に仕事を見つけるというＩＬＯが指摘する問題は、まったく異なるものに見えてくる。私に見えるのは、四〇〇〇万人の若者が列に並んで仕事への応募書類を書く姿ではない。四〇〇〇万人の新しい起業家がグローバル市場に参加し、新しいビジネスを創って問題を解決し、コミュニティを活性化させて立て直し、経済に大きく弾みをつける姿だ。いずれ労働者は余るどころか足りなくなる。若者、高齢者、女性、障害者、そういった人たちが全員、創造的な才能と起業家ならではの驚くような力を発揮して市場を満たすようになる。職業安定所の仕事は、もはや人に仕事を見つけることではなくなる。職業安定所は、ほかの人のために働くよう人を説得しなければならなくなるだろう。

必要なのは経済システムを変えること、ただそれだけだ。その第一歩は、現在、経済システムを支配している主流派に異議申し立てをすることから踏み出される。

第5章　二酸化炭素排出ゼロ——持続可能な経済を創る

私は生まれてこのかたバングラデシュで暮らしてきた。ついこの間まで世界指折りの貧困国だったので、私が貧困と失業に深い関心を寄せるようになった理由は、おそらく説明するまでもないだろう。私は地球環境にも同じく関心を持っている。その理由はそこまで自明ではないかもしれない。ただ、バングラデシュは地球上で最も環境の影響を受けやすい国のひとつでもある。多くの人が論じるように、バングラデシュは気候変動が将来もたらす壊滅的な影響を受ける地域の中心なのだ。

あなたがほとんどのアメリカ人と同じなら、世界地図のどこにバングラデシュがあるか、なかなか見つけられないだろう。南アジアの北東部にある小さな国で、インドと中国という人口と富と力を急速に増やしつつあるふたつの大国に大部分を囲まれている。ただ、小さな国ではあるが、バングラデシュは世界有数の人口を抱える。人口は一億六五〇〇万人で、世界第九位だ。面積は一四万三〇〇〇平方キロメートル。アメリカのアイオワ州よりも少し小さいぐらいである。人口の多さと国土の狭さが相まって、バングラデシュは世界で最も人口密度の高い国のひとつに数えられる。もしアメリカの人口密度がバングラデシュと同じであれば、アメリカに地球上の全人口が収まる。

人口密度が高いのも、環境の影響を受けやすい理由のひとつだ。バングラデシュはもともと資源の豊かな国だったが、大きな人口を支えるために経済成長を必死に追い求めたことで、資源は使いつくされた。かつて緑豊かだった地方では広範囲にわたって森林が伐採されて、家を建てたり、家具を作ったり、紙などの製品を作ったりするのに使われた。環境規制の施行に力を入れないまま急速に工業発展を遂げたことで、水と空気の汚染が深刻化した。通気性の悪い家で薪や木炭を使ってコンロやストーブの火を起こすので、肺疾患やそれに関連する病気が数多く引き起こされている。

こういった環境問題の中には、バングラデシュ国内で技術や政策を調整して対処できるものもある。しかし、これらの課題と格闘している間にも、現在、バングラデシュではほとんど何もコントロールできないさらに大きな環境問題が進行し、国の大部分を消し去りかねない脅威となっている。

人口密度が高く低地に位置しており、何千万もの人がガンジス川河口の広大なデルタ地帯やその近くに暮らすバングラデシュでは、これまでずっと壊滅的な洪水に悩まされてきた。定期的に大都市が浸水し、無数の農地や村が流されて、何百万もの人が避難を余儀なくされてきたのである。これらの洪水が、バングラデシュで続く貧困の一因でもある。数年に一度のペースですべて水に流され、農家はまたゼロから仕事を立て直すことを繰り返し強いられる。そのような状況では、将来、経済的な安定を得るのに必要なお金を貯めるのは難しい。

現在、バングラデシュは気候変動の影響をとりわけ受けやすい状態にある。環境の専門家によると、世界中で化石燃料が燃やされ温室効果ガスが排出されることで、地球上の氷冠が溶けて二一世紀の終わりまでに海水面は三フィート（約一メートル）以上上昇する恐れがある。気候変動の原因である世界の二酸化炭素排出量のうち、バングラデシュ自体が占めるのは〇・三パーセントにすぎないが、真っ先に犠牲になるのがバングラデシュの国と国民だ。バングラデシュ先進研究センター所長で気候変動の専門家、アティク・ラフマンによると、二〇五〇年までに海面上昇によってバングラデシュ国土の一七パーセントが恒久的に水に浸り、一八〇〇万人が避難を強いられるという[1]。そして、この状況を転換させるために世界が強力な対策をとらなければ、大惨事は次の段階へ進んでいく。

　こうした理由から、バングラデシュも世界のほかの最貧国と一緒に、人類を大惨事の瀬戸際に追いつめている環境破壊的な行動を正そうと、大いに力を注いでいる。この目標を、わかりやすく「二酸化炭素排出ゼロ」というフレーズでまとめておきたい。あらゆる環境汚染を排除するのに加えて、最大の目標は、気候変動を生じさせる二酸化炭素排出をできるだけ低いレベルまで減らすことにある。そして、除去できない排出分については、植林などによって相殺し緩和する取り組みをすべきだ。エネルギー消費はほぼすべての経済活動の基本要素なので、新しい経済の枠組みが対応しなければならない環境問題全体を指すものとして、「二酸化炭素排出ゼロ」という言葉は便利だと思う。

　豊かな国の人の中には、バングラデシュやインド、中国などの人がとても真剣に地球環境を救おうとしているのを知って驚く人もいる。発展途上国の人間は経済成長を追い求めるのに必死で、環境問題にはさほど関心を持っていないと思われているのかもしれない。なにしろ、現在の経済大国が急速に成長した時期には、そのような態度で臨んでいたのだ。一八世紀と一九世紀の産業革命の時期と、二〇世紀に機械化と都市化が広がり続けた時期に、ヨーロッパや北アメリカの多くの国は、自分たちが引き起こす環境破壊にほとんど関心を払わなかった。森林は破壊され、石炭や石油は山のように燃やされ、多様性に富んだ自然の土地は単一栽培の農地に変えられて、漁業資源は枯渇し、その他の資源も多くが浪費された。

　現在、産業大国は遅まきながらこれまでに与えたダメージを埋め合わせようとしている。中国やインド、ブラジル、インドネシア、ヴェトナムといった現在の発展途上国も同じように、環境に与える影響を顧みずに思慮を欠いた無責任な経済成長の道をたどるはずだと先進国の人が考えるのも、おそらく無理のないことだ。環境保護に力とリソースを使いたくない西洋人の中には、これを言い訳に行動しようとしない人もいる。こんなふうに言うのだ。「何十億ドルも費用をかけて、環境対策をすることはできますよ。でも、同じことを中国やインドがやらないとわかっているのに、自分たちだけそんなことをしても意味がないじゃないですか。貧しい国が発展するのにつれて、地球の環境汚染はひどくなるに決まっているんですから、西洋の側で何をしたって同じことです」

これは誤った考えであり、経済成長と環境保護は必然的に対立するという間違った思い込みに基づいている。実際には、環境を保護するのと同時に、経済を成長させてコミュニティや社会全体を貧困から脱却させることも十分に可能だ。現代のテクノロジーによって、かつてないほどこれが容易になった。科学者と技術者がきわめて大きな進歩をもたらし、再生可能で持続可能なエネルギー源や、環境汚染を抑えながら製品を製造し流通させるシステム、環境を破壊しない農業や漁業、採鉱などの資源採取技術を開発してきたからだ。

こういった進歩のおかげで、今日の発展途上国はクリーンな成長を実現するのに、かつての先進工業国よりも有利な位置にいる。化石燃料を燃やす無数の発電所、維持にリソースが必要な有線通信網、燃料を浪費する旧式の自動車やトラック、飛行機。これらの古くさいテクノロジーを使う必要はもはやない。したがって、現代の科学が提供するより効率的でクリーンな技術へ一足飛びに直接たどり着ける。発展途上国にいるわれわれが、経済成長のためにひどい公害と環境破壊に耐えなければならない理由はない。それに実際、世界最大の発展途上国である中国とインドは、第二章で論じたパリ協定に参加して、その条項を実行に移そうと真剣に取り組んでいる。

残念ながら、バングラデシュの環境対策の実績は完璧からはほど遠い。現在、バングラデシュの人々は、自国に大きな害をもたらす環境破壊を止めるよう世界に呼びかけているが、バングラデシュ政府は環境を脅かす事業をふたつ進行させている。

ひとつが一三二〇メガワットの石炭火力発電所だ。建設地はバングラデシュ南部のランパルで、すぐ近くには世界最大のマングローブの森、シュンドルボンがある。ユネスコ世界遺産のこの森が、発電所事業によって脅かされているのだ。

この事業に反対する声が上がり、国内外の環境問題専門家が説得力のある主張もしてきた。しかし政府は、こうした懸念の声に耳を傾けることなく事業を進めている。バングラデシュに電力が必要なのは事実だが、命や暮らしを代償にしてまで調達すべきではない。この事業を強行することで、バングラデシュは大きく誤ったメッセージを世界に発信していることになる。バングラデシュ国内は環境問題に関心はない、環境を代償にして目先の経済利益を求めているというメッセージだ。こんなメッセージを発していると、地球温暖化から生じて悪化しつつある問題を克服するのに必要な支援を減らすことになる。

第二の事業が、二〇〇〇メガワットを発電するよう設計された原子力発電のプロジェクトだ。一九八六年のチェルノブイリでの大惨事以来、私は原子力発電にはすべて反対してきた。そして、二〇一一年、福島での原子力発電所事故を目にして、自分の考えは正しかったのだと再確認した。いずれの出来事も大きく警鐘を鳴らしている。原子力発電所一つひとつに、広範囲にわたり人間の生活をひどく荒廃させ、何世代にもわたって人々を苦しめる可能性があるのだ。原子力発電所は地震や洪水といった自然災害に弱く、また人的ミスや不注意、破壊活動やテロ攻撃、敵からの襲撃のリスクにも脆弱だ。

バングラデシュとその周辺地域は、地球上で最も人口密度が高い場所である。地球上で最も人口が集中している場所の真ん中に、大量破壊の可能性がある設備を作る理由が私にはわからない。

バングラデシュはエネルギー不足に苦しむ国であり、経済成長によってさらにエネルギーが必要となった。それゆえバングラデシュには、クリーンなエネルギーを可能にする地球規模の取り組みを世界に要請するもっともな理由がある。また、これを可能にする解決策は存在する。そのひとつが、近隣諸国との連携だ。ネパールには水力による膨大な発電力があるので、それをすぐに活用できる。そうすれば、バングラデシュをグリーン環境運動の先導者への道へと引き戻す助けとなる。

気候変動に取り組む活動家の国際コミュニティも、バングラデシュでのエネルギー問題への取り組みに積極的な役割を果たすことができる。バングラデシュの問題に取り組むことは、この国際コミュニティが気候変動に苦しむ国に連帯を示す絶好の機会となる。グリーン・エネルギーを費用効率の高い方法で生み出す最新の技術手段を提供し、それらのプロジェクトに必要な資金を調達する手助けをすればいいのだ。そうすれば、バングラデシュは環境を汚染するエネルギーに頼らずにすみ、また同じ問題に直面しているほかの国にとってすばらしい手本となることができる。世界がこのように手を差し伸べれば、バングラデシュが石炭や原子力による発電という自己破壊的な道を選ばずにすむ。そうするのにまだ手遅れではないと私は信じている。

新しい経済モデルのために私が設定した三つの目標は、互いに衝突することはない。貧困ゼロと失業ゼロを追求しながら、同時に二酸化炭素排出ゼロを目指すのは可能だ。それどころか、三つすべてを追求することが欠かせない。これらは互いに補完し合い、支え合うからだ。環境を破壊するやり方で経済成長を追い求めれば、最終的には地球とすべての生命が究極的に依存するさまざまな資源に、何兆ドル分もの損害を与えることになる。環境を汚染する成長は、環境面だけでなく、実際的な経済面でも持続不可能だ。

また、破壊的な環境政策が追求された場合、一番苦しむのは貧困者だということを歴史が証明している。先進国では、政治家や政策立案者、ビジネス・リーダーが選択して、汚染を引き起こす危険・有毒・有害な産業や施設を、貧しい人が暮らすコミュニティに作ることが多い。地球規模で見ると、多国籍企業にとっては、汚染を生じさせる産業を貧しい国に置くのが安くて簡単だ。ある国で人々が仕事と収入を必死に求めていると、政治家は環境問題を無視したり、公害を防ぐルールを排除したり強制しそこなったりしがちである。その結果、貧困者は仕事は得られるかもしれないが、その多くは汚く、危険で、有害な仕事で、貧しいコミュニティを以前よりもさらに劣悪な状態におとしめる。

貧しい人々に対するこうした環境犯罪は、地球規模の格差の結果であるのと同時に、格差を拡大させもする。激しい公害のせいで、貧しい国は貧困から抜け出すことがさらに困難になるからだ。これもまた、全人類が引き起こす問題のために貧困者が苦しむ一例だ。このパターンから、なぜ三つの問題に同時に取り組むことが不可欠なのかがよくわかる。三つの問題はすべて互いに結びついて、悪循環を引き起こしているからだ。

グラミン・シャクティ──環境に優しい起業家がエネルギー市場を変える

経済発展と環境保護は、衝突することなく互いに支え合う。その一例をグラミン・シャクティに見ることができる。再生可能エネルギー・ビジネスの先駆けで、一九九六年に私がバングラデシュで立ち上げた会社だ。

『貧困のない世界を創る』でグラミン・シャクティについて書いた時点で、この会社はバングラデシュ全国の家庭に一〇万台のソーラー・パネル・システムをすでに設置していた。この業績から当時、グラミン・シャクティは世界最大規模のソーラー住宅システム供給会社だったといえる。その後、再生可能エネルギーは驚くべきペースで成長し、グラミン・シャクティはこれを先導してきた。二〇一三年一月に一〇〇万台目のソーラー住宅システムの設置を祝ってセレモニーを行ない、二〇一七年初めには、サービスを提供した家庭は一八〇万を超えた。

この成果は、いくら強調してもしきれない。バングラデシュのほとんどの村では、国のエネルギー網を利用することができない。エネルギー供給がある場所でも、停止することがよくある。また言うまでもなく、ガスや石炭による火力発電所のような従来の電力源は、気候変動を大きく助長する。気候変動がバングラデシュにもたらす影響がいかに大きいかは、すでに説明したとおりだ。

これらすべての理由から、クリーンかつ安価で信頼性の高いエネルギーをバングラデシュのおよそ一二〇〇万世帯に届けることは、巨大な前進といえる。学校へ通う子どもは、明かりをつけて宿題ができるようになる。商店やコミュニティ・センター、診療院、モスクも夜まで開けておけるようになり、多くの人々の生活が豊かになって経済的チャンスも広がる。農家は土地を灌漑したり、作業を省力化する道具を使ったりするのに電気を活用できる。農村の女性起業家は、電動ミシンを使えるようになる。それに、何百万ものバングラデシュ人が、インターネットを使って世界中の人と同じ情報と知識の源にアクセスできるようにもなる。

一九三〇年代、ニュー・ディール政策によって始められた地方の電化計画が貧困にあえぐアメリカ南部地域を二〇世紀経済へと転換させたのと同様に、ソーラー・エネルギーが広がることで、バングラデシュの農村が二一世紀の世界に組み込まれるのだ。

バングラデシュの貧困者に再生可能エネルギーを提供するのは、グラミン・シャクティだけではない。私たちの成功に刺激を受け、およそ三〇の営利企業と非営利組織が参入してグラミン・シャクティと競争し、ソーラー・エネルギー・システムを提供するようになった。私たちはこれを歓迎している。このおかげで、さらに推定一五〇万世帯に再生可能エネルギーがもたらされたからだ。

　グラミン・シャクティは事業を多角化し、ほかの製品も提供するようになった。すべてに共通するのは、クリーンで再生可能なエネルギーに重点を置くことだ。グラミン・シャクティは改良型の家庭用コンロも販売している。これは従来型のコンロが抱えていた多くの問題を最低レベルに抑え、屋内の汚染と燃料の浪費を減らす。この改良型コンロは、現在およそ五〇万台が使用されている。グラミン・シャクティはまた、何万ものバイオガス・プラントを設置して、牛糞など天然の廃棄物をメタン燃料に変え、料理に使えるようにしてきた。

　グラミン・シャクティは、環境に優しいテクノロジーをソーシャル・ビジネスにして成功し、それを全国で真似てもらえるようにしたのだ。

ハイチ——破壊された地方とそこに暮らす人々を救う

　第四章では、失業を削減し貧困と闘う原動力となる起業家精神の重要性について、多くの紙幅を割いて論じた。すでに説明したように、経済発展についての従来の考え方では、経済成長を生み出すものとして大企業と巨大産業プロジェクトの役割があまりにも重視されすぎていた。より健全で持続可能なのは、大企業よりも何百万もの普通の人たちの創造性を解放することを重視するアプローチ、あるいはそこまでいかずとも、大企業と同じだけそれを重視するアプローチだ。人々は新しいビジネス・アイデアを創出して、自分たちが暮らすコミュニティのニーズを満たすのに充分な能力を持っている。そういった人たちに、自分たちの起業の夢を実現させるツールを与えれば——特に会社を立ち上げるのに必要となる投資資本を提供すれば——村や町、地域、さらには国全体の経済の見通しが明るくなる。

私は経済成長を支えるものとして起業家精神を重視するが、同時にまた、世界が必要とする新しい経済システムを創るにあたっては、大企業が果たす役割もあると思っている。私は経済学の研究者としてキャリアを積んできたが、理論家や空論家ではなく現実主義者《プラグマティスト》だ。現実世界で数多くの実験をして、試行錯誤を経て何が機能して何が機能しないかを学んだ。長年の間に気づいたのが、社会問題の中には、大企業がふんだんに持つリソースを賢く活用することで改善が見込めるものがあることだ。お金や市場へのアクセス、洗練されたテクノロジー、経営の専門性と経験を持つ才能ある多数の人材といったリソースだ。

しかし、きわめて重要なのは、私たちの新しい経済運動への参加を希望する大企業は、自分たちのものの見方を根本から変える準備ができていなければならないということだ。利益の最大化を前提とする世界から離れ、新しい目標と指標を持って、新たな視点から社会の課題を見る必要がある。このために通常、求められるのは、企業のトップあるいはトップに近いところに、先見的なビジネス・リーダーが最低でもひとりいることだ。旧来の考え方から脱け出す想像力を持ち、理想主義、寛大さ、無私の心という人間本性の別の側面を活用する新しいアプローチを試すのを厭わない、そんなリーダーが必要なのだ。

私が仕事を通じて出会ったそのようなビジネス・リーダーを四人挙げよう。ダノンの会長フランク・リブーと、ダノンのCEOエマニュエル・ファベール、マッケイン・フーズの地域社長ジャン・ベルノ、ヴァージン・グループの創業者リチャード・ブランソンだ。

ブランソンとは数年前に知り合った。ビジネスマンとして成功し、多彩な宣伝パフォーマンスの才能を持つ華やかな起業家であるのに加えて、ブランソンは「Bチーム」という組織の共同創始者でもある。これは企業経営者とその他のリーダーたちからなるグループで、ここで取り組むのは「協調した積極的な行動によって、ビジネスが社会的、環境的、経済的恩恵の原動力となるようにする〝プランＢ〟を創り出す」ことだ。この組織のウェブサイトにはこう書いてある。「〝プランＡ〟では、ビジネスは主に利益によって動かされてきたが、これはもはや選択肢にはならない」[2]。Ｂチームが取り組むのは、利益だけを指向していた従来のビジネスの背中を押して、人と地球と利益を指向するようにさせ、この三つの目標に平等な地位を与えることだ。

私もＢチームのメンバーだ。ほかのメンバーにはたとえば、インターネット起業家マーク・ベニオフや、メディア創業者アリアナ・ハフィントン、ノルウェーの政治家で世界保健機関（ＷＨＯ）の元事務局長グロ・ハーレム・ブルントラント、アイルランドの元大統領メアリー・ロビンソン、ブラジル人ビジネスマンのギリエルム・レアル、慈善家ヨーヘン・ツァイツ、国連基金の総裁でＣＥＯのキャシー・カルヴィンがいる。

ブランソンが地球環境を守りながら人々を助けるビジネス・プロジェクトに関心を持っていると知り、二〇一三年に私は投資を受けようとプロジェクト案を持って彼のもとを訪ねた。〈ハイチ・フォレスト〉はユヌス・ソーシャル・ビジネス（ＹＳＢ）がデザインした事業で、この島国で森林を再生させる大きな取り組みの一部となるものだった。あまりにも多くの人が陥っている貧困状態から、ハイチの人々を脱出させるのに決定的に重要な取り組みだ。

森林はハイチの生態系と経済において、つねにきわめて重要な役割を果たしてきた。カリブの気候では、熱帯暴風の影響を緩和したり、土壌浸食を防いだり、水の循環を調整したりするのに森林が不可欠だ。

一九二三年には、ハイチの六〇パーセントが森林で覆われていた。しかし、その後数十年間でこの森林は破壊された。原因はいくつかある。大手の製材会社が広い地域で集中的に木を伐採し、数百年かけて育まれた森林をわずか数年で消滅させた。森林伐採によって悪循環が始まり、外部からの介入なしに森林が再生することは不可能になった。森林を再生させようと新たに植林をした企業もあるが、木が大きく育つまでには何年もかかる。地域の村人は極貧にあえいでいるので、成木とともに無数の若木も生長前に伐採してしまう。住まいを建てたり、自分で使う燃料や収入源となる木炭を作ったりするのに必要だからだ。

現在、森林はハイチの国土全体のわずか二パーセントを占めるにすぎない。この変化は衝撃的だ。森林破壊が進むほかの国と同様に、ハイチでも木が二酸化炭素を取り込む機能が大幅に減退して、気候変動の破壊的影響を加速させている。

農業もまた大きな影響を受ける。森林がないと、山腹を流れ落ちる雨水によって表土が簡単に洗い流され、川や湖、湾に溜まる。農民に残されるのは、消耗して肥沃とはとても言えない耕作地だ。土壌が浸食されると水の流出も速くなるため、水の供給も減る。貧困はかつてないほど深く定着し、森林破壊と人的被害の悪循環がそのまま回り続けることになる。長年の独裁支配と、二〇一〇年にハイチを襲った壊滅的な地震など自然災害のせいで、この国の問題はさらに悪化している。これらの環境問題も一因となり、ハイチは西半球で最も貧しい国である。

ハイチ・フォレストを立ち上げたのはハイチで少しずつ森林を再生させるためだ。ハイチ・フォレストはソーシャル・ビジネスの取り組みであり、ザ・ネイチャー・コンサーバンシーなどの環境や農業、林業の専門知識を提供する非政府組織の支援を受けている。それに加えて、ブランソンの慈善財団ヴァージン・ユナイトとクリントン財団が、寄付金とソーシャル・ビジネス出資金の両方を提供している。出資金は利子や配当金なしで返還される。ハイチ・フォレストは、毎年一〇〇万本以上の木を植えることを目指し、ハイチの中央台地地域に位置するサン＝ミッシェル＝ド＝ラテイユの町周辺で一〇〇〇ヘクタール（およそ二五〇〇エーカー）の森林を再生させることを目標としている。

破壊が深刻なハイチの自然環境を改善するのに加えて、この事業は農家の暮らしも向上させる。果物やコーヒー、オイルなど森林から得られる物品の生産が拡大し、農家の収入と地元の人たちの雇用が増える。この事業はまた、森林で育つ原料から作られる商品を売るベンチャー企業を支援して、農業セクター外でも雇用を創出している。

その一例が、クレオール・エッセンスという高級エコ美容品ブランドだ。ここの製品はハイチの黒トウゴマのオイル（ひまし油）から作られる。この企業はイヴ＝カール・モンプルースとステファヌ・ジャン＝バプティストというフィラデルフィアに暮らしていたふたりのハイチ系アメリカ人が創業した。きっかけとなったのが、イヴ＝カールの「髪が悲惨なことになった」ことだ。美容院で施術を受けたときに熱を加えられすぎて、髪が傷んでしまったのである。イヴ＝カールが思い出したのが、出身地のハイチでは、女性が地元の黒トウゴマから作られるオイルを使って傷んだ髪の手入れをしていたことだった。そこでこの製品をアメリカで探してみたが、見つからない。イヴ＝カールとステファヌはこの伝統を復活させ、世界の女性に提供しようと思い立った。

現在、クレオール・エッセンスはハイチの農民、主に女性とともに仕事をしている。女性の小自作農と協力してトウゴマの木を植え、後でトウゴマとオイルになる種《たね》を市場価格よりも高く買い上げて、ひまし油のバリュー・チェーンにいる人たちに持続的な収入を確保しているのだ。ハイチの荒廃した田舎で森林再生の目標に向けた取り組みを進めるとともに、ハイチが苦しむ厳しい貧困を緩和する経済活動を創り出す、そのようなベンチャー企業が数多くあり、クレオール・エッセンスもそのひとつだ。

ウガンダ——日々の環境問題を起業で解決する

第三章に書いたとおり、アフリカのウガンダでは、起業家精神が高まることで経済の見通しが明るくなってきた。ウガンダの若者はビジネスを始め、経済活動を生み出し、祖国が貧困からの脱出に向けて一歩前進する可能性を作ったのだ。

ウガンダは今なお貧しい国で、人口のほぼ四分の一が公式な貧困線以下の暮らしを強いられており、経済成長を目指すことは重要だ。しかし、経済成長の追求は環境の持続可能性を代償としてはならない。ハイチやほかの多くの発展途上国と同じように、ウガンダにも注意すべき深刻な環境問題がいくつもある。人口増加に伴って農業が無秩序に拡大し、必要不可欠な保護林と湿地が破壊されて土壌浸食が生じ、水の供給量が減っている。現在、ウガンダでは都市住民のおよそ二〇パーセント、農村住民の五〇パーセント以上が清潔な飲料水を手に入れられずにいる。人口の増加と、製造業と鉱業の規制不足によって広がる公害のせいで、上水道に毒素が混入している。公害によって、珍しい鳥や動植物の多くが脅かされている。それ自体が貴重であるだけでなく、国立公園や野生生物保護区を訪れる観光客を惹きつけるのに重要な役割も果たす資源だ。

これらの環境問題は切迫しており、ウガンダのソーシャル・ビジネスにとって大切なのは単に雇用を創出し経済成長を支えることだけでなく、公害や水質汚染のような問題に取り組み、金銭面にとどまらずあらゆる面でウガンダの人々の生活がよくなるよう努めることだ。YSBウガンダのもとで取り組まれているプログラムには、環境問題をミッションの中心に据えたベンチャー・ソーシャル・ビジネスがたくさんある。

そういったソーシャル・ビジネスのひとつが、〈サヴコ・ミラーズ〉だ。リサイクルしたプラスチックごみを使って製品を作り販売する会社である。急成長中の多くの都市と同様に、ウガンダの首都カンパラでも、増え続けるゴミをいかに処理するかが大きな問題となっている。ゴミの多くは、買い物袋や商品のパッケージ、水や炭酸飲料のボトルといったプラスチック類だ。ウガンダでは毎日、推定一〇八トンを超えるプラスチックごみが発生しているが、リサイクルできるのはその半分以下にすぎない。このゴミのほとんどは都市部の見苦しく非衛生的なゴミ捨て場へ行き着き、カンパラの貧困者が住む近隣の地域に暗い影を落としている。

しかし、日々排出されるプラスチックごみは、カンパラの起業家精神を持った住民にはビジネス・チャンスでもある。地元のゴミ捨て場でゴミを選別し、リサイクルし売却できるプラスチック片を集めて副収入を得る人も多い。汚く危険な仕事だが、貧しい人が切実に必要とする収入を生み出すことはできる。

ＹＳＢの支援を受けるソーシャル・ビジネス、サヴコ・ミラーズの使命は、カンパラの人たちがこの仕事に取り組みやすくするのと同時に、プラスチックごみから生じる環境問題を軽減することにある。この会社はプラスチックを集める人たちと直接仕事をし、訓練を受けさせたり、身体を保護する道具を提供したり、収集したプラスチックをあらかじめ決められた破格の高値で買い取ったりしている。高額買い取りが可能なのは、通常、収集のプロセスを仕切って収入から法外な額を差し引く中間業者を通さずに取引するからだ。その後、サヴコ・ミラーズは自社工場でプラスチックを処理し、植物の栽培に使う袋やビニールシート、ゴミ袋などの製品を新たに作る。製品は、地元コミュニティに手頃な値段で販売される。

サヴコ・ミラーズとともに働くプラスチック収集者の中には、この仕事の結果、ホームレス状態と貧困から抜け出せた人もいる。たとえば、ウィリアム・メールというカンパラの元〝ストリート・キッド〟は、プラスチックごみ収集ビジネスが「スリと接着剤を嗅ぐ」のを中心とした生活から自分を救ってくれたと言う。このように、サヴコ・ミラーズはシンプルながら強力なビジネス・モデルを使って、失業と環境破壊というふたつの切迫した社会問題に同時に取り組んでいる。

ＹＳＢが支援する別のソーシャル・ビジネスが、〈グリーン・バイオ・エネルギー〉社だ。本拠地はカンパラ近郊、市街地からおよそ四・五マイル（七キロメートル）南へ行ったブゴロビ。グリーン・バイオ・エネルギーは、主力商品をふたつ製造販売している。家庭やレストランで調理の際に使う豆炭《ブリケット》と、持ち運び可能な小型コンロだ。コンロは、小型とはいえ鍋をひとつ置いて熱するのに十分な大きさがある。

木炭と木炭コンロは、いずれもウガンダ人にはおなじみだ。木炭は通常、急速に縮小しつつあるウガンダの森林から木を伐り出し、それを燃やして作られる。しかし、グリーン・バイオ・エネルギーの製品は、ほかの木炭とは異なる。環境にも家計にも優しく開発、設計、製造されているのだ。豆炭は大きな紙袋に入って〈ブリケティ〉というブランド名で販売されている。これはすべてリサイクル木炭とさまざまな農業廃棄物から作られている。キャッサバやバナナの皮やもみ殻、コーヒーの果肉などだ。これによって、木を切り倒す必要が大幅に減る。また火が長くもつため、家計にも優しい。さらに燃えるときの汚染も少ない。普通の木炭よりも、すすや煙が大幅に抑えられるのだ。小さく風通しの悪い家の中で、コンロの前で長時間過ごすことの多い女性にとって、これは重要な利点だ。

何よりすばらしいことに、この豆炭は五キログラム入りの袋がわずか二ドルほどで販売されている。通常の家庭だと一袋あれば五日はもつ。とりわけ貧しい家庭でも買える手頃な値段だ。ブリケティがカンパラの市場でベストセラーになっているのも、まったく不思議ではない。一般家庭だけでなく、レストランや病院、学校などの業務用としても人気だ。

また、〈ブリケティ〉ブランドのエコ・コンロには、ウガンダの従来のコンロにささやかながらも重要な改善がいろいろと施されている。通気孔を小さくして数を増やしたり、陶材面の厚さを一定にしたり、重心を低くしたりといった工夫がなされているのだ。このようにデザインに手を加えることで、エネルギー効率がよくクリーンになり、またこぼしたり転倒させたりするリスクが減って安全に使えるようになった。このコンロは都市部の食料品店や農村の小さな店、売店で販売され大人気だ。二〇一三年にエコ・コンロが発売されてから三年の間に、一カ月あたりの販売台数は八〇から二五〇〇へと跳ね上がった。

グリーン・バイオ・エネルギーは、ウガンダとウガンダの人々に魅せられたフランス人移住者ふたりが二〇一一年に創業した。現在、管理職や営業、物流、生産のポジションで七〇人以上の現地の人を雇用している。エンジニアリング・チームと研究開発スタッフはさらなる新製品のアイデアを練り、ウガンダで環境に優しい問題解決策を模索すべく、全員が熱心に仕事に取り組んでいる。

ＹＳＢが支援するソーシャル・ビジネスで、環境にかかわる使命を掲げる企業の事例をもうひとつ挙げておきたい。〈インパクト・ウォーター〉社だ。水質汚染がウガンダで大きな問題となっていることは、すでに述べた。九〇〇万以上のウガンダ人が安全な飲料水を確保できず、毎週、推定四四〇人の子どもが飲料水媒介の病気で死亡している。さらに多くの子どもが汚染水のせいで体調を崩したり健康問題を抱えたりしていて、学校への出席率の低下にもつながっている。貧困と失業、環境破壊が互いに結びついた問題であることが、この例からもよくわかるだろう。貧困者は、きれいな飲料水を手に入れられないことが多い。貧しい子どもは飲料水媒介の病気で体調を崩し、学校を休む。その結果、授業についていけず卒業できない。このせいで失業状態に陥り、さらなる貧困の深みにはまる可能性が非常に高くなる。このように悪循環が続くわけだ。

ウガンダではこの問題に対処しようと、多くの人が使用前に水を煮沸する。高くつき、時間がかかって、辛抱も必要な方法だ。面倒で十分に沸騰させず、汚染が残ったままの水を飲んでしまう人も多い。また火を起こすのに一番よく使われる燃料は薪なので、日常的に水を煮沸すると、すでに触れた森林伐採問題を悪化させる。

インパクト・ウォーターは、この悪循環を断つために、子どもが多くの時間を過ごす場所、すなわち学校で安全な飲料水を提供している企業だ。技術者がさまざまな浄水システムを開発して、可能なかぎり低いコストで大きな効果を発揮し、大きさや水源の異なる多様な学校のニーズに合った仕組みを設計してきた。小規模の学校では、一時間に三〜五リットルの水を供給できて電気も必要ない陶器によるろ過で十分だ。大きな学校には、カーボン・フィルターと中空繊維膜を通す限外ろ過システムが適している。これも電気は必要ない。非常に大規模な学校になると、大きなステンレス製タンクに溜めた水を浄化する紫外線殺菌システムが望ましい。これを使うには、一日に一〜二時間だけ電気が必要だ。電力網が不安定で、場所によっては利用できない国でも、これくらいの時間であれば無理ではない。

インパクト・ウォーターは、二年分の予防整備を提供し（設置時にこのサービスも含まれている）、予算の少ない小規模学校でもきれいな水を利用できるよう支払いシステムもうまく設計して、学校へのサービス強化に努めている。たとえば、設置費用の支払い日を調整して、授業料が入る時期と合わせたりする。きれいな飲料水があると、生徒の家族にとっては学校の魅力が増すので、インパクト・ウォーターはこれを売りに全国の学校と契約を結んできた。インパクト・ウォーターのろ過システムを備えた学校は、現代的で生徒の幸福を促進する学校だと宣伝できるわけだ。生徒たちは健康に過ごせて学校を欠席することも少なくなる。

二〇一六年終わりの時点で、インパクト・ウォーターはすでに一〇〇〇以上の学校にシステムを設置し、これらの学校の生徒数は合計五〇万人に及ぶ。さらに多くの学校へ売り込みながら、同時に軍の兵舎や刑務所などの新しい市場も開拓しつつある。インパクト・ウォーターが施設単位で多くの人により効率的にきれいな水を提供できるようになればなるほど、飲料水経由の病気の問題を解決するのに大きな効果を上げられる。

ウガンダは急成長中の国で、解決策を必要とするさまざまな環境問題を抱えている。サヴコ・ミラーズやグリーン・バイオ・エネルギー、インパクト・ウォーターのようなベンチャー・ソーシャル・ビジネスは、これらの問題に現場で取り組みながら、同時に雇用を創出し経済成長を促進している。経済成長と環境破壊を結びつける従来の想定はもはや通用しない。クリーンな成長はファンタジーではなく現実だ。これらの企業はそれを証明している。

新しい経済と二酸化炭素排出ゼロの目標

右で論じた例からもわかるように、世界中で多くのソーシャル・ビジネスが、森林破壊からプラスチックごみの山、飲料水の不足まで、さまざまな環境問題に取り組む商品やサービスの販売に特に力を注いで事業を展開している。ただ、すべてのソーシャル・ビジネスは環境面で持続可能でなくてはならない。これが基本原則だ。ビジネスの主な目標が貧困削減でも、医療の提供でも、教育の改善でも、そのほか何であっても同じである。

理由は明らかだと思う。私たちの経済的試みが目指すのは、世界をもっとよい場所にすることだからだ。仮にソーシャル・ビジネスが、失業を減らしたり子どもの栄養状態を改善したりするのに役立っていたとしても、同時に環境を破壊して地球を暮らしにくい場所にしているのなら、長期的には人類に利益がもたらされているとはいえない。人類は存在そのものを健全な地球環境に完全に負っている。したがって、環境にしかるべき尊敬と配慮を払わない真のソーシャル・ビジネスなど想像することもできない。

そうはいっても、ソーシャル・ビジネスだけで現在の環境危機を解決できると考えるのも間違いだ。環境問題にはあらゆる面から取り組まねばならない。生活スタイル、また、エネルギーや鉱業やビジネスにかかわる政府の政策など、さまざまな要素が関係する。そして、利益の最大化を目指す企業が当面はビジネス活動の大部分を担うので、企業が責任を持って経営にあたるよう強く求める必要もある。政府の規制や、顧客や市民団体からの社会的プレッシャーが、こういった規範を守らせるのに重要な役割を果たす。人間が破壊した環境をソーシャル・ビジネスが修復する一方で、利益の最大化を目指す企業が新たに環境を破壊するのを許す、そんな社会を作っても意味がない。

要するに、あらゆる種類の企業がこの巨大な取り組みに参加する必要がある。われわれに共通の人間性を認め、すべての人間が拠って立つ環境に対して倫理的で責任ある行動をとる必要があるのだ。ソーシャル・ビジネスは利益追求に動かされないため、環境を改善し修復する新しい方法をより柔軟かつ自由に試すことができる。これがソーシャル・ビジネスならではの特徴だ。市場の要求に縛られず、利益を追求し続ける必要もないソーシャル・ビジネスは、きれいな空気や水、農地など、全人類が継承すべきグローバル・コモンズを保護するといった目標に向かっていくことができる。自分たちの活動が個人に富をもたらすか否か、そんなことを気にかける必要がないからだ。

環境問題に取り組むソーシャル・ビジネスは、ハイチやウガンダのような低所得国のみならず、先進国でも同じぐらい切実に求められている。北アメリカやヨーロッパ、東アジアの豊かな国で、再生エネルギーからゴミのリサイクルまで、安全な飲料水から持続可能な農業まで、無駄の少ない包装からエネルギー効率のよい交通システムまで、さまざまなニーズに応えるべく力を注ぐソーシャル・ビジネスをすぐにイメージすることができる。可能性を制限するのは、人間の想像力だけだ。

二酸化炭素排出ゼロの目標へ向かって前進すること、それは大きな課題だ。あらゆる組織のすべての人間の力が必要となる。新しい経済の枠組みは、社会的目標に力を注ぐビジネスが存在する場所を十分に確保する。そしてこれが、二酸化炭素排出ゼロの目標を達成するにあたって必要不可欠な前提条件となる。

第6章　よりよい未来へのロードマップ

世界と世界の未来に対する人々の態度は、両極端の間で大きく揺れ動いている。メディアと一般大衆が非常に楽観的で希望に満ちているように感じられるときもあれば、悲観に沈み絶望さえ覚えているように見受けられることもあるのだ。これはその時々の政治状況と結びついていることが多く、人々を元気づける世界的リーダーがいるかどうかにもよる。

今、われわれは極端な悲観の時期にいるようだ。世界の問題は非常に深刻で、何をしようと解決できないとシニカルになっている人が多く、政府や非営利組織、国際機関には、意味ある変化をもたらす力などないと考えられているかのように思われる。全能の〝自由市場〟が生み出す帰結に介入することなど人間にはできない、そう結論を下してしまっている人もいる。

本書ではっきりと述べてきたように、人類が現在直面している問題はきわめて深刻だと私も考えている。富の集中や地球全体に広がる貧困、医療や教育の格差、人権無視、環境破壊、気候変動などはすべて、人類が共同で即座に取り組まなければならない問題だ。とりわけ気候変動など、専門家の意見によると決定的に重要な分岐点が迫り、破滅的な結末を避けるためには強力かつ速やかな行動が求められる領域もある。

ただし、確かに私は人間社会が直面している問題はかなり深刻だと考えてはいるが、それでも未来については基本的に楽観している。これらの問題を解決して、地球上すべての人の生活を根本からよくする、それに必要な変化を起こす力が、われわれの内にあると確信しているからだ。

私が楽観する理由はたくさんある。最も根本的な理由のひとつは、単純な理屈だ。われわれが直面する問題は人間が作ったのだから、人間が解決できるはずなのだ。われわれが思考と行動を変えさえすれば、文明の未来を劇的に変えることができる。

もうひとつの理由は、有望な国際協力の取り組みがすでに進み、成功を収めているという事実だ。たとえば、「ミレニアム開発目標」と「持続可能な開発目標」がある。

ミレニアム開発目標（ＭＤＧｓ）は、二〇〇〇年の国連ミレニアム・サミットの後に設定された。当時の国連加盟国一八九カ国すべてと二三以上の国際機関が、二〇一五年までに八つのＭＤＧｓを世界が達成できるよう支援することを誓った。目標は次の八つだ。

一　極度の貧困と飢餓の撲滅
二　初等教育の完全普及の達成
三　ジェンダー平等の推進と女性の地位向上
四　乳幼児死亡率の削減
五　妊産婦の健康の改善
六　ＨＩＶ／エイズ、マラリア、その他の疾病の蔓延の防止
七　環境の持続可能性確保
八　開発のためのグローバルなパートナーシップの推進

各目標には、具体的なターゲットとターゲット達成の期限が設けられている。前進を加速させようと、世界の主要経済大国八カ国（G８）の財務大臣が、二〇〇五年六月に財政支援の追加を決めた。世界で最も貧しい国々が負う四〇〇億〜五五〇億ドルの借金を帳消しにできるだけの資金を開発銀行と国際通貨基金（IMF）に提供することに合意し、そうすることで貧しい国々が貧困削減や医療と教育の改善にリソースを向けられるようにしたのだ。

MDGsの存在そのものが、人類史上の画期的な出来事だ。MDGsが策定される以前は、地球規模の進歩を促す枠組みで、世界の豊かな国と貧しい国のリーダーがいずれも合意するものは存在しなかった。MDGsが合意に至ったのは、人類史上最も重要な決断を各国が下した結果だ。これによって、地球全体のコンセンサスと数値化可能な目標に基づく枠組みができた。

ご想像のとおり、MDGsは私のような楽観主義者には大歓迎されたものの、悲観主義者や皮肉屋は、有益なことなどたいして起こりはしない、あるいはまったく起こるはずがないと肩をすくめた。MDGsの野心的な目標の達成期限はすでに過ぎている。結果はどうだったのか。この経験から、われわれは何を学んだのだろうか。

私のような楽観主義者は、世界が達成したMDGsの成果を祝福するが、悲観主義者はMDGsが達成できなかった点をあげつらう。私がうれしかったのは、バングラデシュの成功、とりわけ貧困削減における成功が認められたことだ。バングラデシュの国としての目標は、二〇一五年までに貧困率を二九パーセントまで下げることだった。二年早く、二〇一三年に貧困率は二六・二パーセントまで下がり、目標をほぼ三パーセントも上回った。バングラデシュではまた、初等・中等教育における男女就学率の平等が完全に達成され、幼小児の死亡率が急速に低下し、妊産婦の医療が大幅に改善した。

最終的に、バングラデシュはMDGsの八つの領域すべてで大きな前進を遂げたのだ。これはすばらしい成果で、バングラデシュの人々のやる気を高め、さらにがんばろうという気にさせた。

　八つの目標に照らして見ると、各国の成果にはばらつきがある。多くの国が複数の目標を達成したが、政治の機能不全や財源不足からひとつも達成できなかった国もある。重要なのは、ＭＤＧプログラムの最後の七年間、すなわち全プロセスの実質半分の期間は大不況の影響下で実施されたということだ。一九三〇年代の大恐慌以来最悪の経済崩壊で、これは西洋の豊かな国よりも発展途上国にはるかに大きな打撃を与えた。

　こういった背景がありながらも、ＭＤＧターゲットすべてにおいて、実際に目覚ましい前進が見られたのだ。これは驚くべきことだろう。世界全体では目標を達成できなかったが、バングラデシュのように個々の国は困難をきわめるゴールのいくつかを達成し、ほかの領域でもすばらしい成果を上げた。地球規模の成果にも重要なものがたくさんある。いくつか例を挙げよう。

- 極度の貧困状態（一日の収入が一・二五ドル以下と定義される）で生活する人の数を、半分以下に減らすことに成功した。一九九〇年に一九億人だったのが、二〇一五年には八億三六〇〇万人となった。
- 初等教育の完全普及の目標は達成されなかったが、二〇一五年までに発展途上国での就学率は九一パーセントに達した。それ以前から大きく改善して、一〇〇パーセントの目標に向けて大きな一歩を踏み出した。
- ジェンダー平等にかかわる多くの数値が大幅に向上した。たとえば、一九九〇年の時点で、南アジアでは男子一〇〇人に対して女子七四人しか学校に入学していなかったが、二〇一五年には男子一〇〇人に対して女子一〇三人になった。女性の国会議員は一九九〇年から二〇一五年までの間に、ほぼ倍増した（ただし、女性は今なお世界の国会議員のおよそ二〇パーセントを占めるにすぎない）。

●子どもの死亡率は、一九九〇年に一〇〇〇人中九〇人だったが、二〇一五年には一〇〇〇人中四三人と、半分以下になった。

●二〇〇〇年から二〇一三年までの間に、新たなHIV感染は四〇パーセント減少し、マラリア発病はおよそ三七パーセント減って、推定六二〇万人の命が救われた。

われわれは歴史上類を見ない時代に生きている。現在の社会には、人類がこれまで経験したことのない巨大な経済資源や新しいテクノロジーのツールがあり、平和と自由と協力が一定程度、確保されている。MDGsを通じて達成されたすばらしい成果を見ればわかるように、人間社会が本当にその気になれば、どんな目標でも達成できる。だからこそ、私は人類の未来を楽観しているのだ。今後のさらなる成果に向けた闘いに、もっと多くの仲間が加わることを熱望している。

世界の〝やることリスト〟――持続可能な開発目標

MDGsの前向きな成果に勇気づけられて、国連加盟国が団結してさらに野心的な地球全体の目標、「持続可能な開発目標」（SDGs）を設定した。世界中から専門家や政策立案者、社会活動家たちが集まり、徹底的に研究、協議、議論して作ったSDGsは、一七の全体的な目標と一六九の具体的なターゲットからなる。すべて数量化できるようになっていて、進捗を明確に定義、モニター、測定できる。大きな基本方針は、一七すべての目標を二〇三〇年までに達成することだ。

ＭＤＧｓと同じように、ＳＤＧｓも人類文明史上の画期的な一歩である。地球全体の代表が集い、豊かな人も貧しい人も、男性も女性も、若者も高齢者も、あらゆる人種、文化、信条の人たちも含め、全人類が直面する問題に取り組む前例のない試みだ。一連の大きな目標を共有して、それを追求する。この目標は、地球環境を取り巻く現状を反映した枠組みの中で設定されている。その環境の中で、地球上の生命の未来が形作られるからだ。

ＳＤＧｓのタイトルにある「持続可能」という言葉が、この目標の最重要メッセージだ。インフラ整備や新産業の創出から都市建設や革新的技術の開発まで、われわれの行動はすべて、私たち自身と人間が依存する地球の生態系に影響を与える。天然資源の使い方、人口動態の変化への対応、エネルギーの生産と消費、社会活動によって生み出される富の共有、これらすべてが自然環境に影響を与え、それゆえ人類の未来の生存可能性をも左右するのである。これらを決定する際には、近視眼的に短期的なニーズに基づくのではなく、未来の世代の希望とニーズを念頭に置かなければならない。

これこそが、「持続可能性」にほかならない。木を傷めることなく果実を食べること、それどころか木をさらに豊かにして、いずれみんながもっと多くの果実を食べられるようにすること、それが持続可能性だ。未来の開発計画やプログラムはすべて、持続可能性を考慮して設計されなければならない。過去数十年の間に、政府関係者や科学者、経済学者、ビジネス関係者、社会活動家、その他のリーダーがみな少しずつこれを認識するようになってきた。

これまでの考えを変えて持続可能性が必要であることを受け入れなければならない。その一番わかりやすい例が気候変動の問題だ。三〇〜四〇年前、先見の明がある少数の地球生物圏専門家が、二酸化炭素排出によって生じる危険について警告を始めたとき、ほとんどの人はまともに取り合わなかった。「地球では何百万年もずっと気候や天候が変わってきたのに、車や工場から少し汚染物質が出ただけで、五〇年後、七〇年後に地球が滅びるというのか？　正気じゃないな」

こんなことを言う人は、もはやほとんどいない。科学的証拠が蓄積され、大昔の気候変動で実際に種の絶滅が何度も起きたことをわれわれはすでに知っている。六五〇〇万年前の恐竜の絶滅もその一例だ。それに現在、地球の気候変動を示す明らかな徴候が見られ、しかも変化は専門家が想像していたよりもはるかに急速に進んでいる。ようやく、政府の指導者たちが結集して「ここで歯止めをかけなくてはならない。地球の平均気温が、工業時代が始まる前よりも摂氏一・五度以上高くなるのを防ぐために、手段を講じなければならない」と合意する段階まできた。この結果生まれたのが、第二章で触れたパリ協定だ。従うべき基本行動と原則を示し、今後の経済活動が地球温暖化問題を悪化させないようにするものである。

しかし、人類が直面する持続可能性の問題は、気候変動だけではない。人間と自然環境の関係に影響を与えるそのほかの変化についても、人類の長期的な生存を念頭に置いて検討しなくてはならない。たとえば、仮に地球温暖化の影響を脇に除けておいたとしても、現在のペースでわれわれが世界の森林を伐採し続けたら、人間は種として生きていけなくなる。今のペースで魚など海の生き物を捕獲し続ければ、未来の人口を支える栄養を確保できなくなる。このまま化学肥料を使った単一栽培を続けて土壌を消耗させ、農作物を胴枯れ病などの病気にかかりやすくしていれば、未来の農家が世界の人々に食糧を供給する力は低下する。抗生物質の使いすぎが続くと、何億もの人々が死亡する可能性のある壊滅的な伝染病が発生するリスクが高まる。プラスチックごみが運河や川に流出するのを防ぐ手立てを講じなければ、太平洋の真ん中にプラスチック片が溜まり、われわれはやがて消化できないプラスチック微粒子が混入した魚を食べ、プラスチックの微小繊維が含まれた水を飲むことになる。

これらの例はすべて、今われわれが下す決断によって、数十年後、数百年後の地球上での生活がどれだけ持続可能になるかが決まることを示している。

さらに持続可能性は、環境や生物学的要因とは直接関係のない社会、経済、政治の課題にもかかわってくる。たとえば、経済格差の問題を考えてみよう。もし今の傾向が続いて、富と収入がますます少数の人に集まることになれば、社会集団間の緊張と対立は必然的に高まる。貧困者は追い詰められて犯罪に走る。機能不全に陥った経済システムによって人々がスラムや収容所に追いやられ、そこで、騒乱、暴動、暴力が起こる。何百万もの難民が一斉に国境を越え、豊かな国が蓄積してきたリソースから正当な分け前を要求する。さらに、石油や鉱物から水や農地まで、経済資源をめぐって国家間に戦争が起きる可能性が高まるだろう。経済的な不和によって引き裂かれた民主主義社会は、独裁者に権力を与える誘惑に駆られ、独裁者は壁を築き民兵を動員して貧困者をしかるべき場所にとどめることで、市民の不安を解消すると約束する。

このような状況下では、人間社会は持続不可能だ。実際のところ経済の公正は、公明正大で民主的で平和な社会への希望と不可分に結びついているのだ。

貧困の克服は、人々の間に平和を確保するための不可欠な一側面だ。富の公正な分配は、気候変動や大気汚染、天然資源の濫用と同じく、究極的には持続可能性の問題だ。

ＳＤＧｓの一七の目標は、これらの現実を念頭に置いて読まなくてはならない。一七の目標をすべて合わせると、期限となる二〇三〇年までにわれわれが構築できる、あるいは少なくとも構築に向かって進んでいる、よりよい世界のビジョンが説得力を持って示される。

一七の持続可能な開発目標は次のとおりだ。

一　貧困をなくそう——あらゆる場所のあらゆる形態の貧困を終わらせる。
二　飢餓をゼロに——飢餓を終わらせ、食料安全保障及び栄養の改善を実現し、持続可能な農業を促進する。
三　すべての人に健康と福祉を——あらゆる年齢のすべての人々の健康的な生活を確保し、福祉を促進する。
四　質の高い教育をみんなに——すべての人に包摂的かつ公正な質の高い教育を確保し、生涯学習の機会を促進する。
五　ジェンダー平等を実現しよう——ジェンダー平等を達成し、すべての女性及び女児の能力強化を行なう。
六　安全な水とトイレを世界中に——すべての人々の水と衛生の利用可能性と持続可能な管理を確保する。
七　エネルギーをみんなに、そしてクリーンに——すべての人々の、安価かつ信頼できる持続可能な近代的エネルギーへのアクセスを確保する。
八　働きがいも経済成長も——包摂的かつ持続可能な経済成長及びすべての人々の完全かつ生産的な雇用と働きがいのある人間らしい雇用《ディーセント・ワーク》を促進する。
九　産業と技術革新の基盤をつくろう——強靭《レジリエント》なインフラ構築、包摂的かつ持続可能な産業化の促進、及びイノベーションの推進を図る。
一〇　人や国の不平等をなくそう——各国内および各国間の不平等を是正する。
一一　住み続けられるまちづくりを——包摂的で安全かつ強靭《レジリエント》で、持続可能な都市及び人間居住を実現する。

一二　つくる責任、つかう責任――持続可能な消費生産形態を確保する。
一三　気候変動に具体的な対策を――気候変動及びその影響を軽減するための緊急対策を講じる。
一四　海の豊かさを守ろう――持続可能な開発のために、海洋・海洋資源を保全し、持続可能な形で利用する。
一五　陸の豊かさも守ろう――陸域生態系の保護、回復、持続可能な利用の推進、持続可能な森林の経営、砂漠化への対処ならびに土地の劣化の阻止・回復及び生物多様性の損失を阻止する。
一六　平和と公正をすべての人に――持続可能な開発のための平和で包摂的な社会を促進し、すべての人々に司法へのアクセスを提供し、あらゆるレベルにおいて効果的で説明責任のある包摂的な制度を構築する。
一七　パートナーシップで目標を達成しよう――持続可能な開発のための実施手段を強化し、グローバル・パートナーシップを活性化する。(1)

一七の目標一つひとつには、数多くの具体的ターゲットがある。たとえば、第一の目標「貧困をなくそう」の下に、国連は次の七つのターゲットを設定する。

●二〇三〇年までに、一日一・二五ドル未満で生活する人々と現在定義される極度の貧困を、あらゆる場所で根絶させる。
●二〇三〇年までに、各国が定義するあらゆる次元の貧困状態にある、すべての年齢の男性、女性、子どもの割合を半減させる。
●各国に適した社会保護制度および対策を実施し、最低基準も設ける。二〇三〇年までに貧困者と弱者の多くを対象とできるようにする。

●二〇三〇年までに、すべての男女、とりわけ貧困者と弱者が、経済的リソース、また基礎的サービスへのアクセス、土地やその他の財産に対する所有権と管理、相続財産、天然資源、適切な新技術、マイクロファイナンスを含む金融サービスについて平等な権利を持つようにする。

●二〇三〇年までに、貧困者や弱い立場に置かれた人の強靭性《レジリエンス》を構築し、気候変動に伴う極端な気象現象やその他の経済、社会、環境の衝撃や災害にさらされたり、そこから影響を受けたりする度合いを軽減する。

●あらゆる側面で貧困を終わらせるための計画や政策を実施すべく、発展途上国とりわけ最も発展が遅れている国に対して、適切かつ予測可能な手段を提供するため、開発協力の強化などを通じて、さまざまな源から多くのリソースを動員する。

●貧困撲滅のための行動へ向けた投資拡大を支援するため、国、地域、国際レベルで、貧困者やジェンダーに配慮した開発戦略に基づき、健全な政策枠組みを構築する。(2)

読んでもらえばわかるように、これらのターゲットは可能なかぎり明確かつ具体的に定義されていて、それに適したところでは数量的な目標も設定されている。ターゲットが達成されたかどうかを専門の分析家や社会活動家が客観的に判断して、もし達成されていなければ正確にどこが足りないかを知り、修正策を講じることができるのだ。MDGsがすでに成功を収めているので、SDGsのもとでもさらなる成果を期待していいだろう。たとえば、バングラデシュは二〇〇〇年から二〇一三年までの間に貧困率を半減させた。極度の貧困を二〇三〇年までに完全に撲滅することを想像するのも無茶ではない。

ミレニアム開発目標のときと同じで、世界中の国や営利企業、非営利組織、影響力のある人々が参加してＳＤＧｓを支持している。世界で大きな力を持つ組織、すなわちアメリカや中国のような国々や、世界のあらゆる主要金融機関、巨大企業、それにもちろん国際連合自体が大きな役割を果たして、一七すべての目標を達成できるよう事業を推進しなくてはならない。また、数えきれない人々やグループがすでにＳＤＧｓを支持する活動と運動を展開している。あなたがどんな仕事をしていようが、どんなことにもっぱら興味を持っていようが、地球の問題に関心を寄せる市民や社会活動家として、自分のコミュニティや世界で直接あなたが支援できるＳＤＧｓの目標が少なくともひとつはあるはずだ。

私は、ＳＤＧｓへの意識とコミットメントを世界中に広める役割を果たす人間のひとりに選ばれたことを名誉に思う。二〇一六年一月、国連事務総長の潘基文《パン・ギムン》が、ＳＤＧｓの促進に取り組む支持者グループの結成を発表した。ＳＤＧｓを二〇三〇年までに達成すべく、事務総長の取り組みを支援する任務を負うのがＳＤＧ支持者グループだ。私たちＳＤＧ支持者は、先見的で世界を変える力を持つ持続可能な開発のためのアジェンダを促進すべく声を上げてきた。市民社会や学界、全大陸の国々の議会、民間セクターのリーダーと協働して新しく画期的なアイデアを練り、ＳＤＧの実現に向けて前進する方法を考えている。

ＳＤＧ支持者のひとりとして私が勧めているのは、一人ひとりがＳＤＧｓを自分自身の目標にあてはめ、自分が関係するか所属する、あるいは影響力を持つあらゆる組織や会社、市民団体の目標とすることだ。世界の市民として、目標をひとつ残らず実現できるよう自分にできることはすべてやらなければならない。

残念なことに、今の世界の文明は、環境、社会、経済、いずれにおいても持続不可能だ。われわれの未来を保証するには、新しい文明を創り出す必要がある。この課題から逃れることはできない。SDGsは、われわれが起こさなければならない変化に向けて、強力な行動目標を示してくれる。世界の国々がともにこの課題に取り組むと合意したこと、それ自体が人類史上きわめて大きな前進といえる。

新しい経済のビジネスがSDGs達成の原動力となる

古い道をたどれば、必ず古い目的地に行き着く。古い目的地とはまったく異なる新しい場所へ行きたければ、新しい道を作らなければならない。このルールに例外はない。

われわれが必要とする新たな文明へと向かう新しい道を作るにあたっては、ソーシャル・ビジネスが中心的な役割を果たす。これは道理にかなっているし、実際の経験もそれを裏打ちしている。多くのソーシャル・ビジネスがすでに、SDGsのひとつ、あるいはそれ以上の目標に向けた取り組みを助けている。

ユヌス・ソーシャル・ビジネス（YSB）が活発に活動してきた地域のひとつが、バルカン半島だ。ヨーロッパ大陸で最も貧しく、失業、貧困、環境破壊、社会制度の衰退がずっと以前から大きな問題となっている場所である。

ソヴィエト連邦に長年支配されてきたヨーロッパ南東部バルカン半島の国々は、ヨーロッパのほかの国々から経済的に後れを取っている。ソヴィエト連邦の崩壊と冷戦の終結によって、バルカン半島は自由市場経済に移行し始めた。しかし、多民族国家ユーゴスラヴィアが解体して内戦が起きると、この移行は中断する。一九九一年からは、スロヴェニアやクロアチア、ボスニア・ヘルツェゴヴィナ、マケドニア、モンテネグロ、セルビアなど、一連の独立国家が徐々に生まれた。長年の民族紛争と、セルビアの独裁者スロボダン・ミロシェヴィッチのような指導者による人道に対する罪のせいで、この地域は大いに苦しみ、経済的、社会的発展を阻まれた。何百万もの人が住まいを失い、多くが難民として地域から逃れた。

今日、バルカン諸国のほとんどは平和だ。しかし、この地域の人は引き続き経済的に苦しんでいる。アルバニアやセルビアなど、西バルカン諸国のひとりあたりのＧＤＰは、ドイツやフランス、イギリスなど西ヨーロッパ諸国のおよそ四分の一にすぎない。長年の放置、投資不足、戦争による破壊のせいでこの地域のインフラは不十分であり、社会・経済構造はひどく損なわれている。物理的、経済的、社会的な再生を進めようと努力がなされてはきたが、たとえばボスニア・ヘルツェゴヴィナの失業率は四〇パーセント（二〇一七年）という衝撃的な数字だ。

ＹＳＢチームのメンバーは、バルカンで仕事に着手するにあたり、経済と社会の状態を調べ、地元のさまざまな社会階層の人々と話をするところから始めた。ソーシャル・ビジネスの考えを使って小さな一歩を踏み出すことができる突破口を探したのだ。やる気に満ちた数多くの起業家に会った。高い教育を受けた人も多く、自分の創造性と才能を活かして母国に新しい暮らしをもたらしたいと情熱を燃やしているにもかかわらず、資本不足やその他の構造的問題から実現を阻まれていた。たとえば、ＹＳＢのスタッフが話を聞いた起業家の八五パーセントが、通常の銀行の利率は高すぎてベンチャー企業を支えることができないと答えた。そのため、彼らの四分の三が家族や友人など非公式の財源に頼って会社の立ち上げに必要な資金を捻出せざるを得なかった。複雑な税制や規制の問題も、起業のプロセスをややこしくしていた。(3)

これを受けてＹＳＢが作ったのが、バルカンの起業家に向けたアクセラレーター・プログラムだ。

シリコンバレーのベンチャー投資家が有望なハイテク・ビジネスに提供するのと同じようなプログラムで、それを異なるコンテクスト、つまりソーシャル・ビジネスのコンテクストに置き換えたものである。アルバニアの首都ティラナで開催したある標準的な一週間のワークショップでは、新進の起業家たちにソーシャル・ビジネスの知識を伝え、ソーシャル・ビジネスのコンテクストにのっとった市場分析や顧客開発、製品設計・試験といったスキルの研修を提供した。

YSBが提供する研修が重点を置くのは、ソーシャル・ビジネスという新しいビジネス概念を使って、その国の人が直面する固有の社会問題と起業家が直面する問題に取り組むことだ。たとえば、多くの起業家が取り組もうとしている課題のひとつが、輸出プログラムや卸売業者網、大規模小売りチェーンを通してヨーロッパ大都市の豊かな市場へアクセスするのが困難だという問題だ。YSBのチームには専門家がいて、こういった障壁を乗り越える方法を見つける手助けができる。

YSBの支援を受けた企業のひとつが〈ウドゥルジェネ〉という会社で、ボスニアに本拠地を置き、編み物とクローシェ編みの世界クラスの手工芸製品を生産している。

ウドゥルジェネの創業者ナディラ・ミンガソンは、戦争が勃発して一九歳で生まれ故郷のボスニアから逃れた。やがてパリにたどり着き、世界的に有名なファッション業界で仕事をするようになる。二〇〇八年に故郷を訪れたとき、農村の貧しい女性たちが美しい手作りのファブリックを生産しているのを見て、創造的なビジネス・チャンスになると思いついた。そこで彼女はウドゥルジェネを立ち上げたのだ。ボスニア語で「団結した女性」という意味だ。

現在、ウドゥルジェネの女性職人が作る衣類はドイツや日本、ノルウェー、イタリアなどの国で、世界でも指折りの優れたファッションデザイナーが販売している。「ここの女性たちが、これだけの水準を満たすことができるのはわかっていました」とミンガソンは言う。「ただスキルをアップデートするだけでよかったんです」[4]。製品は、バルカン半島の農村地域に住む女性たちの手で作られている。高い技術を持った職人であるにもかかわらず、この仕事がなければ、ほぼ間違いなく故国の厳しい失業状態の犠牲になっていた人たちだ。ウドゥルジェネは現在、ボスニア・ヘルツェゴヴィナで三〇〇人以上の編み手と仕事をしている。その一人ひとりが起業家であり、ウドゥルジェネが提供する販売流通経路を通じてより広い市場へアクセスできるようになった。このように、ウドゥルジェネは戦争や暴力、社会的疎外に苦しむ女性たちを助けている。ソーシャル・ビジネスを創出して経済的・社会的な力を与えることで、女性たちが再び社会に参加できるようにする、それを助けるひとつの手段として編み物を活用しているのだ。

もうひとつのバルカン半島のソーシャル・ビジネス企業で、ＹＳＢの支援を受けてこの地域で個人の起業家にビジネス・チャンスを作っているのが〈リゾナ〉だ。この会社は、コソヴォのラホヴェツ地域で一〇〇の小規模農家が生産する高品質な有機栽培の加工野菜を扱い、それを販売する信頼できる市場を作った。三つ目の企業が、〈セント・ジョージ・ヴァレー・オーガニック〉。エミランド・スコラという地元の人が創業した薬用ハーブのソーシャル・ビジネスだ。セント・ジョージ社はティアナ近郊にハーブを植え、それを蒸留してハーブ・エッセンスを作り、国際市場で薬用あるいは化粧品用に販売する。ほかのほとんどの農業形態よりも、はるかに大きな収益が得られるやり方だ。セント・ジョージ社はおよそ六〇人の地元の農民に土地を貸し、ハーブ栽培の技術と実践法を教えて、彼らが自分や家族のために収入を増やせるようにしている。薬用ハーブは厳密にオーガニック栽培されなければならないので、このビジネスは環境にも優しい。

これらの例からわかるように、ソーシャル・ビジネスは問題解決ビジネスだ。どの問題に焦点を絞っていても、ソーシャル・ビジネスは直接的、間接的にＳＤＧｓのどれかにかかわり、収入の機会や雇用、ジェンダー平等、貧困削減などをもたらしている。

さらにソーシャル・ビジネスの例をふたつ挙げたい。コロンビアとフランスの事例だ。いずれも興味深い点がいくつかある。どちらも巨大企業との共同事業で、農業、とりわけ食糧生産に関係する。〈カンポ・ビボ〉はラテンアメリカ、コロンビアのベンチャー企業で、YSBがマッケイン・フーズ社と協力して立ち上げた。マッケイン・フーズはカナダを本拠地とする家族所有の企業で、一九五七年に創業し一九六〇年代からヨーロッパと世界中でその名を知られている。

マッケイン社のヨーロッパ大陸・中東・北アフリカ地域の社長ジャン・ベルノは変わり種だ。フランスのリールを拠点とするベルノは、数年前にソーシャル・ビジネスのアイデアに非常に興味を持った。カンファレンスや会合で私が話をするときには、決まって出席するようになり、新しい経済システムを作り、世界の最も困難な課題に取り組むのにマッケインのビジネス・リソースや人材、専門知識を活かすにはどうすればいいか議論しようと、私に連絡してくるようになった。ベルノはまた、カナダにいる創業一族マッケイン家の人たちに、私やグラミン・チームのメンバーを紹介した。マッケイン家の面々もソーシャル・ビジネスに関心を持ち、参加を希望した。ともに仕事をする機会がついに訪れたのは、コロンビアの最も貧しい人たちを苦しめている経済問題に対して、YSBが解決策を模索し始めたときのことだった。

コロンビア人のおよそ三一パーセントは農村地域に暮らしていて、貧しいコミュニティでは収入源を主に農業に頼っている。コロンビアの地方農家も、他地域の人と同様に厳しい課題に直面している。たとえば、資金や新農業技術、技術支援へのアクセスは限られていて、作物を売却する際の交渉力も弱い。近年、これらの経済的問題がとりわけ深刻になってきた。コロンビアは、かつて有名だったコーヒー市場のかなりの部分を失ったのだ。ヴェトナムやインドネシアなどアジアの生産者がコーヒー市場でシェアを伸ばすと、コロンビアのコーヒー農家はいきなり深刻な経済危機に直面し、コミュニティ全体が恐慌に近い状態に陥った。

マッケインの専門は、ジャガイモの栽培、加工、販売だ。マッケインは毎年、実に五〇〇万トン以上ものジャガイモを世界中の工場でフライドポテトや関連製品に加工している。アメリカ風フライドポテトの人気が高まる中に、コロンビアの農家の苦境を新しいビジネスへと転換させるチャンスがあることに私たちは気づいた。こうして、カンポ・ビボは誕生した。

カンポ・ビボは、マッケイン・フーズとＹＳＢの共同事業だ。使命は、コロンビア農村の恵まれないコミュニティに暮らし、作物を売る市場やネットワークへのアクセスを十分に持たない地域の農民とその家族の暮らしをよくすること。カンポ・ビボは、マッケインが持つジャガイモについての比類なき専門知識を活用し、多くの収穫を得られる農業技術を使って、コロンビアの農民が高品質のジャガイモを栽培できるよう手助けしている。

二〇一四年五月一三日、特に収穫量が多いことで知られるR12ポテトの最初の種イモが、コロンビア東地区《オリエンテ》の自治体ウネ・クンディナマルカにあるラマダ農場で植えられた。モデルを作るための小規模プロジェクトで、二一世帯から八四人が参加した。

二〇一四年一一月一一日、最初のカンポ・ビボのジャガイモが収穫される。農業面と経済面の成果は予想を上回り、生産高は一ヘクタールあたり五四・四トン（一エーカーあたり一三〇トン以上）と、国内平均の約二二トンを大きく超えた。その後の収穫も、同じく上々だ。

カンポ・ビボの経験に刺激を受けて、マッケインはほかの数社とともにフランスでソーシャル・ビジネスを始めようと思い立った。〈ボン・エ・ビアン〉というのがその企業の名前だ。この会社が取り組む問題は、マッケインのリーダーたちが以前から仕事を通じてよく知っていながらも、自分たちの会社がとりたてて注意を払う理由はないと考えていたものだ。コロンビアでソーシャル・ビジネスに関与して、この認識が一変した。新しくソーシャル・ビジネスの視点を持ったことで問題に気づき、チャンスを見出したのだ。

その問題とは、販売されないジャガイモのことだ。通常の農産物市場では、収穫したジャガイモの二〇パーセントは売却できない。フライドポテトやポテトチップスにするのに、形が適していないからだ。マッケインのような企業が運営する加工工場で使われている機械に合わないのである。また、さらに六パーセントが土の中に埋もれたまま残される。通常の収穫機ではすべて収穫し切れないからだ。その結果、実際に生産されるジャガイモの四分の一が消費者に届かず、食糧を大量に無駄にしていることになる。

無駄が多い作物はジャガイモだけではない。専門家によると現在、生産される食糧の三〇パーセント以上、年間推定一三億トンが食べられず無駄になっている。八億人以上が飢餓と栄養不足に苦しんでいるにもかかわらずだ。また同時に、世界人口は今後三五年間で七〇億から九六億まで増えると予想されており、農業資源にはさらなるプレッシャーがかかる。したがって、消費できるはずの食糧を無駄にするのは、まったく許されることではない。

食糧の無駄はさまざまな理由から生じる。収穫から保存、輸送、加工、提供を経て消費まで、食品産業のバリュー・チェーンのあらゆる段階で無駄が出るのだ。しかし究極的には、根本原因は機能不全に陥ったわれわれの経済システムにある。そこでは、最低でも業界平均の利益を得られる価格で販売できない商品は、すべて廃棄あるいは破壊するよう命じられるのだ。

これに責任を感じないのは、おかしなことではないか。この問題への解決策を探さなければという義務感を覚えないのは、おかしくないだろうか。ヨーロッパで生産される野菜の三〇パーセントが奇妙な理由から無駄にされている。不揃い、あるいは「グロテスク」な形だという理由からだ。業界では「醜い野菜」と呼ばれている。スーパーマーケットで目にする、軍隊の隊列のように完璧に揃った陳列に適さないというわけだ。まったく問題なく食べられて栄養がたっぷりあるにもかかわらず、弾かれてしまうのである。

マッケインはこの長年の問題に取り組むために、ボン・エ・ビアンを立ち上げた。食糧の無駄を避けるのに力を入れる食品会社の連合、「食品の無駄をなくす国際連合体」（IFWC）のメンバー五団体など、ほかのパートナーもこのベンチャーに加わった。小売業者E・ルクレールや人材専門企業ランスタッド・フランス、フランスのフード・バンク、フランス・ジャガイモ栽培者協会（GAPPI）だ。それぞれがボン・エ・ビアンに独自の貢献をしている。そうして二〇一四年一〇月に、醜い野菜を魅力的な食べ物に変えるこの企業を立ち上げたのだった。

ボン・エ・ビアンは次のように機能する。マッケインは地域で一〇〇〇件の生産者と取引しており、その一部から新鮮だが醜い野菜を仕入れる。ジャガイモやニンジン、チコリ、タマネギなどの野菜はその後、地元のシェフが提供するレシピに従ってさまざまなスープに変身する（醜い野菜をただ小さく切り刻むだけで、おいしくて栄養のある食べ物が消費者に届くのを阻む一番の障壁を取り除くことができる。消費者には元の形がわからなくなるからだ）。

ボン・エ・ビアンで働く食品加工作業員は、長期の失業を経験し、求人市場に再び参加する準備のある人たちだ。ランスタッド・フランスがこの採用プロセスを管理し、研修や社会的支援を提供する。フード・バンクは助言者としての役割を果たし、GAPPIが生産者とソーシャル・ビジネスをつなぐファシリテーターとなる。最後に、パッケージ化されたスープはE・ルクレールが経営するタンプルーヴ・スーパーマーケットでボン・エ・ビアンのブランド名で販売される。

ジャン・ベルノは立ち上げの際にこう述べた。「この事業はすべての人にとってウィン・ウィンの解決策となります。私たちのパートナーである生産者と、重要な取引先であるE・ルクレールと協力して、食糧の無駄と闘うわけです。それと同時に、地元で雇用機会を創出し、私たちの工場で使うポテト・フレークの供給源も確保できる。そして、ボン・エ・ビアンが生み出す利益はすべて、さらなる事業展開に向けて再投資され、社会と環境へのインパクトを高めるのに使われます」(5)

現在、二年以上の成功を経て、ボン・エ・ビアンは商品を多様化させ、醜い野菜を使った簡単に調理できるおかずも製造している。ボン・エ・ビアンはまた、ベルギーとギリシャにも広がり、二〇一七年末までにはモロッコにも進出する予定だ。

カンポ・ビボとボン・エ・ビアンは、いずれも重要なSDGsに取り組んでいる。第一の「貧困をなくそう」、第二の「飢餓をゼロに」、第八の「働きがいも経済成長も」、第一二の「つくる責任、つかう責任」などだ。どちらも持続可能なビジネスなので、ほかでも無限に再現できる。

人類の目標を達成可能にする新しい経済システム

ソーシャル・ビジネス企業、カンポ・ビボとボン・エ・ビアンは、新しいアイデアを持ち込むことによって、閉ざされたイノベーションの門を開いた。世界中で多くの人が、これよりさらにすばらしい新しいアイデアを思いつくことだろう。ソーシャル・ビジネスのおかげで、われわれは新たな目で世界を見られるようになり、以前は見ることができなかったものが見られるようになる。この新しい目があれば、すべてのSDGsを期限までに達成できるはずだ。

SDGsは、今の世界がどのような重要問題と向き合っているかを示している。国連のような国際機関にはこれができる。残念ながら、これらの問題がそもそもどのように生まれたのか、それを国連が説明しようとすると、たちまち白熱した終わりのない論争に巻き込まれる。私が個人の見解を示す方が簡単だろう。

私に言えるのは、ＳＤＧｓは、主流経済システムの欠陥を文書にまとめたという点で、すばらしい仕事をしたということだ。これは、既存システムの罪状をすべて一覧にした、ひとつの起訴状といえるだろう。これらの問題をすべて解決するのに、問題をすべて生み出したのと同じシステムに頼ることなどできるだろうか？　仮に問題が解決したとしても、同じシステムが同じ問題をまた起こさないと保証できるだろうか？　そんな考え方は筋が通っていないのではないか？

これらの理由から、世界を再設計するためには、まず経済システムを再設計しなければならない。この前提が私の出発点だ。新しい世界にたどり着くには、新しい道が必要である。際限なく富を集中させることが唯一のまともな経済活動と考えられている世界では、ＳＤＧｓは仮に達成できても持続させることなどできない。私は、われわれの文明が追い求めなければならない目標を自分なりにシンプルにまとめて、貧困ゼロ、失業ゼロ、二酸化炭素排出ゼロの三つのゼロとして提示した。これにしても同じことだ。これらの目標にたどり着くには、別のシステムが必要になる。今とは違う考えに基づいた、制度も人生の目的も異なるシステムだ。

現在の貪欲をベースにした文明から、分かち合いと思いやりという人間のより深い価値観をベースにした文明へと移行させる。それにあたっては、ソーシャル・ビジネスが決定的に重要な要素となる。本当に持続可能な暮らし方を次の世代に受け渡したければ、この移行をうまくやり遂げなければならない。

第三部　世界を変える巨大な力《メガパワー》

第7章　若者——世界の若者に元気と力を与える

あるニュースに、多くの人が衝撃を受けた。『ワシントン・ポスト』紙の見出しにこうあったのだ。「ミレニアル世代の過半数が、いまや資本主義を否定」[1]。二〇一六年にハーバード大学の専門家が一八歳から二九歳までの若者を対象に実施した世論調査によると、資本主義を支持するのは四二パーセントにすぎず、五一パーセントが支持しないと回答した。多くの若者が、主流の経済システムに不信を募らせているのだ。この調査結果は、そのことを示す最新のものである。たとえば、権威あるピュー研究所が実施した二〇一二年の調査でも、ミレニアル世代のうち資本主義に肯定的な見解を持つ人が四六パーセントだったのに対して、四七パーセントが否定的だった。ジャーナリストのマックス・エーレンフロイントは、ハーバードの調査結果は「アメリカ経済の基本原理に対する明らかな否定」を反映したものだと論じている。

このニュースは、控えめに言っても驚きだった。一九九一年にソヴィエト連邦が崩壊すると、資本主義に唯一対抗できる挑戦者が消えたと思われた。わずか二五年前に大勝利を収めたはずの資本主義システムに、若者が背を向けるようになったのはなぜなのか。

神聖なる自由市場を擁護する人は、驚きうろたえた。経済教育財団ウェブサイトへの寄稿者で経済学者のマイケル・マンガーは、世論調査の結果は無意味だと考えているらしく、こう述べている。「重力を否定できないのと同じで、どうして資本主義を〝否定〟できるというのか」[2]。回答した若者が、はっきりと資本主義の代わりになるものを受け入れているわけではないと指摘するコメンテーターもいる。たとえば、社会主義を支持すると答えたのは三三パーセントにすぎない。ほかにも、回答者は明確な経済学上の定義を示されていたわけではないと強調し、調査結果はただ「資本主義」の意味をめぐる混乱を映し出したものにすぎないのではとの憶測を口にする人もいる。

おそらく、サラ・ケンジアが『フォーリン・ポリシー』誌に寄せたコメントが最も的を射ているだろう。「一八歳から二九歳までのアメリカ人の半分が資本主義を支持しない。これはそもそも驚くべきことだろうか?」と問い、ケンジアは言う。

アメリカの若者が苦しんでいるのを確かめるのに、アンケート調査など必要ない。ただ見ればよいのだ。若者の銀行口座、仕事、若者の親が失った仕事、借金、懸命に求めながらも得られないチャンス。現状に反対するのに、専門用語やイデオロギーは不要だ。欠陥を最もはっきりと示すのは、現状そのものである[3]。

私自身、調査結果には驚かなかった。私は仕事で世界中の大学キャンパスを訪れる。若者の生活や問題、将来の希望や夢について話す機会がふんだんにある。豊かな国でも貧しい国でも、世界中の若者たちが、前の世代から引き継いだ社会と経済のシステムに大きな不満を抱いている。ずっと以前から、私には明らかだった。若者はシステムの欠陥にはっきりと気づいている。失業や学生ローン、チャンスの縮小といった個人レベルの問題からだけでなく、貧困や環境破壊の蔓延から激しい格差と人権侵害まで、周囲で目にする地球規模の問題からもそれがわかっているのだ。しかし、周囲の問題がすべて資本主義から生まれていると、はっきりとは理解していないようだ。周りで目にしている状況がよいとは思わない、ただ単純にそう言っているだけだと思う。最も重要なのは、若者が〝システム〟を神聖なものとも、変えることができないものとも思っていないことだ。それに、一部の理論家が主張するように、自由市場がつねに完璧な結果をもたらすとも信じていない。若者は、システムが生み出す結果によってその良し悪しを判断し、その上で現行のシステムには欠陥があると考えているのだ。

その一方で、今日の若者のほとんどは、社会主義や共産主義など、かつて資本主義に取って代わるものとして提唱されていたイデオロギーも受け入れはしない。これらのシステムにも、同じく欠陥があると考えているからだ。その代わりに、若者は新しいアプローチを熱心に求めている。人間本性の現実をもっと正確に反映し、人々の創造力を解放して人類の深刻な問題を解決できる可能性を秘めた新しい構造を求めているのだ。現在の若者に共通する点がひとつある。前の世代よりも、ほかの人の役に立ちたいという気持ちを強く持っているのだ。自分を世界に役立てる道を探しているのである。

世論調査は、若者がシステムに不満を持っているということを示すだけだ。システムは若者を満足させる結果をもたらすわけではない。控えめに言っても、若者は現行のシステムにはわくわくしていない。新しい経済システムを積極的に探し求める人もいれば、そうでない人もいる。中には、株式市場や従来の金融・財政政策などの構造の壁に取り囲まれ、身動きがとれないと感じている人もいる。この壁の外の新鮮な風を吸わせてくれ、励ましてくれる人を、若者は大いに歓迎する。世界のあらゆる場所で私が自分のアイデアを若者に語ると、熱狂的な反応があるのもこのためだ。

われわれが切実に必要としている新しい文明を創るために世界を率いるのは今日の若者だ。すでに一生懸命働いていて、アイデアと行動計画を模索している。何を実現したいのか、それがわかりさえすれば、今は三〇年前よりもはるかに簡単にそれを成し遂げられる。

今日の若者たちは、大きな仕事に取り組む条件が驚くほど整っている。歴史上のどの世代よりも高い教育を受け、多様性があって地球規模でつながっている。あらゆる場所の若者たちを結びつけるデジタル・コミュニケーションと情報技術のおかげだ。海外旅行や交換留学プログラム、インターンシップ、ソーシャル・メディアを通じたネットワークによって、国籍や人種、宗教の垣根を越えて友だちを作っている。

現在の若者たちは、自分たちが望む世界について、ぼんやりとしたイメージしか持っていない。しかし、学問の世界も政治の世界も、自分たちが望むよりよい世界へ向かう道すじを示してはくれないことに、すでに気づいている。また、道すじを自分で設計するのに必要な道具を、学問や政治が提供してくれることもないとわかっている。

若者たちは欲求不満から、異なるふたつの方向へ向かっている。悲観的になって社会から身を引くか、あるいは状況が好転する望みを持ち続けるかだ。自分たちに巨大な力があることを感じながらも、その力をどう使えばいいのかわからずにいる。若者は、心の中で何かを切実に求めている。この感覚と結びついた説得力ある未来像を示すことができれば、若者は活気づき、世界がこれまでに経験したことがないような、もはや誰にも止めることのできない力を発揮するだろう。

教育制度の一環として、提案したいことがある。クラスで毎年一週間の時間を設けて、自分たちで自由に世界を創れるとしたらどのような世界にしたいか、想像してみるのだ。最初の二日間で、生徒一人ひとりが考えた特徴を出し合い、リストにまとめる。それから、残りの日は生徒たちが共同でみんなの意見に基づいたリストをひとつか、あるいはそれ以上作る。自分たちにふさわしいと考える世界の特徴をまとめたリストである。

現在、学生たちは、自分たち自身の世界を創ることができると教わることはない。しかし、そのような世界を想像することは、教育のプロセスで何より重要だと私は思う。世界を頭の中でデザインすれば、それを想像から現実へ移し替えるにはどうすればいいかを考え始める。想像さえできれば、それを実現できるチャンスは十分にあるのだ。そもそも想像しなかったら、それを実現するチャンスなどほとんどない。自分たちの想像上の世界をデザインするうちに、今の世界が自分たちの望む世界とどれほどかけ離れているかわかる。それがわかることが、行動の始まりだ。

これから数十年のうちに、三つの「巨大な力《メガパワー》」がグローバル社会を変えると私は信じている。そのメガパワーのひとつが、現在の若者たちだ。経済構造を完全にデザインし直して、世界中の女性と男性の創造力を解放し、社会を変えるのだ。現行のシステムは、世界を牛耳る一握りの豊かなゾウを生み出し、何十億もの人に働きアリの人生を送らせる。現行のシステムは、このような状況を作るための装置として、見事に設計されている。若者は、この状態がこれ以上続かないよう歯止めをかけられる。自分たちがどのような世界を望むのか、はっきりとイメージできれば、それを実現するのははるかに容易になる。

学校と大学が若者に自分たちの世界をデザインする力を与える

すでに説明したように、現行の経済システムの核となる問題のひとつが、教育のプロセスで若者に植え付けられる思い込みと、ものの考え方だ。仕事を得たときから人生は始まると信じるように子どもたちは育てられている。仕事がなければ、人生もない。このメッセージは、声高にはっきりと、あらゆる方面から聞こえてくる。家庭、学校、メディア、政治討論、どこでもだ。大人になると、われわれは労働市場に身を投じる。仕事が運命を決める。仕事が得られなければ、待っているのは極貧生活だ。誰もが生まれながらにして起業家であり、雇ってもらうために列に並んで待つために生まれてきたのではないなどとは、誰も若者に教えない。

若者たちが子ども時代に学ぶ重要なことが、もうひとつある。仕事のそもそもの目的は、個人の収入と富を得ることにあるという考えだ。ほかの人を助けたい、世界をもっとよい場所にしたい、そういった無私の気持ちを含めて、ほかの動機はどれもさほど大切ではなく、ただ自分の〝自由時間〟に追求するか、自分がしてもらったことへのある種の〝お返し〟としてするものだと若者は教えられている。この前提から出発することで、若者は自分たちの活動と成果の範囲を狭める隘路へと導かれていく。瑣末なことで満足し、地球規模の夢を追求してそれを実現する能力が自分の中にあることは忘れてしまう。人間の欲求と能力をもっと幅広く認める新しい文明を創りたければ、教育システムとその背後にあるこうした思い込みを変える必要がある。

世界中の大学キャンパスで、新しい動きを目にするのはうれしいものだ。この一〇年間で、多くの大学がソーシャル・ビジネスのコースを新設した。世界中に大学プログラムのネットワークが広がり、教員と学生が、経済活動を組織して成長させる新しい方法を研究し、学び、試している。

現在、すべての大陸の大学に、ユヌス・ソーシャル・ビジネス・センター（ＹＳＢＣ）がある。講義と研究を行ない、ビジネス・リーダーや財団、ＮＧＯ、社会活動家、政府組織、金融機関などがソーシャル・ビジネスのアイデアについて情報交換をする場だ。これらのセンターの中には、ソーシャル・ビジネス・デザイン・コンテストを開いて、学生がキャンパスや国内、さらには世界で見つけた問題をソーシャル・ビジネスを通じて解決する道を探っているところもある。センターは大学院生を受け入れており、大学院生はソーシャル・ビジネスのさまざまな側面についてさらに深く研究している。ソーシャル・ビジネス学術会議が、世界のさまざまな主要都市で一一月に定期的に開かれる。研究報告があり、会議を通じて新しいプログラムや経験が共有される。

その結果、多くの若者が新しい経済の考え方を実践し、将来、新しいアイデアをさらに広めるために必要となるツールと洞察力を持つようになった。

二〇一七年四月九日、ニュージーランドのクライストチャーチにあるリンカーン大学にセンターを設置する協定に、ユヌス・センターが署名した。世界で三四番目となるＹＳＢＣだ。ほかにも、いろいろな場所にセンターがある。スコットランドのグラスゴー・カレドニアン大学、オーストラリアのメルボルンにあるラ・トローブ大学ビジネス・スクール、マサチューセッツ州ウースターのベッカー・カレッジ、カリフォルニア州立大学チャンネル・アイランド校、香港中文大学、キングス・カレッジ・ロンドン、台湾の国立中央大学、北京の中国人民大学、フランス・パリとカナダ・モントリオールのＨＥＣビジネス・スクール、イタリアのフィレンツェ大学、アゼルバイジャン国立経済大学（ＵＮＥＣ）、タイのクローンルワンにあるアジア工科大学院、スペインのバルセロナにある大学のグループ、それにドイツから日本、マレーシアからトルコまで、世界中のさまざまな大学。このほかの地域でもすでに計画が進んでいて、近いうちにＹＳＢＣの数は五〇を超える。

ご想像のとおり、これらのユヌス・センターは一つひとつが独特で、パートナーの大学それぞれが持つ強みや関心、地域や国の経済上の重要問題といった個性を反映している。たとえば、グラスゴー・カレドニアン大学とニュー・サウス・ウェールズ大学のセンターでは医療に重点を置き、スコットランドとオーストラリアの都市部の恵まれない地域に暮らす人など、とりわけ貧困者が必要とする医療を重視している。カセサート大学やリンカーン大学のＹＳＢＣは、農業に焦点を絞る。南インドのタミル・ナードゥにあるSSMカレッジ・オブ・エンジニアリングのYSBCでは、工学と技術の学問領域で、大学院生にソーシャル・ビジネスのチャンスを与えることに力を入れている。そのほかの場所でも、各大学のニーズとリソースに合わせて、産業や農業、製造業、サービス業などに重点が置かれている。

　このように違いはあるが、大学に拠点を持つユヌス・センターには、共通の活動もある。各センターは、経済的イノベーションやソーシャル・ビジネス関連の一種のシンクタンクだといえる。とりわけ貧困削減と持続可能性に重点を置き、ワークショップやセミナー、カンファレンスなどの会合を開いて、この分野での最新の研究や展開について議論している。各センターはソーシャル・ビジネスとその他経済的イノベーションについてのコースを作り、学生と起業家に提供する。それぞれが、研究者とビジネス・リーダー、起業家、政府関係者の間でアイデア交換を円滑にするハブとして機能している。

　大学が経済的イノベーションについての知識を発展させ広めるのにはさまざまなやり方があり、パリ南部の郊外にあるHECビジネス・スクールを見ると、その一部を垣間見ることができる。HEC社会・組織センターの共同創設者は、同大学のソーシャル・ビジネス／エンタープライズと貧困コースの長でもあるベネディクト・フェヴル・タヴィニ教授だ。

　フェヴル・タヴィニ教授は、経済的イノベーションに関係するHECの一連のプロジェクトを、先頭に立って率いてきた。HECは現在、講義と研究からなる規定のコースを修了した学生に、ソーシャル・ビジネスのコース修了証を発行している。また、〈チケット4《フォー》チェンジ〉というオンライン教育プログラム（〝大規模公開オンライン・コース〟、MOOC）も提供し、これまでに四万人の学生が、フェヴル・タヴィニが「変化の起業家」と呼ぶものになるために必要な技術と方策の訓練を受けた。

それに加えて、すでに活動中のビジネス・リーダーに向けた経営者教育プログラム、「開かれたビジネスと価値の創造」も提供する。最後に、ＨＥＣは第三章で説明したフランス・アクション・タンクを通じて、これらすべての研究と教育を結びつけ、現実のビジネス世界で実際に試している。

ユヌス・ソーシャル・ビジネス・センターのネットワークに加盟するほかの大学も、それぞれ独自のカリキュラムと研修を開発し、提供している。グラスゴー・カレドニアン大学はソーシャル・ビジネスとマイクロファイナンスの修士（ＭＳｃ）課程コースを提供する。フィレンツェ大学のユヌス・ソーシャル・ビジネス・センターは年に一度、「成立の日」と呼ばれるイベントを開いて、一〇〇〇人以上の大学生と高校生にソーシャル・ビジネスのコンセプトを紹介している。ラ・トローブ大学など多くの大学では、ソーシャル・ビジネスについての科目が全学生の必修カリキュラムの一部になった。

多くのユヌス・センターはまた、ソーシャル・ビジネス・プロジェクトの実践家および起業家とともに、経済実験を積極的に進めている。たとえば、ベッカー・カレッジのユヌス・ソーシャル・ビジネス・センターは、周辺コミュニティで活動する新旧の非営利組織と協働してソーシャル・ビジネスを立ち上げ、成長させている。また、ミルベリー・ナショナル銀行と協働し、ソーシャル・ビジネスのスタートアップに融資をするマイクロクレジット・プログラムをマサチューセッツ中部で作った。ベッカー・カレッジの学生と直近の卒業生が立ち上げるプロジェクトに特別な重点を置くプログラムだ。

これらの例からもわかるように、ソーシャル・ビジネスとその他の経済的実験について、世界中の若者が情報やアイデアを強く求めている。世界の若者たちは、現在の経済システムに違和感を持ち、そこから逃れる道がないことに不満を感じているのだ。世界の教育機関が若者のニーズに応え、選択肢を提供しているのは明るい兆しだ。
ソーシャル・ビジネスのコンセプトは経済に根づくのか、あるいは少数の熱心な人が短期間試してみただけの単なる理想主義の一形態として忘れ去られるのか、それを決めるのは大学キャンパスにいる若者たちと大学だ。熱意が高まり、キャンパスにYSBCを作ろうと大学が熱心に取り組んでいるのはうれしい。ソーシャル・ビジネスの学士号と修士号が授与され、センターが位置する町にアクションタンクが設置されれば、これらのセンターは一層充実する。

大学生よりもさらに若い小中高生も、変化に関与する必要がある。これを実現させようとするプログラムが現在、生まれつつある。二〇一六年六月、グラミン・クリエイティブ・ラボの専門家の支援のもと、ひとつの教育プログラムが実施され、ヨーロッパの高校生が一万人以上参加した。欧州連合（EU）から一部資金提供を受けたこのワークショップでは、七カ国三七三校の生徒が、五〇七人の教師と二〇〇人以上のビジネス・コンサルタントとともにソーシャル・ビジネスの背後にある考えを学び、自分たちのプロジェクト案を作った。プログラムの期間中、実に六六八ものソーシャル・ビジネスのアイデアが生まれた。さらにすばらしいのが、参加した生徒の九七パーセントが将来、ソーシャル・ビジネスを立ち上げたいと望んでいることだ。

ワークショップに参加した教育者は、この経験を足がかりにさらなる展開を考えている。たとえば、恒久的な「ソーシャル起業家エコシステム」を作って、ヨーロッパの高校内で新しい経済モデルについて学び、実験を続ける仕組みを計画している。また、生徒評価の仕組みを作って、起業家としての技能を持つことを示す正式な証明書を発行することも考えている。このような資格はそれ自体が重要なわけではないが、もっと多くの教師や生徒がソーシャル・ビジネスに関心を持ち、起業という道を通じて経済と社会の進歩に貢献しようと思うきっかけになるのであれば、私はこういった取り組みにも大賛成だ。

世界中で、このワークショップのようなプログラムがもっとたくさん必要だ。それに、高校生よりさらに早い段階から始める必要がある。経済についての大枠の理解は、子どもが小さいときから教え込まなければならないからだ。人間本性の利己的な面だけでなく無私の面も認め、個人の富を増やすことのほかにもさまざまな動機があると認識して、人間の創造性と生産性を駆り立てる、そんな経済の理解を植えつける必要がある。私たちの娘や息子たちに、仕事を探す人間にも仕事を創る人間にもなれると教え、自分で選択する準備をさせておくべきだ。少女や少年が大きな夢を抱けるよう、背中を押してあげるべきだ。自分たちが暮らしたい世界を想像して、その想像の世界を実現するのに自分たちができる具体的なプロジェクトやビジネスを考えられるようにしてあげなくてはならない。

行動する若者――現れつつあるソーシャル・ビジネス起業家のグローバル・ネットワーク

学校や大学の研修プログラムは、経済に変化をもたらす若者たちを活気づけるのに重要な役割を果たす。しかし世界中で何千もの若者が、伝統的な教育機関に導かれることなく自ら行動している。多くが自らソーシャル・ビジネスについて学び、経済的実験にすでに取り組んでいる仲間を見つけて、自分自身と自身が持つ潜在能力を新たに発見している。やり方はきわめて強力だ。ただやってみる、それだけである。

その一例が〈メイクセンス〉というテクノロジー・ベースの組織で、さまざまな方法でソーシャル・ビジネスを推進している。創設したのはクリスティアン・ヴァニゼットという若者であり、彼には興味深い身の上話がある。南太平洋のタヒチ島出身のヴァニゼットは、科学と工学の教育を受け、大学卒業後は数年間、ハイテク業界で順調にキャリアを積んでいた。給料もよく、徐々に責任と権限のある仕事も任されるようになっていた。そんなある日、会社のCEOにオフィスに呼ばれ、会社が次にヴァニゼットに取り組ませたいプロジェクトについて説明を受けた。数カ月間、クライアントのところで冷蔵庫を電子通信ネットワークに接続する方法を考えてほしいと言うのだ。「モノのインターネット」として知られる、成長領域のデジタル現象の一部だ。

ヴァニゼットは、困ったことになったと思った。テクノロジーの視点からは、おもしろくてやりがいのある仕事になるとわかっている。しかし、これが社会でどのような実際的意義を持つのか、疑問に感じたのだ。考えれば考えるほど、意味がないように思われた。〝冷蔵庫に別の冷蔵庫とおしゃべりする方法を教えるよりも、もっと自分の能力を有意義に活かせる道があるに違いない〟、そう心を決めた。そうしてヴァニゼットは、高給の仕事を辞めて家族や友人を驚かせる。どこかで耳にした新しいアイデアについて、もっと知りたいと思い至ったのだ。ソーシャル・ビジネスというアイデアである。

銀行から貯金をおろして、ソーシャル・ビジネスを学ぶために世界一周の旅をした。アジア、アフリカからヨーロッパ、アメリカまで、数多くの起業家に会い、多くの国で社会と経済の問題を調査して、無数の貧困者や、深刻な生活上の問題と格闘する人たちが持つ、ニーズや望みを知った。数カ月後、ヴァニゼットは自分のハイテク知識と、それまでに発見したさまざまなソーシャル・ビジネスのチャンスとを有意義に結びつけられそうなアイデアを思いついた。これがメイクセンスの始まりだ。

クリスティアン・ヴァニゼットと彼の世界中の仲間は、いまやソーシャル・ビジネス運動の強力な推進力となっている。現在、メイクセンスには二万五〇〇〇人以上の若者が参加し、世界中でソーシャル・ビジネスにアイデアと支援を提供している。メイクセンスについて、とりわけソーシャル・ビジネスを広げるためにいかにテクノロジーを活用しているかについては、第八章でさらに詳しく説明したい。

もうひとつの例が、ユヌス＆ユース（Ｙ＆Ｙ）の成長だ。これもソーシャル・ビジネスに力を注ぐ若者たちの国際組織である。Ｙ＆Ｙはビジネスと非営利の世界両方で幅広い経験を持つ活気に満ちた若い女性、セシリア・チャピロとともに創設した。出発点となったのは、二〇一三年にマレーシアのクアラルンプールで開催された世界ソーシャル・ビジネス・サミットだ。世界中から人が集まってソーシャル・ビジネスのリーダーたちと交流し、そこで参加者たちは巨大な可能性に気づいた。現在活躍しているソーシャル・ビジネス・リーダーが、自分たちの知識を次世代のソーシャル・ビジネス起業家と共有したらどうなるだろう？　この視点からＹ＆Ｙは生まれた。一番の目的は、熱心で野心的な若いソーシャル・ビジネス起業家に必要なガイダンスや助言、支援を提供して、夢を実現させることにある。

現在、Ｙ＆Ｙはアメリカとブラジル、モロッコにオフィスを構える。八カ国からさまざまな背景を持った若い専門家が集まり、国際色豊かなチームを組んで運営を担っている。メンバーには大学院生やコンサルタント、ジャーナリスト、グラフィック・デザイナーなどの経験を持つ人がいて、中にはグーグルやマッキンゼー・アンド・カンパニー、グラミン銀行の元社員や、ローズ奨学生、フルブライト奨学生、エンジニア、さらには詩人までいる。使命は、次世代のソーシャル・ビジネス・リーダーを発掘し、勧誘し、羽ばたかせること。Ｙ＆Ｙのフェローに選ばれた若者は、独自のカリキュラムを通じて起業の原理を学ぶ。そうすることで、ソーシャル・ビジネスを成功に導き、事業を持続させて戦略的に手堅い経営ができるようになるのだ。

六カ月間、Ｙ＆Ｙフェローは隔週でビジネス専門家によるオンライン・セミナーに参加する。そこで、変化をもたらす人々や専門家メンターの地球規模のネットワークとつながりを持ち、Y&Yのチームから必要な情報や個別サポートを得る。フェローはまた、専門家メンターともマッチングされる。専門家メンターとは、成功を収めた起業家やビジネス専門家のことで、自分の専門知識を活かしてフェローがソーシャル・ビジネスを最大限に成長させられるよう手を貸す人たちだ。初期段階にあるこれらのベンチャー企業が、社会を変える力になる。というのも、創業者が、自分が解決しようとする問題と自分が手を差し伸べようとするコミュニティに近いところにいるからだ。

二〇一六年度のクラスには、一七カ国から二六人のY&Yフェローが参加した。たとえば次のような面々だ。

●ディエゴ・パディヤ、ペルー出身。再利用モデルに基づいたソーシャル・ビジネス、〈リサイダー〉社の創業者だ。リサイダーは再利用できるものを家庭から集め、貧しいコミュニティに安く転売して、その売上金で能力開発事業を立ち上げている。ディエゴの目標は、ゴミを減らし低所得コミュニティに起業のチャンスを作って、人々をほかの人々や自然と結びつける連帯の環を創り出すことだ。

●ワラ・サマラ、パレスチナ出身。難民キャンプに暮らす女性に仕事とエンパワーメントの機会を提供する、〈ベラ・ハンドメイド・ジュエリー〉社を創業した。ワラの夢は、ひどい状況に暮らす女性たちに希望の源を与え、自身と家族の生活を支える手段を提供することにある。

●ヘンドリヤディ・バティアア、インドネシア出身。〈サハバト・プラウ〉社というソーシャル・ビジネスを立ち上げ、魚を原料にしたインドネシアのスナック製造を通じて、漁師の妻たちの生活向上に取り組んでいる。長期的なビジョンとしては、二二〇〇万人のインドネシア女性とその家族を貧困から脱出させ、所得水準を一日最低三ドルまで引き上げることを目標とする。

●ジェゼ・ジャオ、フィリピン出身。〈伝書鳩《キャリア・ピジョン》プロジェクト〉というファッションのｅコマース・ソーシャル・ビジネスを創業して、収益金をフィリピンの恵まれない子どもの奨学金や識字プログラムの資金に当てている。ジェゼの目標は、教育を活用して人々を現在の状況から脱出させ、夢を追求するチャンスを与えることだ。

若者がソーシャル・ビジネスの力を活用できるよう支援する団体は、メイクセンスとＹ＆Ｙだけではない。二〇一三年から運営されている国際的な取り組み、ソーシャル・ビジネス・ユース・アライアンス（ＳＢＹＡ）もそのひとつだ。ＳＢＹＡは、研修プログラムやワークショップ、コンテストを通じて、若者にソーシャル・ビジネスを教えている。また、有望な若きソーシャル・ビジネス起業家が出資者と出会う機会を設けて、起業家が直面する一番高いハードルをクリアできるようにする。会社の立ち上げに必要な資金へのアクセスだ。

ＳＢＹＡが展開する活動のひとつが、ソーシャル・ビジネス・チャンプである。ソーシャル・ビジネス・プランのコンテストで、大学生が起業家としてのスキルと、切迫した社会問題への解決策を生み出す創造性を披露する場だ。また、別の組織にはＹＹゴシュティというソーシャル・ビジネス起業支援のハブがある。ＹＹゴシュティ・イノベーション・キャンプでは徹底した研修プログラムが組まれている。選ばれた参加者は六〇時間のトレーニングを受け、企業を訪問して既存のビジネスがいかに機能しているか見学する。最後には公開イベントが開催されて、ベテランの起業家、投資家、出資者の前で参加者が自分のソーシャル・ビジネス・モデルをプレゼンする。聴衆には、スパーク・インターナショナル（オーストラリア）やブルー・ゴールド・プログラム（オランダ政府の支援を受ける）など、ソーシャル・ビジネス・ファンドの事業者も含まれる。入選者はその後、三カ月間の起業オペレーション・セッションに参加して、オフィスや助言、その他ソーシャル・ビジネスの運営に不可欠なリソースを提供される。

ＳＢＹＡはまた、サミット・ミーティングを定期的に開催しており、そこにはソーシャル・ビジネスの可能性に関心を持つ若者たちが世界中から集まる。これはＳＢＹＡが支援する活動の中でも最大規模のものだ。ＳＢＹＡのリーダー、シャジーブ・Ｍ・カイルル・イスラームはこう説明する。「三〇〇人の優秀な若者たちを集めて、二日間、いろいろなイベントを通じてネットワーク作りの刺激的な機会を提供します。大学やソーシャル・ビジネス、ベンチャー・ビジネス界、インキュベーター、アクセラレーター、いろいろなソーシャル・ビジネス・ファンドから参加者が集まって、現在のソーシャル・ビジネスの可能性や課題について、一緒に議論するわけです。このミーティングは〝完全パッケージ〟のイベントになっています。知識、人材、資金獲得の可能性を一度に提供するわけですから」(4)

若者のソーシャル・ビジネス起業家に関連して、最後に語っておきたいのが〈インパクト・ハブ〉のことだ。二〇一七年四月にこの組織のベルリン支部、インパクト・ハブ・ベルリンを訪れたときには、うれしい驚きを感じた。二〇一〇年、その親組織インパクト・ハブ・ウィーンの開所式に私は主賓として招かれたが、その後の成長については何も知らなかった。インパクト・ハブ・ベルリンはすばらしい場所だった。明るくカラフルな建物に会議室とイノベーション・ラボ、イベント・スペース、フォーカス・エリア、カフェ・エリアがある。若いソーシャル・ビジネス起業家が集い、アイデアを交換して話題を共有し、専門家から学びながらともに課題に取り組めるようにすべてがデザインされている。インパクト・ハブ・ベルリンの取締役レオン・ライナーが魅力的なイベントやサービスをいろいろと開発し、駆け出しの起業家に刺激を与えている。

インパクト・ハブは、出発点から長い道のりを経てここまできた。二〇〇五年に、若き起業家で作家のジョナサン・ロビンソンが、ロンドンの古倉庫の最上階で〈ハブ〉という名のもと創業したのが同組織の始まりだ。目標は、地元の若者が起業の道へ進めるよう手助けすること。ロビンソンはハブをビジネスとして立ち上げたわけではない。ましてやソーシャル・ビジネスのことなど考えてもいなかった。ロビンソンがソーシャル・ビジネスのことを知ったのはかなり後になってからで、二〇〇九年に飛行機でグラミン・クリエイティブ・ラボのハンス・ライツに会って以来のことだ。

ヒンネルク・ハンセンとふたりの若い起業家がロビンソンにアプローチし、ハブのようなものをウィーンでソーシャル・ビジネスとして立ち上げたいと告げると、ロビンソンの関心はさらに高まった。彼らはともにハブを見直し、フランチャイズによって広く展開する計画を立てた。会社にインパクト・ハブという新しい名前をつけ、ウィーンに新本部を設ける。インパクト・ハブ・アソシエーションという、既存および将来のインパクト・ハブの集合体を作り、それをインパクト・ハブ・カンパニーの唯一の所有者とした。インパクト・ハブ・カンパニーは公益会社で、世界的な活動を管理し、ネットワーク展開の推進を担う。

ハンス・ライツが、新設のソーシャル・ビジネス・ファンド、〈グッド・ビー〉を通じて資金調達を手伝った。グッド・ビーは、ライツのアドバイスによってウィーンに拠点を置くエアステ銀行とエアステ財団が作ったファンドだ。そして二〇一〇年に私は、インパクト・ハブ・ウィーンの正式な開業に立ち会う名誉にあずかった。

現在、ロンドン、ウィーン、メルボルン、ヨハネスブルグ、サンパウロ、サンフランシスコ、シンガポールなど、世界四五都市に八〇のインパクト・ハブがある。インパクト・ハブは、貧困や保健、女性のエンパワーメントから、エネルギーや教育、環境まで、考え得るありとあらゆる領域で、一万五〇〇〇人以上のメンバーにサービスを提供している。いずれも、社会的な目標を持った革新的なビジネスを構築する人たちだ。

メイクセンスやユヌス&ユース、SBYA、インパクト・ハブのような組織は、世界中で熱意をもって受け入れられている。このことからも、世界中の若者たちがソーシャル・ビジネスに魅力を感じていることがわかる。新しい文明を創るという挑戦を、今の若者たちは恐れていない。むしろそこから活力を得ているのだ。

スポーツ——若さの祝福、社会的善の力

国際オリンピック委員会会長のトーマス・バッハに招かれて、二〇一六年オリンピック開会の前日、リオで同委員会の年次総会で話をすることになったとき、これはよい機会だと思った。世界のスポーツ界のリーダーたちに、スポーツは若さを称揚し、場合によっては変化の大きな力となることを伝えられるチャンスだと考えたのだ。

私はずっと、スポーツの世界に畏敬の念を抱いてきた。スポーツには、巨大な影響を与える力がある。オリンピックのような血わき肉おどるイベントは、地球上のあらゆる場所にいる何十億もの人々の関心をつかむのだ。

それと同時に、スポーツは人間の生に欠かすことのできないものでもある。世界の子どもたちはみな、スポーツとともに自分の人生を始める。ルールもコーチも練習もなしで自分でデザインしたスポーツだ。子どもは仲間と自分たちのゲームを作り、自分たちで練習して、そうすることで無限の楽し

みを得ている。

成長するにつれて、スポーツを続ける子もいれば、やめる子もいる。しかしスポーツを楽しむ気持ちは残り、意識されないことも多いが人にエネルギーを与え続ける。われわれは、スポーツの世界と日常生活の世界との間に、ガラスの壁を作ることがある。どちらの側にいる人も相手の側を見ることはできるけれども、壁を越えることはない。私が強く感じるのは、ガラスの壁を取り除けば両方の側が豊かになるということだ。さまざまな関心を持った、運動スキルの異なる人々がともに暮らして、全員が競技や達成感、友好的な競争を楽しめる、そんなひとつの世界ができるからだ。

ほとんどの人はスポーツが大好きなので、アスリートはファンにとてつもなく大きな影響を与える。ビジネス・リーダーはこれを知っており、アスリートやスポーツ・イベントを利用して商品を売り込む。これと同じ力を使って、スポーツ・ファンが巨大な創造力を発揮し、世界が抱える問題に取り組むようにもできるはずだ。

スポーツの世界がファンを動員して社会問題に取り組む、そのやり方のひとつが、クラブや地域、国、国際レベルでソーシャル・ビジネスを作ることだ。ほかのソーシャル・ビジネスと同様に、たとえば若者の失業や医療、教育、テクノロジーといった問題に焦点を合わせたビジネスを立ち上げればいい。あるいは、スポーツの世界自体が抱える多くの問題のひとつに取り組むのもいい。たとえば、アスリートのキャリアは比較的短いので、厳しい競技人生が終わったらまた別の人生へと切り替える必要がある。その際にアスリートが直面する問題などに取り組むソーシャル・ビジネスがあってもいい。

最近では、オリンピックのような大きなスポーツ・イベントの後に続く「レガシー・プログラム」が話題にのぼっている。こういったプログラムの中に、イベント準備用に作られたソーシャル・ビジネスも含めることができるし、そうすべきだろう。ソーシャル・ビジネスは、イベント用のスタジアムやプールを作ったり、選手の宿泊施設を建てたり、参加者に食事を提供したりするのに携わることができる。これらやその他のソーシャル・ビジネスは、さらに長期的に持続可能な形で、人々にさまざまな利益を提供するようデザインできるはずだ。

これと同じように、スポーツ界の各クラブ、各チーム、各イベントにレガシー・プログラムがあっていい。どれだけささやかなものでも構わない。アスリートもファンも、楽しみながら同時に社会貢献をしていると感じられると、うれしいものだ。スポーツは競争なので、各クラブや協会は、競争の精神を社会問題への取り組みに持ち込めばいい。自分たちのチームがリーグ優勝したら、アスリートやファン、コミュニティ全体が誇りに思うだろう。それだけでなく、自分たちのチームが住宅やよりよい学校、手の届く医療を必要とする何千もの人々に届けることができれば、みんなどれだけ誇りに思うことか。

リオの国際オリンピック委員会で私がスピーチをすると、うれしいことにほとんどの委員から非常に前向きな反応をもらった。それに、すぐに具体的な行動にもつながった。

スピーチの直後、パリ市長のアンヌ・イダルゴがその日の夕食に誘ってくれた。食事中にイダルゴ市長が明言したのは、スポーツが中心的な役割を果たすソーシャル・ビジネスをパリに根づかせたいということだった。

のちに私はパリを訪れ、イダルゴ市長とさらにこのアイデアについて話し合った。イダルゴ市長はパリ一九区にあるレ・カノーという歴史ある建物をソーシャル・ビジネス・ハウスとし、そこで記者会見を開いた。私は正式に招かれ、この建物にユヌス・センター・パリを設置してパリでソーシャル・ビジネス・プログラムを推進しコーディネートすることになった。さらに市長は、もしパリが二〇二〇二四年オリンピックの開催地に選ばれれば、この大会を史上初のソーシャル・ビジネス・オリンピックにしたいとも語った。パリが選ばれても選ばれなくても、市長はパリを世界のソーシャル・ビジネスの首都にするという目標に向かって活動を続けるつもりだ。

その後、イダルゴ市長はこの目標の達成に向けて、数多くの取り組みを進めている。たとえば、パリの若者を集めて、この街の社会問題に取り組むソーシャル・ビジネス・デザイン・コンテストを開催した。イダルゴ市長は、気候変動問題と闘う世界大都市の連合体、C40の議長でもある。現在、九〇都市が参加しており、その人口をすべて合わせると六億人に達する。

イダルゴ市長とともにこのような経験をしてから、私は、経済や社会の変化を求める若者の声に世界の政治家が耳を傾けていないとは、もはや言えなくなった。耳を傾ける政治家も確かにいるのだ。

世代を超えたパートナーシップ――新しい世界の創造に向けて若者と高齢者がいかに協働するか

グローバル経済を変化させることが、人類には切実に求められている。若者には、これに貢献できる力がある。私がその力に期待していることは、おわかりいただけたと思う。しかし、だからといって、もちろん私のような高齢者に果たす役割がないわけではない。それどころか、世代を超えて手を組むことで、驚くような可能性が生み出されると私は考えている。若者と高齢者の力を組み合わせることで、人類全体のニーズに応える新たな文明を創り出すことができるのだ[5]。

すでに私は七〇代で、高齢化が進む世界の人口傾向についてよく意見を求められる。通常、これは経済的にも社会的にも深刻な課題だと考えられている。寿命が延び、数が増え続ける高齢者の面倒を見る必要がある。社会はこの困難にいかに対処するのかと。

最近、ドイツを訪れたとき、このいわゆる高齢化問題について話をするよう求められた。ドイツの友人が手はずを整えてくれて、テレビでふたりの高齢者にインタビューすることになった。ふたりが何をしているのか、ふたりに何ができるのか、ふたりは高齢化問題についてどう考えているのか、尋ねて語り合おうというのだ。

インタビュー当日は驚かされた。登場した女性は、ふたりとも一〇〇歳を超えていたのだ。ひとりは一〇五歳だった。ここでは彼女をヘルガと呼ぶことにしよう。ヘルガはアドルフ・ヒトラーと闘ったことなど、自分の過去を語ってくれた。共産党の指導者として、ヘルガは何度も投獄された。あるときには獄中で危うく殺されかけたが、なんとか難を逃れたという。

ヘルガは具体的な人や場所、日付など、自分の経験のすべてを細かいところまで何でも完璧に覚えていた。途中で私がぜひ本を書くべきだと勧めると、ヘルガの答えはこうだった。「お若い方、私はもう二八冊も本を書いたのよ。まだ書けって言うの？」

話題を変えようと、私はヘルガに今の若者のことをどう思うか尋ねた。すぐにこう返ってきた。「私が大人しくしてればしてるほどいいのよ。若い子たちは、自分は何でも知ってると思ってるんですからね。ほかの人の話なんて、聞こうとしやしない」

自分の経験から、若者についてそう考えるのかと尋ねた。

「もちろんですとも。娘がいるんですけど、イライラしてしょうがないわ。どうしようもない子なの」

「で、娘さんはおいくつなんです？」

「七五ですよ」ヘルガは平然と答えた。

〝若い〟という言葉が意味するものは人によって違う。そのことに思いがけず気づかされた。六五歳で無理やり人を〝隠退〟させてしまう、それはよいことなのだろうか。ヘルガにとっては、六五歳など赤ん坊も同然なのだ。

ヘルガは、年をとるということについて、正しい態度を示していると思う。ずっと前から私は、「隠退」という言葉を隠退させるよう説いてきた。年をとるにつれて、迫りくる退職日をびくびくしながら待ち受ける人が多い。仕事の世界から「さようなら、もうあなたは生産的でも、有用でも、創造的でもないのですよ」というメッセージを受け取るのが退職日だと思っているわけだ。隠退した人の多くは、何をしたらいいのかわからない。これらの人にとって、隠退生活はまるで罰を受けているかのようだ。

雇用者がある人を一定の年齢を越えて雇い続けるか否かは、その雇用者の判断次第だ。私もそれに疑問を投げかけるつもりはない。私が心から反対したいのは、人生のこの転換点を「隠退」という言葉を使って表現することだ。なんとひどい言葉だろうか。職業人としての人生を終えろと言うのだ。健康以外の理由でなぜ隠退を強制されなければならないのか、私には理解できない。社会には人を隠退させる権利はない。雇用者には、一定の年齢に達した人を雇用しない権利がある。しかし、隠退したと宣言して、その人はもう仕事ができないと決めつける権利はない。人間をどこかにしまい込んでしまうことなどできるだろうか。ある特定の年齢を越えたからといって、人の創造力が消えたり、いきなりスイッチ・オフされたりすることがあるだろうか。六五歳になった日に突然、役立たずで創造性のかけらもない人間に変わるなどということがあるのか。人間は電源スイッチをオン・オフと切り替えられる機械ではない。人間のスイッチを切ることなどできないのだ。

このような理由から、私は「隠退」という言葉をわれわれの語彙から隠退させることを強く求めたい。創造的な生活が続いていることを示し、人生の第一フェーズから最もわくわくする第二フェーズへと移行するチャンスであることを強調する、新しい言葉が必要だ。第二フェーズは実際には人生の自由の段階だ。成長したり家族を養ったりといった義務から、ようやく解放される時期だといえる。誰からも邪魔されることなく、自分のやりたいことをなんでもできる段階だ。

この移行期にさしかかる人は、こんなふうに考えるべきだ。

私はここで○○年働いた。契約が切れて、これまでずっとやりたかったのに仕事のせいでできなかったことに集中できるようになった。壁に囲まれた世界から、壁のない世界へ出られたのだ。もっと広い世界で、無限のチャンスがある世界だ。人生で初めて、自分自身でいられるチャンスを得た。いまこそ、自分が自分であることを楽しむときだ。

あらゆる人にとって、人生の第二フェーズは、世界のために何かをするチャンスのときだ。第二フェーズが始まるとき、こんなふうに思うのではないか。

勤務先や子ども、家族への責任は果たした。ようやく、自分自身をもっと大きな世界に捧げる余裕ができた。自分の創造力を使って、気が滅入るような社会問題を解決できる。間違ったことを正せるし、自分がやるべきと思うことをできる。ほかの人の考えに気がねする必要はない。自分の心の赴くままにやればいい。今こそソーシャル・ビジネスに取り組むときだ。

社会の創造的な生活に高齢者がもっと参加できる方法を探してみたら、人生の第二フェーズのよりよい過ごし方について、たくさんアイデアが浮かんでくるはずだ。

別の機会にドイツを訪れたときには、バイエルンの友人が、バイエルン州のある村へ連れて行ってくれた。人口は三〇〇〇人。現代社会で若者が必要とするものは何でも揃っていた。すてきな学校、きれいな体育館、広々とした運動場。友人が特に私に見せたがったのは、学校にほとんど生徒がいないことだった。村には子どもがあまりいないのだ。いまの人口傾向を考えると、状況はさらにひどくなると思われる。

その一方で、村では六〇歳以上の人口が着実に増えている。ほとんどが退屈し孤独で、暇をもてあましている。パブで酒を飲んで鬱々と過ごす人も多い。

友人が機会を設けてくれたので、私は村の人たちと長時間、膝をつき合わせて話すことができた。そこで一緒に決めたのが、村で新しいプログラムを立ち上げることだった。六〇歳以上の人をみんな招待して学校に〝入学〟してもらい、自分の人生をいかに再出発させればいいか学んでもらうのだ。これまで考える機会のなかった新しいことを学びながら、学校にいる子どもたちと交流する。使われずにいる学校施設を利用して、経験を持ちながらも活用されずにいる人材に新たな刺激を与える。そうすることで、わくわくするような活動が生まれるかもしれない。子どもと高齢者がお互いから学び、新しい社会の化学反応が起きる、そんな驚くべき機会もそのひとつだ。

若者と高齢者の間にパートナーシップを築けば、増え続ける高齢者への経済的援助という問題に対する新たな解決策も生まれるかもしれない。人生の第二フェーズは、社会問題に取り組むだけのための時間ではない。ソーシャル・ビジネス・トラストやファンドを作るのにふさわしいときでもある。それらのトラストのお金は、ソーシャル・ビジネスの創業や拡大の支援に使える。貯金をトラストの資金に当てて自分で管理し、自分が死んだときには管理してほしいと子どもや友人に頼んでおくのだ。金持ちでなくても、ソーシャル・ビジネスのトラストやファンドは作れる。いま必要でないお金があれば、それがいくらであっても始められる。あるいは、遺書に記しておきさえすれば、自分の死後に立ち上げることもできる。

このアイデアにどれだけの可能性があるか、世界中の年金基金の額を見ればわかる。合計で推定二五兆ドルにものぼり、投資からの収益と新たな掛け金によって、毎年増え続けている。なんと巨大な資金力だろうか。これがすべて高齢者の福祉のために使われるのだ。このお金のわずか一部でも割いてソーシャル・ビジネスに出資し、貧富両方の高齢者が抱える問題を解決するのに使えば、あらゆる課題に迅速に取り組むことができる。世界中のどこでも、高齢者はもはや社会問題でも社会のお荷物でもなくなるはずだ。

高齢者は創造的でさまざまな力を持っている。それを認めて高齢者を解放し、社会を変える仕事に参加したいだけ参加してもらおう。高齢者についての古い考え方を捨てなければならない。高齢者を創造的な人間として扱い、自らと財産を捧げて彼ら自身がずっと望んでいた世界を創る自由を持つ人間として扱うべきだ。

第8章　テクノロジー――科学の力を解き放ち、すべての人を自由にする

世界を変えて新しい文明を創り、あらゆる人間の価値を受け入れて、人類が直面する大きな問題を解決する。これこそが必要だと私が話すと、テクノロジーが問題を解決すると考える人からたまに反論を受ける。ここ数十年で科学が目覚ましく進歩し、大きな成果を上げてきたと指摘して、こう言うのだ。「テクノロジーの専門家が、何もかも解決してくれますよ。地球温暖化、飢餓、医療不足、教育問題、所得の不平等。研究者がこれからびっくりするような新製品やサービスを開発して、どれも解決されるはずです」。なかには、とても豊かな時代が訪れて、地上の人すべてに富が降り注ぐと予言する人もいる。いつでもどこでも、ボタンひとつで欲しいものをなんでも手に入れられるようになると言うのだ。将来起きる途方もない科学発展の結果、必然的にこうなるらしい。

私も新しいテクノロジーの可能性には、大いに期待している。世界の社会と経済をよくするには、テクノロジーが中心的な役割を果たすと私も思う。それでも、テクノロジーが自動的に何もかも解決してくれるとは思わない。テクノロジーはすばらしい効果を発揮する。しかし、テクノロジー自体が心を持っているわけではない。このことを、われわれは心にとめておく必要がある。テクノロジーは、何かの目的のためにデザインされた道具であり、その目的は人間が考えるのだ。われわれが目的を決

めて、それに向けてテクノロジーをデザインする。また、それをほかの目的にいかに応用するかも人間が決めるのだ。

人間がテクノロジーのデザイナーであり、推進者でもある。今の世界では、テクノロジーはもっぱら利己的な目的のためにデザインされている。つまり、商業的な成功を収めるためにデザインされているのだ。戦争の歴史がはっきりと示すように、ときにはひどい破壊が目的とされることすらある。現在、本当に必要なのは、社会的な意識を持つデザイナーと推進者がテクノロジーを統制できるようにし、われわれが必要とする方向へとテクノロジーを導いてもらうようにすることだ。

私はテクノロジーのデザイナーではない。それゆえ私が取り組んできたのは、もともと利己的な目的のためにデザインされたテクノロジーを、社会的な目的に応用することだ。ただし、これは次善の策にすぎない。初めから社会的な目的のためにデザインされたテクノロジーのほうが効果的で、それが持つプラスの力を大きく展開させることができるはずだ。しかし、これはまだ実現されていない。既存のテクノロジーを社会的な目的に応用しようとする中で私は、このギャップに注意を向けようと努めてきた。この応用例をふたつ説明したい。

何年も前に、私は情報通信技術（ＩＣＴ）が貧困者の生活を変える力を持つと強く信じるようになった。そこで、グラミン・フォンという携帯電話会社を作った。携帯電話をバングラデシュの農村に持ち込んで、貧しい女性たちにローンを提供して買ってもらい、それを使って女性たちが収入を得られるようにしたのだ。彼女らは村の「テレフォン・レディ」となり、電話サービスを村の人々に販売する。これが新しい起業形態になった。私たちがグラミン・フォンを立ち上げたとき、携帯電話という最新の通信技術を使えたのは、地域のテレフォン・レディだけだった。都市部の市場と連絡を取ったり、役所から情報を得たり、遠くの村に住む親類の健康状態を尋ねたり、アメリカで暮らしたり中東へ出稼ぎに行ったりしている家族と話したりしたい人、つまり外の世界と連絡を取りたい近所の人たちが、テレフォン・レディから数分間、携帯電話をレンタルするわけだ。

このシンプルな起業モデルはたちまち成功を収めた。バングラデシュで五〇万人近くの貧しい女性がテレフォン・レディとなり、家族のために追加収入を得た。今ではバングラデシュ全国に携帯電話が普及したので、テレフォン・レディの全盛期は終わった。しかし、テレフォン・レディはきわめて短期間のうちに、電気通信を全国のあらゆる家庭で日常的に重宝されるテクノロジーにしたといえる。

再生可能太陽光テクノロジーもまた、驚くべき進歩が見られる分野だ。私はこのテクノロジーを活用し、ソーラー住宅システムを手頃な値段で確実に農村の人々に届けるソーシャル・ビジネスを作って、バングラデシュ農村の昔からの問題を解決しようとした。第五章で説明したように、グラミン・シャクティは、ソーラー住宅システムや、動物の排泄物を暖房や発電の燃料に変えるバイオガス・プラント、環境に優しいコンロを開発・販売する会社で、大きな成功を収めた。すべての製品は、バングラデシュ農村のほとんどの家庭に手が届く値段で販売されている。

なぜ私たちがわざわざビジネスを立ち上げて、携帯電話や再生可能エネルギー技術をバングラデシュの貧困者に届ける必要があるのか、そう疑問に思う人もいるかもしれない。これらの驚くべきテクノロジーは、もともと利益最大化を目指す従来の企業が市場にもたらしたのだから、それらの企業がバングラデシュ農村の貧困者のニーズに応えるようになるまで待てばいいというのだ。

私たちがそうしなかった理由は明らかだ。従来の企業は、私たちとは異なる目標を持つ。普通の企業は、お金があるところへ向かう。最大限お金を稼ぐために、トップレベルの所得がある人に製品を売り込む。できれば、世界の富のほとんどを牛耳るトップ一パーセントの人に売り込みたい。超富裕層に手が届かないのであれば、お金を稼ぐのに次に魅力的なのは、中間層の大きな市場だ。富の階層の最底辺にいる人たちは、数こそ膨大だが富はほとんど手にしていない。つまり、利益を上げるには、魅力的な対象ではない。だから、テクノロジーがピラミッドの底辺に届くのは、それより上の階層がビジネス的に飽和状態になってからという傾向にある。

それとは対照的に、グラミン・ファミリーの企業のような組織は、最底辺を優先させてまずそこへ向かう。社会的、経済的なあらゆる問題が存在し、ソーシャル・ビジネスが急いで手を差し伸べなければならないのが最底辺だからだ。ソーシャル・ビジネスは、コストを回収しながら問題を解決するために製品をデザインする。一山当てて大金を得るためではない。

テクノロジーが発展してインフラが向上し、グローバリゼーションが広がって経済システムの効率が高まる。この傾向が進めば進むほど、グローバル企業による富裕層と中間層の取り合いが激しくなる。普通の企業で働く人なら、高所得層の市場が飽和状態になるまで、貧困者のためのスマートフォンをデザインしようとは思わないだろう。そしていざデザインする段階になったら、すでにある製品の廉価版をただ作るだけで、貧困者のニーズに合ったスマートフォンをわざわざデザインすることはないはずだ。ただ安いだけでなく、シンプルでアップグレード可能であり、次のモデルと交換できて、耐久性に非常に優れ、貧困者のニーズにより効果的に応える、そんなスマートフォンが貧困者の求める製品だ。

新しいテクノロジー製品がまず貧困層に向けて発売され、それから徐々に富裕層の市場へも広がっていく、こんな例がまったくないのは興味深い。いつもその反対だ。その結果、テクノロジー市場には大きな間隙が生じる。そしてそこに、世界中の何十億もの人がはまってきた。

現代のテクノロジーが秘める力はまさに壮大だ。毎年、大きな進歩が新たに起きているように思われる。テクノロジーが新次元のスピード、柔軟性、パワーをもたらして、交通や製造、農業、医療、そして何より情報管理とコミュニケーションと、数多くの産業を革命的に変化させている。しかし、これらの変化を牽引する全体的なビジョンは存在しない。すばらしいイノベーションは、ほとんどが商業的な成功を収めるのを目的にデザインされ使われている。人間の創造性は、ビジネス関係者が市場のチャンスを見出すところへ向けられているのだ。

テクノロジーの天才には、つねにふたつの選択肢がある。たとえば、医療の世界で大きな前進をもたらして、何千もの人命を救うことができる。あるいは、アプリを作ってちょっとした暇つぶしを提供するという道もある。ほとんどの場合、テクノロジーの天才が力を注ぐよう仕向けられるのは、多額の利益を生み出す可能性のある製品のほうだ。従来の経済学では、利益が北極星だ。人類全体の目的地がない場合、われわれが目印とする唯一の道路標識は、利益という北極星である。人類みんなが求める目的地へと世界を導く、そのための道路標識は誰も立てていない。ここで疑問が生じる。果たして世界に目的地はあるのだろうか。もしないのなら、あったほうがいいのか。

すでに説明したように、持続可能な開発目標（ＳＤＧｓ）は、きわめて短期間の直接的な目的地を設定しようとする試みだ。これは出発点として役に立つ。ＳＤＧｓは一五年後の目的地を示すが、人類の長い歴史の中では、一五年はほんの一瞬だ。多くの人や組織が、ＳＤＧｓが示す方向へ向かおうと努力しているが、残念ながらほとんどの営利企業はこれらの目標を達成するために、有意義な方向転換をしていない。市場が定義する成功には、こういった目標は含まれないからだ。

人間の創造性はたくましく、また現在の驚くべきテクノロジーの進歩によってさらに力を得ているので、どんな目的地にでもたどり着ける。しかし、何兆ドルもの大金が軍事用・商業用のロボットや人工知能の開発に投資される一方で、世界中で人類が直面する巨大な問題を解決するためにテクノロジーを応用しようという関心は、ほとんど見られない。利己的な個人と企業の目標で満足してしまっているのだ。テクノロジーを社会的に活用しようという傾向が見られない現状では、われわれの利己的なレーダーが感知できない大きなチャンスを逃してしまう可能性が高い。

しかし、個人レベルでは、テクノロジーの力を社会的な目標達成のために活用しようとする取り組みがある。世界中で、個人が、企業経営者が、非営利組織のリーダーが、ソーシャル・ビジネス起業家が、社会的な恩恵をもたらすためにテクノロジーを使う道をすでに探っている。そこからは見事な成果も生まれている。

その一例が〈エンドレス〉社だ。マット・ダリオというカリフォルニアの若者が創業したコンピューター企業である。私はマットの父親、レイ・ダリオと知り合いだった。ビジネスマンとして成功を収め、私のアイデアと仕事にとても関心を持って、グラミン・アメリカを立ち上げる際には、必要とされた多額の財政支援を提供してくれた人物だ。

マット・ダリオは、私がよく話すアイデアに関心を持った。コンピューターとインターネットを誰もが使えるようにするというアイデアだ。コンピューターは、創造を助ける強力な道具である。それが通信技術と結びつけば、問題解決に使える強力なマシンとなる。しかし世界のほとんどの人は、この道具を使えない。なぜか。コンピューターは高すぎるし、インターネットとつながっていなければあまり役に立たないからだ。

マット・ダリオはこのふたつの問題に着目した。現在の情報通信技術とつながったコンピューターには、貧困者の生活を変える力がある、それを念頭にダリオは、コンピューターの力をスマートフォンの力と組み合わせることに着手した。発展途上国の人にも手が届く値段で、かつ実用的なデスクトップとラップトップのコンピューター機種を、一からデザインしようと思い立ったのだ。安定した電力供給やインターネット接続がまったく、あるいはほとんど得られない人にも使えるものにしたかった。目指した値段は、一台五〇ドルだ。

テクノロジー自体のコストは、さほど問題にならなかった。スマートフォンで使われているのと同じプロセッサーで、コンピューターの中央処理装置（ＣＰＵ）を動かすことができるとわかっていた。キーボードとマウスには一〇ドルもかからない。それに、ほとんどの人はテレビを観られる環境にあるので、それをモニターとして使える。最大の難関は、インターネット接続だった。新たに現れつつある市場では、平均的なオンライン・データ・プランは月に三〇〇メガバイト（ＭＢ）のデータ通信量しか提供しない。平均的なＰＣユーザーは毎月六〇ギガバイト（ＧＢ）のデータを使う。二〇〇倍の開きがあるのだ。したがって、普通のＰＣはこの環境では使い物にならない。

ダリオはあきらめなかった。研究によって示されていたのは、コミュニケーションそれ自体にはたいしてお金がかからないということだ。たとえば、三〇〇ＭＢのデータ・プランがあれば、一〇万ツイートを送信できる。一番の問題は、情報のダウンロードだ。しかし統計によると、われわれが実際に利用するのは、オンライン上にある情報のほんの一部である。たとえば、ウィキペディアの検索の八〇パーセントは、わずか三パーセントのコンテンツに集中している。

これがダリオにとって突破口となった。データ記憶装置《ストレージ》を使えばいいのだ。ダリオが私に説明してくれたところでは、たいていの人には、通常考えられているよりもはるかに小さな保存容量で十分なのだという。わかりやすく言うと、平均的な人が一生の間に閲覧するすべてのウェブサイトの全画像とデータを集めて圧縮すれば、実はコンピューターに内蔵された二テラバイト（ＴＢ）のハードディスクに収まる。要するに、ひとりの人が必要とする情報はすべて、インターネット接続なしで提供できるということだ。

マット・ダリオはこう言う。「目標は、何もかもすべて手に入れることではありません。すべての人が、ほとんどすべてを手に入れることです」。エンドレスの低価格コンピューターが持つ、驚くべき力の背後にある秘密がこれだ。

代表的なエンドレス製コンピューターは、オープン・ソースのPCオペレーティング・システム、Ｌｉｎｕｘで動く。五万件のウィキペディア記事と、一〇〇以上の教育、仕事、エンターテインメント用ソフトが最初からインストールされている。このようにデータを提供することで、オフラインでも使うことができるのだ。データは、インターネットが利用できるときに更新される。また思わぬ利点もあった。子どもがエンドレスのコンピューターを使えば、ワールド・ワイド・ウェブの膨大な情報源ほぼすべてにアクセスできるのに、インターネット利用のリスクにさらされることはない。親は、子どものインターネットの使い方を心配する必要がなく、安心できる。

一番の驚きは価格だ。エンドレスのコンピューターは、もっとも安いものだと七九ドルで買える。目標は、これをさらに五〇ドル以下にまで値下げすることだ。しかし今のままでも、以前はこのような機器を買うお金がなかった世界の四四億人の多くに手の届く値段である(1)。

エンドレスは、二種類のビジネスを同時並行で展開している。ひとつは従来の利益追求型企業のように運営されている。もうひとつが、これまでサービスを得られなかった人に教育や医療、クリエイティブなサービスを提供するソーシャル・ビジネスだ。

エンドレスの製品は、すでに四、五社の大手コンピューター製造業者によって世界中に出荷されている。インドネシアや東南アジアの大部分で中心的なPCプラットフォームとなった。ブラジル教育省の標準オペレーティング・システムにも選ばれ、今後、多くのラテンアメリカ諸国で主たるプラットフォームとして採用されるはずだ。エンドレスのチームが現在、開発を進めているのは、あらゆる場所の子どもたちを教育しながら、同時にその子どもたちがコーディングを学ぶ手助けにもなるツールである。ダリオは、コーディングのスキルが未来の世代の基本的素養になると信じている。コンピューターには、世界を変える驚くべき可能性が秘められている。だから、マット・ダリオがつけたブランド名はとてもふさわしいと私は思う。実際、チャンスはエンドレスなのだ。

テクノロジーを第二の巨大な力《メガパワー》と私が呼ぶ理由が、おそらくおわかりいただけるだろう。われわれが求める新しい世界を創るにあたって、テクノロジーが決定的に重要な役割を果たし、われわれを助けてくれるからだ。ただし、個人の富や企業の利益を増やすためだけに使われるのではなく、人類すべての役に立つように使われる場合に限る。

ＩＣＴの大きな力を活用する

私がグラミン銀行を立ち上げたとき、対処しなければならなかった課題のひとつが、バングラデシュの農村にＩＣＴがないことだった。インターネットが普及する前の時代で、バングラデシュでは家庭はもちろん企業でも、ほとんどコンピューターは使われていなかった。また、今の携帯電話のような手持ちサイズの機器もまだ世の中に登場していなかった。バングラデシュの村では、電気を使うことすら夢のような話だった。現代の金融機関が頼るデジタルによる記録管理やコミュニケーションは、当時はまったく何も利用できなかったのだ。

当時はそもそも存在しなかったのだから、幸いＩＣＴのことは心配する必要がなかった。グラミン銀行は、利用可能な手段を活用して運営できるように設計した。大量のデータを緻密に記録するのは、すべて手書きだった。かなり大胆なやり方だが、強い意志によって可能となった。シンプルでローテクな仕組みを作って、会計と経営の情報システムを管理した。グラミン銀行の行員は遠くの村に住んでいて、毎日、長距離を歩いたり、狭くてぬかるんだ道なき道を自転車で走ったり、バングラデシュを縦横に流れる川をボートで移動したりして、借り手のもとを訪れた。ローンの残額を手書きで台帳に記し、定期的にダッカの銀行本部へ報告した。

スピードは遅く、スマートなやり方でもないが、うまく機能した。何も問題はなかった。それにこのやり方は、私たちの借り手にサービスを提供するにはぴったりだった。私たちの借り手は、「銀行」という言葉すら聞いたことがなく、それがいったい何なのか見当もつかない人たちだったのだ。読み書きができないだけでなく、お金に触れたことすらない人も多かった。

デスクトップ・コンピューターがバングラデシュに登場すると、グラミン銀行はいち早くそれを支店に導入して、全データを保存するのに使った。支店はすべて農村にあるが、バングラデシュの農村地域には電気が通っていなかったので、支店に発電機を取り付けた。インターネット接続は問題にはならなかった。まだ存在しなかったからだ。

もちろん今では、グラミン銀行は完全にコンピューター化されてネットワークにもつながっている。洗練された会計や管理のソフトを特別に設計してもらって使っている。行員がなにかを手書きすることはほとんどなく、自動的に作成されるレポートを利用する。行員だけでなく、借り手や借り手の子どもたちもほとんどが携帯電話をもっていて、その多くがスマートフォンだ。

世界がテクノロジーでつながり、以前よりもはるかに多くのことを速く簡単にできるようになって、多くの人の役に立っている。新しいＩＣＴには驚くべき大きな力がある。かつては企業がサービスを提供するのが非常に難しかった場所でも、銀行などのサービスを使ってもらえる。それに、革新的なソーシャル・ビジネスのプログラムを、これまでよりも速く広い範囲へ広げることができる。

この大きな力の一例が、マイクロファイナンス機関の〈キヴァ〉だ。今ではクラウドファンディングとして知られる手法のパイオニアである。コンピューター・プログラマーのマット・フラネリーと妻のジェシカ・ジャクリーが二〇〇五年に立ち上げた。二〇〇三年、ふたりが結婚の準備をしているときに、ジェシカがマットを誘い、ジェシカが働いていたスタンフォード大学で私が行なった講演を聴きに来た。グラミン銀行の物語と、バングラデシュの貧しい女性に向けた私たちの仕事に触れ、ふたりは心を動かされた。結婚後、ジェシカはウガンダへ引っ越して、マイクロファイナンスのＮＧＯと仕事をするようになった。そこで気づいたのが、多くの貧困者にマイクロクレジットを提供できずにいるのは、ローンの元手となる資金が足りないからだということだ。ここからジェシカとマットは着想を得て、普通であれば資本を手に入れられない人へ資金を提供する取り組みを始めた。

私たちのもとを訪ねてくるのは、ミレニアル世代の若者で「デジタル・ネイティブ」、つまりテクノロジーに親しみながら育った人たちだ。だから、ジェシカとマットがＩＣＴを使ってマイクロクレジットの影響力を大きくしようと考えたのは、自然の成り行きだった。そこで生まれたのがキヴァだ。

キヴァはインターネット上のプラットフォームを使って、資本を必要とする起業家とお金を持つ人をつなぐ。価値があると考えるプロジェクトに対して、個人個人がお金を貸せるようにするのだ。ひとりが一度に出す額は小さい。二五ドル、五〇ドル、一〇〇ドルといった額だ。けれども、インターネットのネットワーク力のおかげで、とても広い範囲の人々と結びつくことができる。それに、デジタル・テクノロジーの力で一瞬のうちにデータ処理ができるので、自分が関心を持つプロジェクトをすぐに見つけられる。ラテンアメリカで収入を生み出す活動をしている女性起業家、オーストラリア先住民の工芸家、北アフリカの路上でスナックを売り歩く女性――あなたがお金を貸したい対象がどんな人でも、キヴァを使えばぴったりの相手を見つけることができるはずだ。

その結果、従来の銀行からは信用力不足と見なされるであろう起業家も、小規模なビジネスのために資金調達ができるようになる。またお金を貸す人は、その額がわずかでも、自分のお金が価値ある新しいビジネスを実現するのに使われるとわかり、満足感を得られる。キヴァは、マイクロファイナンス組織の世界ネットワークを通じて、二〇一七年までに八二カ国、一六〇万人の個人の貸し手を二二〇万の借り手と結びつけてきた。キヴァは合計九億六〇〇〇万ドル以上のローンを可能にし、返済率は九七パーセントだ。

ソーシャル・ビジネスのコンセプトが世界中の多くの国で根づき始めると、キヴァのプラットフォームを使ってソーシャル・ビジネスを支援するアイデアが、理にかなった次のステップとして浮かんできた。ＹＳＢのサスキア・ブロイスンがキヴァの代表プレマル・シャーと会い、どうすればこれをうまく機能させられるかアイデアを出し合った。

ＹＳＢアルバニアが支援するふたつのソーシャル・ビジネスで、このコンセプトがまずテストされた。ひとつが〈ロザファ〉。アルバニアの農村で一五の工芸品製作場を運営し、研修や道具、販売流通センターを提供して一二〇人以上の地元女性に収入源を提供するビジネスである。もうひとつが〈Ｅジョナ〉という首都ティラナのカフェだ。障がい者に、飲み物と軽食に加えて、心地よく仲間と交流してネットワーク作りができる場を提供している。

このふたつの事業をキヴァのウェブサイトに初めて掲載したときには、サイトを見た人がソーシャル・ビジネスの考え方を理解してくれるのか、このビジネスを支援するのに必要なお金をキヴァが集めることができるのか、誰にもわからなかった。しかし資金調達の取り組みは、いずれもたちまち成功した。キヴァの支援者は、ソーシャル・ビジネスのコンセプトを理解しただけでなく、とても気に入ってくれたのだ。それにもちろんキヴァがすばらしいのは、インターネットは世界中につながっているので、ソーシャル・ビジネス・プロジェクトが世界のどこにあっても、それを支援できることだ。

ＹＳＢは、アルバニアやハイチ、ブラジル、ウガンダのソーシャル・ビジネス・プロジェクトの資金源として、キヴァを引き続き活用している。

キヴァだけではない。いまやデジタルＩＣＴの力は新しい方法で活用され、ほかにも数多くのソーシャル・ビジネス・プログラムの効果と影響力を拡大している。その一例が〈メイクセンス〉、第七章で紹介したクリスティアン・ヴァニゼットが立ち上げた若者の運動だ。メイクセンスには、法人がふたつある。ひとつは、ソーシャル・ビジネス推進のための非営利組織だ。もうひとつがソーシャル・ビジネス本体で、こちらはフランスの法律では営利企業ということになる。ソーシャル・ビジネスで得た利益は、その唯一のオーナーである非営利組織にすべて譲渡される。したがって、この会社はソーシャル・ビジネスの資格を満たす。つまり、オーナーが個人的な利益を得ることはないのだ。

メイクセンスは、ウィキペディアのようなオープン・ソース・デジタル・プラットフォームで、世界中の数多くの人々が創造的・生産的に自由な交流ができる場だ。ウィキペディア風のプラットフォームによって、何千人ものボランティアが自由に情報を提供し、知識を書き込み編集できるようになっている。メイクセンスのプラットフォームは、ソーシャル・ビジネスの成長と発展、拡散を支援するためにある。

国連の一七の持続可能な開発目標（ＳＤＧｓ）が、メイクセンスのプラットフォームで重要な位置を占めている。ソーシャル・ビジネス起業家になりたい人は、メイクセンスとの仕事を始めるにあたって、まず自分のプロジェクトがＳＤＧの最低でもひとつをいかに前に進めることができるのか、具体的に説明しなければならない。メイクセンスのコミュニティ・ディベロッパーがアイデアを承認すると、プロジェクトの情報が、解決したい問題とともにウェブサイトに掲載される。解決したい問題とは、さまざまなビジネス上の悩みだ。「これから作ろうと思っている商品に最適な市場を見つけたい。そのためにはどうすればいいのだろう？」「どのような流通経路を考えるべきか？」「このプロジェクトのパートナーになってくれる金融の専門家は、どこで見つけられるのだろう？」

ここで、インターネットの力で結びついたメイクセンスのコミュニティが動き出す。二〇一七年初めの時点で、四五カ国で二万五〇〇〇人以上のボランティアがメイクセンスのプラットフォームを使い、支援を求める一三〇〇以上のソーシャル・ビジネスと結びついている。ボランティアは「ギャングスター」を自称し、ソーシャル・ビジネスを作る起業家は「センスメーカー」と呼ばれる。

メイクセンスのオンライン・マニュアルには、その後、起業家がどういうプロセスをたどるのか説明がある。

その後、みんなでブレインストーミングを始めてオンラインでアイデアを出し、次の三〇日間であなたの問題を解決するワークショップのファシリテーターを募集します。

ファシリテーターをやってもいいというボランティアが手を挙げたら、ワークショップの日程と場所を決めてください。そして、一時間、時間をとって、あなたの問題について詳しくファシリテーターと話し合ってもらいます。

あなたのワークショップを仕切るボランティアは、この一時間の面談を活用して、最も差し迫った問題にあなたが取り組むのをわれわれがきちんと手助けできるようにします。あなたの目的と制約を考慮に入れて、あなたのビジネスに現実的な解決策を講じることができるようにします。ワークショップの結果に満足できるよう、あなたとボランティアの双方がアウトプットに合意するようにします。

ワークショップ当日には、参加者に自分のプロジェクトについてプレゼンをしてもらいます。

数分間の質疑応答ののち、クリエイティブ・プロセスが始まります。ここにはあなたも参加します。ほかの参加者と同じように振る舞ってもらい、ほかの人たちのアイデアをあなたが認める、認めないに関係なく、プロセスが進行するようにします。

ワークショップ終了後は、参加者にフィードバックのEメールを送ってください。あなたがいいと思った解決策を挙げ、その解決策のことをもっと詳しく知りたい場合、あるいはそれを実行に移すのを支援してもらいたい場合は、それを伝えましょう。(2)

キヴァと同じように、メイクセンスもICTの大きな力をはっきり示す一例だ。ソーシャル・ビジネス起業家が問題をウェブサイトに投稿すると、すぐさまコンサルタントの世界ネットワークにつながる。経験と知識と洞察力を持った人が何千人もいて、専門分野も広告から人材、プログラミングから製品デザインまでと幅広い。さらに重要なことに、みんなソーシャル・ビジネスの考えを熱心に支持する人々だ。新しいプロジェクトが成功して必要とする人へ利益がもたらされるようにと、惜しみなく手を差し伸べる人たちである。これがどれだけすばらしく意義のあることか、考えてみてほしい。特に辺鄙な地方や貧しいコミュニティなど、ビジネス専門家の意見をなかなか得られない場所で仕事をするソーシャル・ビジネス起業家には、大きな価値がある。

メイクセンスは、ICTのイノベーションをソーシャル・ビジネス発展に活用している、その他数多くの活動のハブとしても機能している。たとえば、〈センスキューブ〉というインキュベーター空間を（バーチャルではなく）現実世界で運営して、六つの都市で現在活動するソーシャル・ビジネスに提供している。パリ、メキシコシティ、ブリュッセル、ベイルート、マニラ、セネガルのダカール（西アフリカ）だ。焦点を合わせるのは、テクノロジーやオンライン・コミュニティをソーシャル・

ビジネスの目標に活用するプロジェクトだ。テクノロジーのツールを使って、従来のコミュニケーション手段だけでできるものよりも速く、よりよくソーシャル・ビジネスを成長させる、そんな目的を持ったプロジェクトに重点を置くのである。

この仕組みを示す一例として、〈フード・アセンブリー〉という企業を挙げることができる。農家と、食材を自宅に配達してもらいたい地域住民とを結ぶビジネスだ。目標は、小規模農家の収入を増やすことと、小規模農家が地域の環境に与える肯定的で持続可能な影響を大きくすること、そして、都市に暮らす人々に健康的なオーガニック食材をもっとたくさん届けること。メイクセンスから支援とガイダンスを受けて、フード・アセンブリーはオンライン・ネットワークを活用し、サービスを世界中の多くの都市に急速に広げつつある。

フード・アセンブリーは、二〇一四年にイギリスで立ち上げられた。数多くのローカル・ビジネスからなり、それぞれのビジネスは〝ホスト〟、すなわち持続可能な地域農業に力を注ぐ個人起業家が創業して経営を続けている。専門知識を持ったフード・アセンブリーのファシリテーターに導かれて、ホストは地域の公園やコミュニティ・センター、学校など、定期的に食材の配達を必要とするところや、すすんで農作物を受け入れてくれるところを見つけ、食材を生産し提供する地域の農家を集める。そしてホストは、このプロジェクトを中心に地域コミュニティを作る。さまざまな広告やマーケティング、広報ツールを使って、新鮮な地元の食材を楽しみたいと願う顧客を集めるのだ。また、オンライン市場も立ち上げて、そこで注文ができるようにする。

あらかじめ決められた時間（たとえば土曜の朝）に、農家の人がフード・アセンブリーに集まって顧客に食材を届ける。顧客にとっても、農家の人と顔を合わせる機会になる。自分に、また自分と同じように地元で生産された健康的な食べ物が大好きな近所の人たちに食べ物を提供してくれるのがどんな人か、知ることができるのだ。時間が経つにつれて、そういった人たちの地域コミュニティができることも多い。たとえば環境保護など、共通の価値観を表現するさまざまな活動を協力して支援するようになるのだ。

想像してもらえるとおり、地域に一つひとつフード・アセンブリーのビジネスを作るには、多くの時間とエネルギーが必要である。これをスムーズにするために、メイクセンスがフード・アセンブリーと協働して、誰もがどこからでもアクセスできるウェブ上のプラットフォームを開発した。サイトを訪れると、最寄りのフード・アセンブリーがわかる。近くになければ、おそらくはホストになったり生産者として登録したりというように、この運動に参加できる方法がすべてわかる。すでにあるフード・アセンブリーに参加する人たちが、質問に答えて励ましてくれる。このオンライン・プラットフォームが大きな魅力となって、三年もたたずにフード・アセンブリーはフランスとベルギー、イギリス、スペイン、ドイツ、イタリアで七〇〇以上の拠点を持つまでに広がった。デジタルＩＣＴの大きな力、それを鮮やかに示す例ではないだろうか。

メイクセンスは、ソーシャル・ビジネスに力を与え、それを広めるために、テクノロジーのツールを引き続き開発し改善している。二〇一六年から、高度な分析ツールを開発・応用する専門知識を持ったデータ・サイエンティストがメイクセンスで働くようになった。彼の雇用主であるメディア企業ブルームバーグ・エル・ピーが許可してくれたおかげで実現したものだ。このサイエンティストは、ソーシャル・ビジネス・プロジェクトのパフォーマンスを追跡して測定するシステムの開発に取り組んでいる。ソーシャル・ビジネスが恩恵をもたらそうとする人たちに一番いい結果を出すには、どの手段と実践法を使えばいいのか、それをさらに正確に見定める新しい方法を開発するのが目標だ。

テクノロジーを活用して貧困者独自の問題を解決する

利益最大化を目指す従来の企業は、売り上げや利益を増やし、株価を上げ続ける必要に駆られて動いている。そのような世界では、当然ながら企業は貧困者のニーズを無視しがちだ。結果として、新しいテクノロジーは通常、豊かな国やコミュニティの人が惹かれる製品やサービスへとすぐに向けられる。ビデオゲームやエンターテインメント商品、その他、新しいテクノロジーを使った贅沢品が世間にあふれている。しかし、何億もの人が貧困や飢餓に苦しんだり、住まいがなかったりと、さまざまな問題と格闘しているにもかかわらず、それらに取り組む製品は不足している。

幸い、これまで以上に数多くのソーシャル・ビジネスが、テクノロジーを活用して貧困者の問題に取り組む道を模索している。豊かな人のための高価な製品やサービスにもともと使われていたテクノロジーをシンプルにして、貧しい人々が使えるようにデザインし直す道を探る場合もある。また、貧困者が置かれた状況を徹底的に研究して、ゼロから完全に新しい製品を開発することもある。これらのプロジェクトによって、新しいテクノロジーに秘められた、社会を変える真の力が発揮されつつある。

たとえば、〈農業および気候リスク・エンタープライズ〉（ACRE）というテクノロジー・ベースのソーシャル・ビジネスがある。ミッションは、小規模農家を自然災害のリスクから守ることで、主に革新的な保険商品を通じてそれに取り組んでいる。私がACREのことを知ったのは、グラミン・クレディ・アグリコルのソーシャル・ビジネス・ファンドから一部、出資を受けていたからだ。グラミン・クレディ・アグリコルは、フランス国内の農家にサービスを提供するために作られたフランスの銀行の巨大ネットワーク、クレディ・アグリコルが創設した出資ファンドだ。ソーシャル・ビジネス企業への出資にもっぱら取り組むファンドで、主に発展途上国へ力を注いでおり、なかでもアフリカに特別な重点を置いている（このファンドについては、第一〇章でさらに触れる）。

シンジェンタ持続可能農業財団が二〇一四年六月に立ち上げたＡＣＲＥは、アフリカの小規模農家を特に苦しめている経済リスクの問題に取り組むようデザインされている。この経済リスクがあるために、人々が貧困から抜け出すことがきわめて困難になっているからだ。ＡＣＲＥの仕組みを理解してもらうには、まず農業にかかわるリスクの現実と、通常それにどのような対処がなされているかを、少し知っておいてもらう必要がある。

当然のことだが、農業はその性質上、昔からリスクの高いビジネスだった。天候はコントロールできず、予想も難しいが、農家の生活を支える収穫量にとてつもなく大きな影響を与える。それに加えて、地域、国、世界の農産物市場の変化も、コントロール、予測ともに不可能だが、農作物の価格はそれによって大きく変動する。一夜にして一シーズン分の利益がたちまち吹き飛んでしまうことすらある。しかし、農業は人間に欠かせない産業だ。人間の生存は完全に農業に支えられているので、いかなる社会であっても、農業からの食糧供給を危険にさらすことはできない。それゆえ、ほとんどの国では対策を取り、農業につきものの経済リスクから農家を守ろうとしている。

こうした理由から、アメリカを含む多くの国では、農業保険が政府の補助金つきで農家に提供されている。掛け金の最大六〇パーセントを政府が負担するのだ。しかし、こういった助成プログラムが対象とするのは、大規模農家と大規模農家が契約する保険だけだ。要するに、ほかの多くの場合と同じで、小規模ビジネスはたいてい、信用力がない、あるいは金融サービスの対象とならないと見なされる。つまり、大規模ビジネスの経営者が当たり前に利用している金融ツールが利用できないわけだ。

したがって、小規模農家向けの「マイクロファイナンス」保険プランは、助成対象にならない。農業の世界でも人口全体でも小規模農家がきわめて大きな割合を占めるアフリカですら、状況は同じである。一番の理由はコストだ。保険を管理し処理するには大きな費用がかかる。保険商品が小規模だと、コストの占める割合が大きくなって、手頃な値段で提供するのが難しい。この問題は、アフリカと途上国全体にいる四億五〇〇〇万人の小規模農家（二ヘクタール以下の農地しか持たない農家）の人々に影響する。その人たちが支える家族も合わせれば、二〇億人を超える。たとえばケニアでは、九六パーセント以上の農地で雨水を水源としているので、干魃や不規則な降雨の影響を受けやすく、農家はつねに経済的破滅に追いやられるリスクを背負っている。

ACREはテクノロジーを使ってこの問題に取り組んでいる。携帯電話テクノロジーと最新の気候・農業データを活用し、効果的かつ安価に提供できる、小規模農家向けにデザインした保険を初めて作ったのだ。ACREでは、ケニアのナイロビを拠点として三〇人の専門家チームが地元と世界から集まり、天候と収穫について歴史上のデータをコンピューター分析して、それをもとに、携帯電話テクノロジーを利用した特別仕様の保険商品を開発している。近年、飛躍的な進歩を遂げた衛星気象予報とモニタリング・テクノロジーも、必要なデータを得るのに鍵となる役割を果たしてきた。

その結果、生み出されたのが、アフリカ最大の農業保険プログラムだ。ケニアで〈キリモ・サラマ〉のブランド名で販売されている。ACREの保険を手頃な値段で広く提供するため、ACREは農家がすでに購入しているほかの商品と保険をパッケージ化した。マイクロクレジット・ローンや、袋入りの種や肥料などだ。保険を利用する手順は、とてもシンプルだ。種の袋に小さなカードが入っていて、農家が受け取ることのできる保険の詳細が書かれている。保険を有効にするために電話する連絡先の番号も含まれている。干魃の被害を補償する保険は通常、トウモロコシ一エーカーあたりで三七ドルほどで、これは収穫のおよそ一〇パーセントの額だ。収穫物を全滅させる干魃や洪水に備えるのに妥当な額だといえる。

それから、数週間分の天候データに基づいて、農家が保険金を受け取る権利があるか、ＡＣＲＥの専門家が機械的に判断する。保険会社の社員が農場を訪ねて、支払いの必要性を判断する手間が省ける。これによって劇的にコストを削減でき、保険会社ははるかによいサービスを顧客に提供できる。支払いの形は保険によって異なる。新しい種を農家に無料で渡すというシンプルなものや、農家の人が持つ携帯電話のオンライン銀行口座へ現金を自動的に振り込むものもある。

二〇一五年末までに、四〇万近くのアフリカの農家をＡＣＲＥの保険テクノロジーがカバーした。最新のＩＣＴが、かつて解決不可能だと思われた貧困問題を解決できる驚くべき一例である。テクノロジーの専門家と企業経営者が、利益を求めず、貧困者のニーズに応えるシンプルで実用的な解決策を探るのに集中した結果、可能になったのだ。

新しい経済の意識が世界中に広がりつつある、それを示す頼もしい徴候も見られる。第三章で説明したように、世界有数の企業のトップが関心を持ち、従来の利益最大化を目指す事業に加えてソーシャル・ビジネスも試しつつあるのだ。こういった取り組みを進める企業のひとつが、インテル社である。シリコンバレーに拠点を置く企業で、コンピューター・プロセッサーなど先端ハイテク製品製造の世界的リーダーだ。

グラミン・インテルとして知られる取り組みが生まれたのは、二〇〇七年に当時のインテル会長クレイグ・バレットがバングラデシュを訪れたときのことだ。私はバレットと会い、長時間にわたってグラミン・ファミリーとソーシャル・ビジネスの考え方について話をした。大いに考え議論を重ねたのち、バレットたちはソーシャル・ビジネスを作ることに決めた。テクノロジーを創造的に活用して、世界の貧困者がよりよい生活を送れるようにするビジネスだ。インテル・キャピタルとグラミン・トラストが事業資金を提供し、このソーシャル・ビジネスの出資者となった。

現在、グラミン・インテルはバングラデシュのダッカにオフィスを構え、アメリカとインドにもチームのメンバーがいる。グラミン・インテルの社員としてフルタイムで働く人もいれば、インテルの社員で一部時間を割いてソーシャル・ビジネスに携わる人もいる。貧困者に固有の問題に取り組むソフトウェア・アプリケーションの開発を中心に、幅広いプロジェクトが進行中だ。そのほとんどが、スマートフォンなどの小型で持ち運び可能なコンピューター機器用に設計されている。スマートフォンは値段も手頃で広く流通していて、農村から大都市まで、発展途上国のあらゆる場所で使うのにぴったりだ。

グラミン・インテルの取り組みには、小規模農家の生産性と収益性を高めることを目的とするものもある。ACREの保険プログラムと同じ層の人々を対象とするものだ。たとえば、〈ムリティカー〉というアプリは、バングラデシュの僻地の農家に土壌の質や植物栄養素、必要な肥料について最新の正確な情報を提供し、農業界全体に驚くべき恩恵を与えている。

ムリティカーは、広く用いられている土壌試験の方法と連動して機能する。窒素やリン、カリウムといった基本栄養素のレベルや、pH（酸度）のレベルを測定する土壌試験だ。このアプリがすごいのは、簡単に使えて、情報が緻密で正確なことだ。画面を何度かタッチするだけで、畑の正確な場所（グーグル・マップを使う）から栽培予定の作物、種まきの季節など、農家のデータと計画を入力できる。それに応じてムリティカーが、推奨される肥料の種類や正確な分量、最適な散布時期などの詳しい助言を与える。必要な肥料が安く手に入る地元の店のリストまで示してくれる。そのおかげで、農家は適切な肥料を購入・使用でき、それによってお金を節約して収穫量を増やし、長期的に土壌の状態を守ることもできる。化学物質を使いすぎたり誤って使ったりすると、すぐに土壌の状態を損ねてしまうからだ。

グラミン・インテルでは、アプリのアドバイスが正確か、デモ・シナリオを使って入念にテストした。結果は有望だった。たとえば、ナス（バングラデシュでよく食べられていて、地元では〝ベグン〟と呼ばれる）のテストでは、ムリティカーのアドバイスに従って肥料を使うと、バングラデシュの農家に代々伝わる伝統的な方法や、政府機関バングラデシュ農業研究所（ＢＡＲＩ）が示す公的基準に従うよりも、収穫量が増えた。さらに、ムリティカーが勧める肥料の使用法は、ＢＡＲＩ推奨の方法より二九パーセント、コストを抑えられた。伝統的な方法と比べたら、四六八パーセントものコスト減だ。概してお金に余裕のない小規模農家にとって、非常に大きな節約ができる可能性がある。

現在、ムリティカーはバングラデシュの四〇カ所で利用されている。インドとカンボジアでもテスト中だ。このアプリは、土壌分析サービスを農家に提供する地元の起業家にも好評で、化学分析キットと併せてアプリが使われている。このように、ムリティカーは農家に恩恵を与えているだけでなく、農家に助言したり、肥料を販売したりする周辺ビジネスも助けているのである。そうすることで、農村経済全体を活性化させているわけだ。

医療もまた、貧困者固有のニーズがある分野だ。利益最大化を目指す従来型企業の多くが、取り組む価値がないと見なすニーズである。グラミン・インテルは、貧困者に固有の医療問題の解決にも取り組んでいる。

とりわけ発展途上国の貧困者が向き合う最大の問題のひとつが、医療情報をそもそも入手できないということだ。何百万もの人々が暮らす農村は、最寄りの病院やクリニックからかなり離れていることも多い。道は悪く、効率的な交通手段もないので、二〇マイル（三〇キロメートル）の移動に悪路で丸一日かかり、体調の悪い人はとても耐えられない。地域の医師や看護師が訪問診療をして、その隙間を一部埋めてはいる。しかし需要に応えられるだけの専門家がいないので、無数の貧困者が何カ月も、あるいは何年も医療専門家に相談する機会を得られずにいる。

最新のICTを使えば、これらの問題を一部改善できる。グラミン・インテルがこの領域で取り組むプロジェクトのひとつが、妊娠中の母親へ医療情報の提供を目指すものだ。多くの母親は、出産前の診療を受けられない。二〇一七年六月、グラミン・インテルは〈コエル〉の提供を始めた。これは耐久性のあるプラスチックでできた腕輪型の高品質スマート・ウェアラブル端末で、妊娠中の健康について、事前に記録されたメッセージによって助言やガイダンスを提供する。コエルはきわめて巧みに設計された製品だ。充電なしで一〇カ月間作動する。つまり、妊娠期間中ずっとバッテリーがもつ。インターネット・アクセスは不要で、女性が使う現地語で話し、メッセージがあるときはLEDが点滅して知らせる。個人個人の出産予定日に合わせて設定できるので、必要な医療情報と助言を適切なタイミングで提供できる。一週間におよそふたつのペースで、八〇のメッセージが届けられる。

コエルの利点はそれだけではない。この腕輪は、着用する女性が呼吸する空気の質を監視しテストするよう設計されている。特に屋内の空気汚染を感知するようになっていて、なかでも薪や木炭、牛糞のような燃料を使って調理するときにしばしば発生する一酸化炭素に反応する。バングラデシュなどの発展途上国では、何百万もの女性が日々このような危険な煙を吸い込んでいて、これが胎児の健康に深刻な影響を及ぼすことも多い。このような状況が発生するとコエルが警告を発するので、女性は外に新鮮な空気を吸いに行けるわけだ。

グラミン・インテルは、テクノロジーを活用して、貧困者が直面する最も深刻な問題に解決策を提供しようとしている。これはとても有望で刺激的な取り組みだ。さらに、こういった取り組みをしているのは、グラミン・インテルだけではない。

私が知る医療テクノロジー事業のうち最も野心的なもののひとつが、九州大学のアシル・アハメッド博士が率いるプロジェクトだ。九州大学は、私とグラミン・ファミリーと協働してユヌス・ソーシャル・ビジネス・センターを作った大学のひとつである。アハメッド博士はこのプロジェクトを「箱に入った医者」と呼ぶ。各種診断ツールを持ち運びできるようにまとめ、ディスプレイと通信インターフェースをつけたもので、医師や看護師、訓練を受けた医療アシスタントが村や患者個人の自宅を訪れるときに利用する。このキットを持つ医療アシスタントが、遠くの町にいる医師にデータを送信し、それに対して医師が具体的な診断を下して治療の助言をするのである。

おそらく最も興味深いのは、この「箱に入った医者」が使われるようになれば、外部の企業が製品やサービスを提供するようになり、このサービスがさらに便利になるとアハメッド博士が考えていることだ。アハメッド博士はこう書いている。「この箱は、医療機器業者が診断ツールを設計・開発する機会を作る。また、ソフトウェア業者が、最低限の訓練しか受けていない看護師にでも操作できる診断ツールを構築する機会ともなる」。時間の経過とともに、「箱に入った医者」の力は劇的に大きくなり、特定の国や地域に住む人々の医療ニーズに合わせた具体的な検査手段やツールを備えるようになるかもしれない。

アハメッド博士の発明品は、およそ三〇〇ドルで製造販売できると見積もられ、すでにバングラデシュで試験的に使われている。世界中の発展途上国で何百万ものキットが看護師やアシスタントによって使われ、何十億もの人々の満たされずにいた医療ニーズに取り組む手助けをする、そんな日が訪れることをアハメッド博士は期待している。

＊＊＊

われわれは困難な時代に生きている。人口増加、激しい格差、環境破壊、その他さまざまな問題が人類の未来に深刻な課題を突きつけている。しかし現代は、かつてないほど人類の可能性が大きく広がった時代でもある。これは過去数十年間で科学が可能とした驚くべきテクノロジーの発達によるところが大きい。これらのテクノロジーを正しい方向へ導くには、新しい経済と社会のシステムが必要だ。それを整えれば、この驚異的なメガパワーが大きな役割を果たして、三つのゼロの世界を夢からすばらしい現実へと変えられるはずだ。

第9章　グッド・ガバナンスと人権――すべての人にうまく機能する社会を作る鍵

人類が生き残り繁栄するのに必要な新しい経済システムを創る、そのために決定的に重要な第三の巨大な力《メガパワー》がある。腐敗や不正義、政治独裁を可能なかぎり減らし、すべての人間の権利を尊重する政治・社会構造だ。

人権尊重と経済成長・発展とは無関係で、両者は対立するとすら考える人もいるが、それは誤解である。旧ソヴィエト連邦が犯した間違いがこれだった。西側と競争するためにロシア経済の成長を強力に推し進める必要があったため、残酷な政治抑圧行為が正当化されることがあったのだ。しかし、冷酷な政策によって達成される経済成長は、持続可能な成長ではない。起業家精神の本質は、人間の創造性を最大限に発揮する人々の能力にある。抑圧的で政府の厳しい管理下に置かれた環境では、その能力が開花することはない。

経済成長がもたらされると信じて独裁の道を選ぶ国は、長期的には失望する可能性が高い。自由と挑戦の空気を作り、個々の起業家が創造的なエネルギーを発揮できるようにした方がはるかによい。これが活気にあふれたコミュニティを育む方法だ。そして、経済の繁栄が続き、皆に共有される国を長期的に築く道である。

幸い、ほとんどの経済学者や政治理論家、社会科学者は現在、この考えを受け入れている。グッド・ガバナンスと人権、経済的正義、経済成長が密接に結びついていることは、いまや広く認められているといってよい。課題は、この理解を実践に移すことだ。自由と正義、誠実の原理を一貫して尊重し、すべての領域に属する人類全員の創造性と成長の可能性を解き放つ、そんな経済・政治・社会システムを築くことが求められている。

あらゆる大きな挑戦と同じで、これを実現するのは難しいだろう。智慧と努力、無私の心、勇気が必要だ。とはいえ、向こう半世紀で人類全体が直面する課題のなかで、これほど重要なものはほかにない。社会を前進させることで目指すものが何であれ、グッド・ガバナンスは欠かせない。

グッド・ガバナンスと人権の重要なメガパワーを解き放ち、世界を変えるという目標を追求するためには、数多くの具体的な条件を満たす必要がある。たとえば、公正で信頼できる選挙や、誠実な市民社会、法の遵守などだ。以下では、これらやその他、グッド・ガバナンスに欠かせない要素について、私の考えを詳しく説明したい。

公正で信頼できる選挙

誠実で優れた政府を持つには、立法府の議員と政府の最高幹部が、操作と脅迫のない、広く人々から受け入れられた選挙で選ばれなければならない。したがって、国政選挙の質がグッド・ガバナンスの運命を大きく左右する。公正で透明性の高い手続きを経て選挙が行なわれなければ、グッド・ガバナンスのほかの要素がもたらされるチャンスはない。

民主主義のもとでは、国政選挙がある種のフィルターとなる。フィルターを何度も通すことで、国の政治とガバナンスを浄化できるのだ。しかしこのフィルターが目詰まりしていたら、政府の名に値するものはとうてい得られない。選挙が不正に操られていると、その結果、現れる政府は、実のところ抑圧的な収奪マシンになる可能性が高い。そのような政府がもっぱら目標とするのは、フィルターを永遠に詰まらせたままにしておくことだ。

選挙システムに完全な信頼を置ける環境のもとで選挙を行なうこと、これがグッド・ガバナンスの土台となる。有権者一人ひとりが自分の一票に意味があると感じ、脅迫や報復の恐れがないところで自由に候補者を選べる必要がある。多くの国では、このような選挙を行なうのは容易ではない。

残念ながら、世界は選挙の質にあまり注意を払わない傾向にある。国政選挙は、各国が行なわねばならない単なる儀式だと見なされることも多い。あるいは〝国内問題〟なので外部の人間は口をはさむ権利がないと片づけられる。

確かに、選挙は国内問題であることに違いはない。しかし、選挙の質には、ほかの国も関心を向けるべきだ。不正選挙が行なわれれば正統性を欠いた政府が生まれ、それによって国際社会が脅かされる。不正操作された選挙で成立した政府は、国の安定を破壊し、地域を脅かして、世界に害をなす活動を推し進める可能性がある。

そのため、国連が最優先で信頼できる選挙を広め、平和・安全保障への取り組みの一部とするべきだと私は強く感じている。国連はこの問題について、特別プログラムを設けるべきだ。信頼できる選挙を行なうのに適したテクノロジーを開発し、すべての選挙当局に技術支援を継続的に提供して、すべての国政選挙の質を監視・報告すべきであろう。選挙の質は政府自体の質と密接に結びついているため、地域と世界の平和と安全のためには、質の高い選挙を確保することが大切だ。それに、ＳＤＧｓや国連の専門機関の目標を達成するためにも、選挙の質は重要である。国連人権高等弁務官事務所や国連ウィメン（ジェンダー平等に取り組む機関）、UNICEF（子どもの権利）、UNDP（経済発展）、WHO（医療）といった機関の目標達成にもかかわるのだ。

国連は、さまざまな政治やテクノロジーのツールを開発し、選挙の質確保を支援すべきだ。たとえば、選挙の質を格付けする中立的なシステムを作ることができるだろう。このシステムを使って、国ごとあるいは国のグループごとに選挙の質の順位をつける。そして、選挙の質が着実に向上している国には、経済上、政治上、外交上の恩恵を与えるのだ。選挙機構を管理する職員の独立性と誠実さ、またメディアや野党、国内・海外の監視機関が持つ自由のレベルも評価すべきだ。これらやその他の基準に基づいて、国連は許容される最低レベルの選挙の質を定める基準を作り、この基準に繰り返し違反する国に制裁を加えるべきだ。国家の地域連合も、メンバー国が国連の選挙基準を満たすよう支援するのに、有意義な役割を果たすことができる。

国連はまた、最新の情報通信技術の応用など、改良型の投票テクノロジーを開発して広めるのにも、大きな役割を果たせる。世界の大手ICT企業、グーグルやフェイスブック、ツイッターの協力を得て新しい投票テクノロジーをデザインし、国連がともにそれを検証する。たとえば、生体認証ツールを使ってスマートフォンから遠隔投票できるテクノロジーの開発資金を、国連が支援することもできるだろう。このテクノロジーがあれば、投票所やその周辺で有権者が脅されたり暴力をふるわれたりする問題の解決に役立つ。この問題があるために、何百万もの人が選挙に参加するのを阻まれてきたのだ。

また、特定の一日だけでなく、一週間あるいは一カ月と長い期間を設けて、自宅や会社、世界中のあらゆるところから投票できるようになれば、投票率は劇的に上がるはずだ。最新のICTツールがあれば、リアルタイム票数カウンターで（世界人口の増加など、さまざまな統計を毎秒報告する〈ワールドメーターズ〉のように）瞬時にトラッキングでき、投票が進むのと同時に候補者の得票数情報を提供することもできる。このようにリアルタイムで更新される情報があれば、有権者はより熱意を持ち、関心を掻き立てられて投票に行くのではないだろうか。〝悪い〟候補者が票をたくさん集めて、自分が支持する候補者が後れをとっているのを目にしたら、選挙に無関心などとは言っていられなくなるかもしれない。有権者を行動させる一番の方法は、選挙を数日間の〝ライブ〟イベントにして大いに宣伝することだ。投票の状況が今どうなっているのかを誰もが知ることができて、有権者一人ひとりが、自分が投票すれば結果を変えることができると感じられるようにすればいい。

よりよい選挙方法の世界基準を作るのと同時に、国連は年間を通して、各国の政府が選挙準備をするのを援助し、モニタリングする役割も果たせる。選挙はある一日にぽつんと孤立して起きる出来事ではない。長いプロセスの最後にあるのが選挙なのだ。プロセスが適切に進まなければ、最後に出てくるものが適切になるわけがない。プロセスに欠陥があったり、腐敗が見られたりした場合には、国連が主導する監視機関が警鐘を鳴らして、そのままだと何が起きるのか、その国と国際社会に知らせる必要がある。そうすることで、正統性を欠いた選挙によってその国の政府の信頼が失われ、国際社会全体の安全が脅かされる前に、対策を講じて問題を正すことができる。

死に至る病としての腐敗

グッド・ガバナンスを脅かす第二の大問題が汚職だ。汚職の問題は、次のように矮小化されることがある。「豊かな国も含めて、どこの国にだって汚職はあるじゃありませんか。腐敗のない国などないですよね。だとしたら、どうしてそんなに騒ぎ立てるんですか」。中には、汚職によって栄えたとする国の例を挙げて、汚職は社会の〝潤滑油〟であり、物事がスムーズに運ぶようにしているだけだと言わんばかりの人もいる。

汚職が、広く見られる問題であるのは事実だ。個人レベルの汚職は、ほぼすべての社会に存在する。経済的に発展した比較的誠実な国で単発的に発生することもある。しかし、多くの発展途上国では、汚職が蔓延している。あまりにも深く制度に組み込まれているので、市民は抗議するのをあきらめて、生活の一部として受け入れている。

これらの国では、汚職はグッド・ガバナンスを死へ導く病にほかならない。毎年、衝撃的な額の公金が汚職へと流れていて、それを指摘するのは簡単だ。しかしこれは問題の一部分でしかない。さらに悲惨なのは、汚職がガバナンス・システム全体を破壊していることだ。汚職のレベルが、法の支配のレベルを直接的に決定する。お金を使って政府の決定や国の政策、裁判所の判決を買収できるのであれば、法の支配はまがいものということになる。また、政治権力が富への無料チケットとなるところでは、人は権力をつかむためにはどんな犯罪でも犯す。これが一因となって、多くの国で選挙にしばしば暴力がついて回るのだ。

近年、政治腐敗はどんどん手の込んだものになっており、気が滅入る。腐敗した政府指導者とそのビジネス・パートナーは、巧みな広報テクニックを使い、見事なおとぎ話によって自分たちの犯罪の言い逃れをすることを学んだのだ。このおとぎ話は、「もうひとつの事実《オルタナティブ・ファクト》」と呼ばれることもある。これを自分たちが支配するメディアや、仲間の知識人を通じて拡散させる。そして反対する者はすべて裏切り者で裁きを受けても当然だと大衆に信じ込ませ、権力を確固たるものにして、汚職を根絶するのをさらに困難にしている。

汚職の文化が一度根を下ろすと、社会のあらゆる階層に広がりがちだ。政府で働く人間は、提供するサービスすべてに賄賂をもらうのが当たり前になる。通常の給料に加えて、ある種の「個人的手数料」を受け取るのだ。この手数料を正当化し、確実に支払われるようにして追加収入を得ようと、政府職員は工夫をこらし、必要とするサービスを市民が受けるのを難しくする。単に身分証明書を確認したり、記入済みの書類を受け取ったりするだけだと要求できる額は小さいので、収入を増やすために手続きを複雑にするのだ。不可能を可能にする値の張るサービスも提供できるという職員もいる。法律やルールが邪魔になることはないというわけだ。取得が難しい営業許可や、競争の激しい公共事業の契約、税制上の有利な裁定、裁判での寛大な判決。すべてそれ相応の取り引きをすれば手に入る。それに文句を言えば、公務員からはこんな答えが返ってくる。「たしかに高いですけれども、しょうがないんです。そのお金は上のほうの人たちで分けられて、いちばん上のボス、大臣のところまで行くんですから！」。非常に大きな案件だと、大臣自身が直接、〝顧客〟と交渉する。

これら政府内でのやりとりのほかに、政治腐敗には、政府の外にいる無数の仲介者によるものも多くある。自称コンサルタント、アドバイザー、エージェント、ロビイスト、代理人、マネジメント・サービス・プロバイダーなどだ。有力政治家の友人や親戚、金銭的パートナーら〝取り巻き連中の資本家〟が、インフラ整備などの事業で一番儲かる契約案件を持っていく。国民所得のかなりの部分が、この〝腐敗セクター〟へと回されるのだ。政府の契約案件や事業一つひとつのコストは、キックバックなど無駄なお金のために膨れ上がる。その結果、市民が得るのは、質の悪いインフラや使えないライフライン、健康を害する、あるいは生命を脅かしさえする政府サービスだ。

法の支配が弱ければ弱いほど、汚職の規模は大きくなる。その逆もまたしかりだ。独裁制の最大の危険は、一番のボスを中心として汚職が無限に起きることにある。政府のトップが腐敗していると、病は止めどなく蔓延して社会の根底をむしばむ。基本的な制度は、司法や警察から軍隊や金融システムまで、すべて機能不全に陥る。権力者が不当な報酬をそのままずっと得られるように、これらの制度が抑圧の道具と化すこともしばしばだ。

政府の腐敗と取り巻き資本主義を抑えるのは、簡単ではない。歴史が示すのは、金銭と権力が結びつくと人間の行動は堕落する傾向にあるということだ。商取引における汚職を禁止する国内法や国際法・条約は、目的を達成していない。国の立法府で定められた法的・倫理的基準に違反し続ける企業があまりにも多すぎるのだ。不法な活動によって得た現金をマネーロンダリングしたり、海外口座に隠したりといった不正がはびこっている。

アメリカや西洋諸国でことあるごとにスキャンダルが報じられることからも、この問題を抱えていないシステムは存在しないことがわかる。しかし、たとえスキャンダルがあっても、全体的にはほかよりもよい実績を上げている社会はある。私的流用や利益相反、身内びいきについてのルールがはっきりと法律化され、厳しく公正に取り締まられていることが重要だ。

政府が誠実である状態が例外ではなく普通である社会を作るには、国全体の取り組みと、きちんと管理された制度が必要だ。数多くの要素がその役割を担う。政府内に自律した権力の中心がいくつかあることが大切だ。たとえば、法を犯した役人の責任を問う、独立した司法などだ。独立系の新聞や、市民による監視団体、超党派のコミュニティ組織、定評のある研究機関や大学など、政府の外部にある強力な市民社会組織が、腐敗を暴き是正措置を求めるのに有益な役割を果たすこともできる。そして政府のリーダーたちが、無私の心や国への奉仕を自ら手本として示し、それによって、公務員が働くのは自分たちや友人の懐を肥やすためではなく、すべての人々のためなのだという考えを醸成しなければならない。

トランスペアレンシー・インターナショナル（ＴＩ）のような地球規模の汚職監視団体がすばらし

い仕事をして、国ごとの汚職へと人々の注意を向けさせている。私が特に気に入っているのが、ＴＩの「世界腐敗認識指数」[1]だ。さらにもうひとつ指標を加えて、これを補完してもらえたらと思う。「選挙認識指数」だ。このふたつの指標をつき合わせれば、両者の関係が見えて、人々は必要なときにいつでも政治行動を取るよう準備できる。片方がよくなれば、もう片方もよくなるとわかる。ＴＩがこの提案を検討してくれるよう願っている。

政府の日々の職務における汚職を封じる、そのためのたゆまぬ努力が必要だ。このことを世界は訴え続けねばならない。そうしなければ、グッド・ガバナンスを土台とした社会を築くことができないという、莫大な代償を払い続けることになる。

政府は問題ではない

「問題は政府だ」、あるいは解決策は「より小さな政府」や「まったく政府がない状態」だ、そんな印象を私が与えてしまっていなければよいと思う。政府とは人々のことで、人々が政府である。政府がなければ、われわれは共同体や国として存在できない。政府の仕事は、人々のビジョンを可能なかぎり最善の方法で現実に移し替えることだ。それと同時に、政府は人々のリーダーでもある。役割は、経済と社会を正しい方向に向かわせること。政府はわれわれの生活にとってあまりにも重要なので、われわれはそこから目をそむけることはできない。政府にはよくあってもらいたいし、理想的であってもらいたいし、完璧であってもらいたい。完璧に近づけば近づくほど、政府のアプローチは目に見えなくなる。

もちろん政府は個人個人の起業家の代わりにはならない。しかし歴史にはっきりと示されているのは、政府がきちんと運営されていれば、社会が起業家の創造性を解き放つのに重要な役割を果たすということだ。貧困削減や平均生活水準の向上、健全な環境の保護、一般市民の自己開発、これらを最もうまく成し遂げた社会は、強力で安定し、誠実かつ効率的な政府を備えていた。

西ヨーロッパや北アメリカ、東アジアの一部の国が、このパターンの実例だ。完璧とは言えず、また政府と人々との間に大きな見解の違いはあるにせよ、政府はおおむね人々から信頼されている。人々は通常、見解の違いを解消する道がはっきりあると確信している。これらの国の政府は誠実であろうとし、公平に行動しようとする。ただ、それがときに揺らぐことはなかっただろうか。もちろんあった。失敗を犯して経済成長を阻んだり、貧困が続くのを許したり、度を超えた格差の拡大を大目に見たりはしてこなかったか。これもしてきた。しかし、これらの国々の伝統的な特徴の中には、法の支配を全体としては尊重したり、経済の自由をおおむね支持したり、社会のあらゆる階層にいるすべての市民のニーズに対応する傾向があったりと、経済的成功の重要な要因となったものがある。

それとは対照的に、これらの価値があまり広く尊重・実践されていない南半球の発展途上国《グローバル・サウス》では、経済発展へと向かう動きは低迷した。この違いは誰の目にも明らかで、グッド・ガバナンスがいかに大切かがわかる。個々の取り組みの代わりとしてではなく、必要不可欠な土台としてグッド・ガバナンスは重要なのだ。

グッド・ガバナンスのその他の重要要素

われわれの世界が必要とする、新しくよりよい経済の未来を創るために必要不可欠だと私が考えるグッド・ガバナンスのその他の具体的要素には、たとえば次のようなものがある。

経済成長を支えるインフラに投資する。ビジネスを立ち上げて成功させるのに不可欠なリソースの中には、個人の起業家の力では整えられないものがある。これは従来の利益最大化を目指すビジネスでも、ソーシャル・ビジネスでも同じだ。何千、あるいは何百万もの人々の利益になる製品やサービスを思いついたなら、それはすばらしいことだ。しかし、周囲の社会と経済のインフラが不十分だと、このアイデアを事業として成功させるのは難しい。村や港、街を結ぶ道路が悪かったり、川を渡る橋や山を抜けるトンネルが壊れかかっていたり、そもそも存在しなかったり、まともな空港や港がなくてモノや人を都市から都市に移動させるのが困難だったりすれば、ビジネスを立ち上げて成功させ、それを大きく育てるのに必要な時間とお金と労力は極端に大きくなる。

インフラを整備して維持するのに、政府はきわめて重要な役割を果たす。不可欠なインフラの中には、短期的には十分な収入を生まず、経済的に自立させられないものもある。そういった場合には、税金や公共料金に支えられた政府機関がその仕事に取り組む必要がある。事業がうまく設計され運営されていれば、長期的には経済に活気と成長をもたらし、税収を含めて必要以上の収入を生み、費用をまかなえる。テネシー川流域開発公社や州間高速道路網のようなアメリカのインフラ事業も、このような経緯をたどった。これらは南部の農村の貧しいコミュニティに電力をもたらした事業と、アメリカ全土を効率的な高速道路のネットワークで結んだ事業で、いずれも一九六〇年代と七〇年代の高度経済成長を促進した。

現在、政府と民間のパートナーシップによるインフラ整備への取り組みがますます盛んになっている。民間の企業や共同事業体が政府と協力して、高速道路やトンネル、地下鉄、発電所、空港などを作るのだ。細かい点は事業によって異なるが、一般的に民間セクターが一定の条件のもとで全額の投資を行なう。投資によって生まれるすべてのものの運営と収入を独占する権利を一定期間、通常二五年以上の長期にわたって確保するという条件だ。

不幸なことに、インフラ事業には、コミュニティの利益のためでなく、政治家とその取り巻きを豊かにするために悪用される危険がつねについて回る。政治的に魅力があり、政策決定者への大きなキックバックの可能性がある大規模インフラ事業は、政府関係者にとって安全で便利な汚職への道となる。貪欲で腐敗したビジネス関係者は、この種の秘密取り引きを巧妙にし、非常に発覚しにくくしているので、これに荷担する政治家は世間の目を気にする必要はなく絶対に安全だと感じられるのだ。

ここで、グッド・ガバナンスの重要要素が役割を果たすことになる。これまでインフラを欠いていた発展途上国は、世界経済に参入するために現代的な施設を整える必要がある。汚職が生む無駄と不正を最小限に抑えるために、グッド・ガバナンスに不可欠なリソースを導入するよう、市民は強く主張しなければならない。これを実行するのに、市民グループや監視団体、非営利組織による入念なチェックに代わるものはない。

テクノロジーを活用して、政府の効率性と透明性を高める。民間セクターにおけるロボット工学や機械学習、人工知能といった新しいテクノロジーの可能性にわれわれはわくわくし、同時に不安を覚えている。わくわくするのは、それらが効率性を高めるからであり、不安なのは、失業や経済の混乱を招くかもしれないからだ。

これらのテクノロジーが民間セクターに与える影響については、さまざまな議論があるだろう。しかし、政府サービスやグローバル金融といった領域において、とりわけ汚職によって一般市民が苦しい生活を強いられている国や地域では、これらを活用することを強く勧めたい。ロボット工学や人工知能、重要データに人々がアクセスできるプラットフォーム・ネットワーク、よくデザインされたソフトウェア・アルゴリズムを官僚や役人の代わりに使うよう奨励すれば、より効率的で利用者に優しく、汚職のない政府が実現する。人々がスマートフォン・アプリやウェブページを使って、政府のデータベースから情報をダウンロードしたり、許可や免許を得るための書類を送信したり、政府サービスが機能していないときに苦情を申し立てたり、コミュニティの問題に対する支援を求めたりできれば、汚職の問題はすぐさま減らすことができるだろう。政府への扉を開くのに賄賂を要求する当局の門番の力は大幅に弱まり、人々が必要とし、当然受ける権利のある政府サービスをより簡単に、気持ちよく受けられるようになる。

グッド・ガバナンスを実現するためには、たまたま政府の指導者がみな倫理的だという、めったにない状況が起きる偶然に任せていてはいけない。テクノロジーを使えば、自分のことしか考えない役人が自分自身の利益のために政府を歪めるチャンスを減らすことができる。

公共事業にソーシャル・ビジネスを組み込む。インフラ事業など政府プログラムの中には、ソーシャル・ビジネスとしてデザインできるものもある。たとえば、私の著書『貧困のない世界を創る』では、メガポートのような大規模インフラ事業に、地域の貧困者が所有するソーシャル・ビジネス企業を通じて取り組めることを説明した(2)。大小問わずあらゆる仕入れや契約を行なう企業を選ぶ際にソーシャル・ビジネスを優先するよう人々が政府に要求すれば、利益の最大化を目指す貪欲な企業が公共の問題に首を突っ込んでくるのを抑えられる。

利益の最大化を目指す企業の経営者が、偽物の〝フロント〟ソーシャル・ビジネス企業を作って、政府の契約を取りにくる恐れもある。しかし仮にそんなことが起きても、それ以前より状況が悪くなるわけではない。独立した監視団体やメディアが厳しく見張ることで、この問題は軽減することができる。それに時間が経つにつれて、本物のソーシャル・ビジネスが偽物を駆逐するだろう。

ソーシャル・ビジネスは、政府がその中心的責務のひとつを果たすのに、持続可能な方法を提供する。経済階層の底辺にいる人々をケアし、自分で自分の面倒を見て尊厳を保って生きられるようチャンスを開く。ほとんどの場合、国が援助を提供するという持続可能ではないやり方で、政府はこの責務を果たそうとする。確かに政府の給付金が必要なこともあるが、これを貧困問題に対する恒久的な解決策だと考えてはいけない。恒久的な解決策とは、助けを必要とする人々の主導権と尊厳を奪わない方法だ。貧困を引き起こすのは貧困者ではなく、われわれが貧困者の周りに作ったシステムなのだから。政府が第一に取り組むべき仕事は、そのシステムを正し、富の集中が徐々に反転するプロセスを整えて、国民の富を全員が分かち合う社会を創ることだ。本書でずっと論じてきたように、ソーシャル・ビジネスはこれを実現するのに役立つ。

政府が金融機関やビジネス組織を運営するのは避けるべきだ。これらが政府の手元にあるとグッド・ガバナンスの実現が難しくなり、政治家はその他の役人と共謀して、これらの組織を利用し個人的・政治的な目的を追求する誘惑に駆られる。政府が運営する企業は、一刻も早く政府以外の者へ譲渡されるべきで、政府から切り離されたソーシャル・ビジネスを創ることが望ましい。資産を譲渡する際には、政府はこれが貪欲な者の手に渡らないように細心の注意を払う必要がある。多くの国で目にするように、個人の利益に動かされた私有企業に資産を譲渡すると、また別の汚職の蔓延へと至る道が開かれることになる。

開発プロジェクトの計画と実行に、貧困者自身を巻き込む。グッド・ガバナンスのチャンスを広げるために、決定的に重要となる要素がある。自分たちの生活にかかわる決定に影響力を持てるよう、一般の人々に強い発言権を与えることだ。たとえば、経済成長を後押しするためにインフラ開発をする場合、インフラ事業の計画形成に貧困者が参加する機会を与えるべきだ。

私たちは、グラミン銀行でこの種の意思決定の見本を示した。グラミン銀行の取締役会は、借り手であると同時に銀行の所有者でもある女性たちによって成り立っている。同輩から選ばれた取締役たちが、グラミン銀行の方針決定に完全に参加するのだ。

自らの生活に影響することを決める権限を貧困者に与えるのはばかげている、あるいは非現実的だと考える人もいるようだ。しかし、この種の参加型意思決定に反対する議論は、ほとんどが取るに足りないものだ。たしかに貧困者は、インフラ事業を設計するのに役立つ類の知識は持っていないかもしれない。しかし、自分たちの生活にかかわる方針を策定して意思決定をすることに関しては、一番の専門家だ。このような状況では、貧困者の智慧と経験が不可欠である。

これがいかに機能するか、私はグラミン銀行で目にしてきた。グラミン銀行の取締役は、経営陣を尊重し信頼している。方針を決めるにあたっては、経営陣からの助言を受け入れる。それと同時に、経営陣は取締役会の希望を実行に移す用意がある。私の経験からすれば、取締役たちが必要とする情報やスキルを彼女らが理解できる言葉で提供し、方針と事業を設計するにあたって完全なパートナーとなってもらうことが大切だ。財務状況の基本情報や、エンジニアリングやプランニングの根本原理、その他、計画のパラメーターなどをわかりやすく知らせるわけだ。これさえできれば、取締役たちが下す決定の質はおおむね非常に高くなる。

確かに、貧困者のチームをこのようにエンパワーするには、多少の時間とエネルギーが必要だ。しかし、利益はコストをはるかに上回る。政府プログラムには、受益者となるはずの人々から意見を聞かずに設計され、人々の真のニーズに応えられなかったものが、あまりにもたくさんありすぎる。本来の目的ではなく、政治的なつながりを持つ建設業者が私腹を肥やすのが主な目的となるわけだ。貧困者の手を借りて設計したインフラ事業の方が、貧困者の生活改善においてはるかによい仕事をすると、私は確信している。それに、コストは低くなり、効率は大幅によくなる。事業が膨れ上がるのはたいてい、貧困者が直面している問題について直接的な知識をほとんど持たない専門家が作るからだ。**経済発展に必要不可欠な要素として、質の高い教育と医療をすべての人に提供する**。経済成長を促し、貧困者が貧困から抜け出すのを容易にするインフラは、道路や橋、空港のようなものだけではない。個人個人の価値と創造力を高める事業、「人的インフラ」もそこには含まれる。政府が支援するインフラ事業によって経済の改善・改革を助ける、その必要性を論じる際には、すべての人に教育と医療を提供することの重要性についても論じなければならない。

ここでも、ほかのインフラ事業と同じで、ソーシャル・ビジネスが重要な役割を果たせる。本書では、グラミン・ファミリーの企業が立ち上げた教育や医療のプログラムをいくつか紹介してきた。市民セクターが政府に完全にとって代わるべきだと言いたいのではない。政府は基本的な教育と医療のサービスを提供する必要がある。市民の取り組みは、政府プログラムがないときや質が悪いときにその穴を埋めて、政府サービスのバックアップとして機能したり、政府サービスに問題提起したりすることができる。これにより、政府にサービスが提供できない言い訳を許さないことを示すのである。

それ以外にも、基本的な医療や教育の提供を、政府が市民セクターの組織に外注することがある。こうした場合、政府は必要なサポートを提供し、市民セクターの仕事がより効果的・効率的に運ぶようにすべきだ。たとえば、教育や医療に焦点を絞ったソーシャル・ビジネスに政府が出資することも考えられる。また、教育と医療のプロジェクトに特化したソーシャル・ビジネス・ファンドを別に作ることもできる。

政府はまた、独立した教育・医療機関が満たすべき質、包摂性、透明性の基準を確立する必要がある。利益追求型の民間企業が教育や医療のセクターで事業を行なう際には、提供するサービスの質を無視して利益を上げることばかりに集中しないよう、政府が注意しておかなければならない。

すべての人が、銀行などの金融サービスを利用できるようにする。政府は、このほかの社会インフラにも人々がアクセスできるようにする必要がある。金融サービスだ。男女問わず、平均水準以下の貧しい人々に不可欠なものだ。これは見逃されがちな社会インフラである。おそらく従来の考え方では、金融サービスが貧困者の生活に果たす役割がまったく理解されていないからだろう。信用貸し《クレジット》、貯金、保険、投資ファンド、年金基金といった金融サービスは、人々に経済的チャンスを与え、あらゆる次元で成長を確保する。それゆえ、そのようなサービスをすべての人が利用できるよう、政府が保証することがきわめて重要だ。

言うまでもなく、グラミン銀行の物語がこれをはっきりと示している。すべての人、とりわけ従来の利益最大化を目指す銀行のレーダーにひっかかることのなかった貧しい女性たちが、金融サービスを利用できるようになること、それがいかに大きなことかを証明したのだ。グラミン銀行は自立しており、自分たちのリソースで運営されている。ローン回収率は高く、銀行は貧しい女性の借り手によってほぼ所有されている。貯金を普及させ、保険や年金基金サービスを提供し、起業を助け、読み書きができない何百万もの農村女性に力と自由と尊厳を与えている。グラミン銀行は四〇年にわたって止まることなく成功を収めてきた。二〇〇六年にグラミン銀行がノーベル平和賞を受賞した所以もここにある。

これだけの成果が見られるにもかかわらず、貧困者が金融サービスを利用できるようにする責任を、世界中の政府や中央銀行がほとんど放棄しているのは不思議だ。また残念なことに、国際的な女性団体は、このようなサービスを保証することを女性のエンパワーメントに向けた行動計画に重要項目として盛り込んでいない。さらにショックなことがある。グラミン銀行は、バングラデシュ政府から攻撃を受けているのだ。グラミン銀行が準拠する法律が修正されて、グラミン銀行は政府運営の銀行となり、借り手からなる所有者から支配権が奪われてしまった。二〇一一年三月に私がＣＥＯの座を追われてから六年経った今でも、政府はグラミン銀行が自分たちのＣＥＯを任命することすら許していない。

グラミン銀行に起きていることは、世界にとって大きな後退の一歩を象徴している。バングラデシュで政府運営の銀行がたどってきた歴史を考えると、グラミン銀行は今、危機へと向かっているといえる。ノーベル賞まで受賞した画期的な機関であり、貧困者に向けた銀行の概念と実践を生み出し、銀行が新たな方向性を模索するよう世界全体に刺激を与えた銀行が、準拠法が劇的に変わったせいで急速に後退を強いられている。それを目の当たりにして、胸が張り裂ける思いだ。グラミン銀行を救う唯一の道は、起きてしまった変化を元に戻すことだ。手遅れになる前に、良識が勝利を収めることを願っている。

環境保護のための公正なルールを作り、それを守らせる。環境保護もまた、グッド・ガバナンスが重要な役割を果たす領域だ。自由で公正な市場だけでは、企業や、政府機関自体を含むその他の組織が空気や水を汚染したり、天然資源を浪費したり、すでに破滅的な問題となっている地球規模の気候変動をさらに悪化させたりするのを防ぐことはできない。

「共有財《コモンズ》の悲劇」と呼ばれる有名なジレンマが、この理由を説明してくれる。環境保護は、個人の関心と集団の関心が大きく乖離する問題だ。ひとりの人間、あるいは営利目的の企業などの単一の組織は、環境を破壊することで利益を得られる可能性がある。たとえば、二酸化炭素の排出ルールに従わずに手を抜いたり、絶滅寸前の魚を大量に捕獲したり、プラスチックを使って包装したりストローやペットボトルなどの製品を作ったりといった具合だ。しかし、みんなが同じように利己的に行動すれば、いずれ共有財は破壊され、最終的にすべての人に害が及ぶこととなる。

　このようなケースでは、個々のプレイヤーよりも力を持つ外部の勢力が介入し、コミュニティ全体の利益を代弁しなくてはならない。通常、この役割を果たすのは政府だ。未来の世代のために、世界中の政府が責任を持って公正で科学的に信頼できる規制を策定・実施し、人類の命を支える大気や水、土壌、天然資源を守る必要がある。

人間の自由を促進する市民団体に力を持たせる。今の資本主義システムは、新しいセクター抜きでは有害だと私は論じてきた。必要なのはわれわれが周囲に山積みにしている問題の解決に力を注ぐソーシャル・ビジネス・セクターだ。このセクターを動かすのは、おおむね見過ごされている人間行動の一要因、すなわち無私の心である。うれしくかつ誇らしく感じるという、ただそれだけの理由で、人類の問題を解決しようとする気持ちだ。

　同じような論理から、こう主張したい。もしわれわれが、政府、個人の利益を追求する企業、市民という三者だけの観点からものを考えるとするならば、われわれの社会観は大多数の人にとって不完全で偏った、不利なものになるということだ。この三者はすべて、国を構成する合意された原理のとおりに動くものである。この体制には、重要な力が欠けている。システム全体をバランスよく動かすのに不可欠な力、すなわちソーシャル・ビジネスだ。これは、利益に動かされたビジネス・セクターが生んだ問題を解決することをもっぱらの目的として、主に市民が作るビジネスである。市民は、ソーシャル・ビジネスを個人的に作ることもできるし、ほかのソーシャル・ビジネスや利益追求型企業、政府、非営利組織と共同で作ることもできる。政府や利益追求型企業もソーシャル・ビジネスを作れる。

　市民団体はまた、このほかの社会の重要要素を補完するのにも大きな役割を果たす。市民団体には、さまざまな形態のものがある。たとえばアメリカには、政治系シンクタンクや圧力団体、市民組織があり、環境や公民権、教育、医療などに力を注ぐＮＧＯ、職業団体や労働組合、財団や慈善団体、そのほかにもいろいろなものがある。

これらの市民団体は、政府や社会を市民のニーズと要望に対応させるのに、とてつもなく大きな役割を果たす。たとえば重要な法律上・立法上の変化を求めて声を上げる。重大な情報を拡散させる。社会の中で特定の集団の利益が脅かされたとき、それを守る。市民団体が存在しなければ無視されていたかもしれないさまざまな見解を代表する。政府の役人やビジネス・リーダーなどの権力者の悪行を白日の下にさらす。自由で強力で活発な市民団体の広大なネットワークがあれば、グッド・ガバナンスと人権の確保に大いに貢献する。

残念ながら、多くの国の市民社会は、それほど自由でも強力でも活発でもない。政府が権力を使って市民団体に嫌がらせをしたり、抑圧したり、物理的に脅威を与えたりすることもある。情報機関を使って、市民社会の中心的人物や組織が活動できないようにすることもある。でっち上げの疑惑で裁判を起こし、政府に異議申し立てする市民団体を活動停止に追い込もうとしたり、政治団体がメンバーを動員して、自分たちの見解と異なる立場を取る市民社会のリーダーを脅迫したり攻撃したりすることもある。やがてこれらの攻撃におびえた一般市民は、ほかにどうしようもなく、ただ沈黙して傍観者となったり、攻撃する側に同調したりするようになる。

人権が尊重され、守られる社会を望むのなら、市民団体の重要性を認識して、彼らを攻撃から守らねばならない。さらに、政府が市民社会を脅かすのをやめるよう求めるだけでなく、政府がルールと政策を制定して市民社会を強化し育むよう強く要求すべきだ。

必要不可欠なインフラ事業を支援しながら、腐敗と浪費を最小限に抑え、事業計画を作る際には貧困者も参加させる。貧困者を含めてすべての人の教育、医療、金融サービスの基本ニーズが満たされるようにする。独立した司法制度と法の支配、報道の自由、未来の世代のための環境保護。これらすべての重大な役割を果たす政府が、本当の意味でうまく運営されている政府だといえる。世界の市民がこのようなグッド・ガバナンスを地球上の各国で要求すれば、すべての人に恩恵をもたらす新しい経済システムを可能とする世界の創出へ向けて、大きな一歩を踏み出すことになる。

人権を尊重する——経済の自由とその他すべての自由はつながっている

グッド・ガバナンスの必要性と人権の擁護とは、密接に結びついている。長い歴史を見ればわかるように、片方を抜きにしてもう片方を得ることはできない。また同様に歴史は、富と特権が幸運な少数の手に集まるのではなく、社会のすべての人たちが恩恵をこうむる持続可能な経済成長はグッド・ガバナンスと人権の両方があってはじめて可能になることを示している。自由と貧困削減は歩みをともにするのである。人類の文明は、最終的に両方を達成するだろう。さもないとどちらも得られない。

歴史の力が、人間の近視眼的なものの見方と恐怖心、貪欲と組み合わさった結果、ほとんどの社会には明確な法や政策を通じて、あるいは目に見えにくい差別や偏見を通じて、周縁へ追いやられた人々の集団が存在する。疎外された人種集団、特定の宗教の信者、特定の政党の支持者、それに何にもまして貧困者。ほぼすべての社会で、何百万もの人が生まれつきの才能とエネルギーを開花させるチャンスを得られずにいる。

長い歴史の中では、進歩も見られた。南アフリカでは、アパルトヘイトが廃止された。アメリカ南部では、ジム・クロウ法による人種差別の悪弊はおおむね取り除かれた。インドのカースト制と結びついた慣習のなかでも、最もひどいものは抑えられた。とはいえ、世界の自由へのコミットメントには、残念ながら浮き沈みがある。二〇一七年には、すべての人を解放し力づける動きに逆行する不安な兆候が見られた。人種的・民族的マイノリティや移民、難民を悪者扱いする右翼のナショナリスト集団が多くの国で人気を高めている。女性やさまざまな性的志向を持つ人に平等な権利を与えようとする動きは、自分たちの見解は宗教的に認められていると主張する人たちから抵抗を受けている。

経済の自由と成長は、人権の尊重およびすべての人への尊敬と不可分に結びついている。人間の創造性を解放し、不平等を減らして、よりよい世界を実現するという夢を一人ひとりの人間が追い求められる、そんな経済システムを望むのなら、権利を制限しようとする者に抗って、すべての人の権利を守らなければならない。

働く人が仕事を辞めたいと考えているとき、あるいは定年に達して辞めなければならなくなったとき、人生の第二フェーズ、すなわち自由のフェーズを始められる力とチャンスが与えられるべきだ。社会はこれを可能とするためにソーシャル・ビジネス・ベンチャー・ファンドを提供して、その人たちが独立した起業家となり、創造力を発揮できるようにすべきである。

私は、若者を思い込みから解放することがいかに重要かをずっと強調してきた。自分たちの人生と幸福は、企業や、起業家という少数の特定の個人の欲望や思惑によって決まるという思い込みだ。これによると、そういった特別な人間が「雇用創出者」であり、創造性と才能を発揮して自分たちの力だけで成長と繁栄をもたらすことになる。

起業家という特別な人間の集団があるわけではない。そう私は信じている。すべての人間は起業家になる可能性を持っているのだから、すべての若者がこの道を追い求められるように条件を整えるべきだ。われわれは誰もが起業家になれる。起業家になることで世界を、そして経済をこれまでになく豊かにできる。

とはいえ、会社が成功して成長すると従業員が必要になる。これはソーシャル・ビジネスでも従来の利益最大化を目指す企業でも同じだ。われわれの経済システムが公正かつ自由、平等であろうとするならば、またすべての人が潜在的に持つ、世界をよりよい場所にするのに役立つ力を解放しようとするならば、従業員の権利は尊重され保護されなければならない。少なくとも、すべての従業員が自分が働くビジネスのパートナーでもある日が訪れるまでは。だから、従業員にとどまることを選ぶ労働者には、団結する自由を保証しよう。言論と集会の自由と報道へのアクセスの自由も保証しよう。投票の自由も保証して、公正な賃金、安全な労働条件、昇進の機会、自分の運命を自分で決められる権限といった基本的権利を要求できるようにしよう。

政府による専制がよくないことは、みんなわかっている。政府が反対者を虐げて市民の権利を侵害すると、恐怖心が広がって創造性は窒息し、猜疑心が育ち憎悪に火がつく。抑圧のもとで作られた社会が、長期的に成功することはない。

しかし、狭量できわめて強力な経済システムによる専制の問題も、それと同じくらい悪影響を及ぼす。上司の気を悪くさせたくないから、場合によっては生活を支える仕事すら失いかねないからと、考えていることを口にするのを人々が恐れる、そんな状況では創造性は萎んでしまう。

営利企業のメディアに依存する作家や芸術家は萎縮する。企業は政治献金の力にまかせて自分たちのほしいままに政府の政策とルールを曲げる。法と規制は、ビジネス・リーダーの望みに合わせて変えられてしまう。富に伴う権力は、必然的に少数の手にどんどん集中する。

ビジネス・リーダーは、自社の方針を決める際に、社会への責任を認識し、世論の重要性を尊重する必要がある。ビジネス・リーダーの中には、個人の利益という狭い視野から脱却して、ビジネスのコンセプトを再構築する必要性を感じる人が増えている。利益だけでなく、人、地球、利益の三つを平等に目的に据えた、より広いビジネスのコンセプトを受け入れつつある人もいる。この考え方があまねく行き渡るまで、ビジネスと人と地球の間には緊張が続くだろう。環境を破壊したり、弱者のコミュニティに害をおよぼしたり、労働者を搾取したりする企業の行ないに対しては、市民団体が引き続き抗議の声を上げる必要がある。

ビジネス・リーダーはすすんで、あるいは対立しながらも、これらの圧力に応えなければならない。そうしなければ、利己的な行動が人々の間に憤慨や憎悪を生み出し、政府が対策を取ったり、怒った市民が蜂起したりして、長期にわたって大きな代償を払うこととなる。

＊＊＊

本書で論じてきた転換後の経済システムを実現するには、さまざまな次元で大幅な変化が必要となる。学校や大学からビジネス・インフラまで、金融システムから企業に適用される法律まで、さまざまなものを変えなくてはならない。本書で説明した事例からもわかるように、起こるべき変化のうちいくつかはすでに始まっている。しかし転換が完全になされるのは、世界の人々が変化を求め、それを支援するようリーダーに要求するときだ。たとえば、本章で説明したようなグッド・ガバナンスの実践や人権保護に力を注ぐ支援を求めるのである。

そんな問題は経済とは何の関係もないと言う人がいれば、無視していい。これらは経済と大いに関係がある。というのも、生まれ持った創造性を、あらゆる形で表現する人間の自由と不可分に結びついているからだ。三つのゼロの世界を創り出そうと、すでに多くの人々が活動している。すべての人間がすべての人の幸福に貢献する能力を持つとき、三つのゼロの世界の実現に向けた巨大な一歩が踏み出されることとなる。

第四部　未来への足がかり

第10章　われわれが必要とする、法律と金融のインフラ

本書を通じて私は、きわめて切実に必要とされている新しい経済システムを創るにあたって、個人が果たす役割を強調してきた。起業家や主婦、若者、ビジネス・リーダー、コミュニティ活動家、学者、教師らの役割だ。われわれ一人ひとりが社会を作り直す力を持っていると私は確信している。最初の、一番大切でおそらく最も難しいステップは、考え方を転換させ、われわれの行動のあり方を制限する狭い思考の枠組みから抜け出すことだ。

一方で、資本主義システムは何もないところで動いているわけではない。法律と制度の枠組みが、自由市場を可能にしているのだ。たとえば、法律制度が契約の効力を支え、詐欺や搾取から人々を保護し、すべての人がしかるべき労働条件、公正な賃金、昇進のチャンスを得られるよう権利を守る。また、政府が国の富の一部を割いてインフラを整備し、若者を教育し、環境を保護し、人々の健康を確保して、内外の敵から国を守る。さらに、金融システムが、信頼できる交換の媒介物として信用ある通貨を提供し、銀行、保険、投資などの基本サービスをすべての人が利用できるようにして、ビジネスの立ち上げと成長を助ける信用貸しの供給源を確立する。

これらすべてが、世界のさまざまな層における成功を手助けするために重要だ。しかし、資本主義

システムに大きな欠陥があることは、指摘せずにはおけない。理由はただひとつ。人間解釈がふたつの点で間違っているのだ。第一に、人間は利己心によってのみ動くと想定していること。第二に、人間は主に仕事を探す者だと見なしていることだ。人間がより広く、現実に近い形で解釈されるようになれば、私が本書で詳しく述べてきた転換後の経済システムが実現する。

現在のシステムは、テクノロジーを大きく進歩させ、巨大な富をもたらして、不平等を残しながらも世界中の人々の生活水準を着実に向上させた。それをただ捨ててしまえと言いたいのではない。そうではなく、選択肢がなく、すべてをひとつの型にはめてしまう現在のビジネスの枠組みを離れ、二種類のビジネスから人々が選べる世界にする。そうすることでシステムの幅を広げて、市場の力を社会の中で最大限活用できるようにしたいのだ。もちろん、ここでいう二種類のビジネスとは、従来の利益の最大化を目指すビジネスと、人類すべてのために創出された恩恵の最大化を目指すソーシャル・ビジネスのことだ。また、すべての人が起業家になる潜在能力を持つことを認めて、キャリアのチャンスを広げたい。誰かが仕事を提供してくれるのに頼るのではなく、誰でも自分で仕事のチャンスを創ることができるのだ。

このようにさらに広い選択肢から選んだり、選択肢を好きなように組み合わせたりする自由を人は与えられるべきだ。片方を選ぶこともできれば、もう片方を選ぶこともでき、あるいは両方を選ぶこともできる。私が提案しているシステムは、誰にも押しつけられることはない。人々が新しい選択肢を選ばなければ、世界は今のシステムのまま続くだろう。しかし、多くの人が新しい選択肢を選ぶようになればなるほど、今とは異なる世界を創るチャンスがとてつもなく大きくなる。こんな世界を創ることができたらとみんなが夢に見てきた世界を、実際に創るチャンスがやってくるのだ。

ソーシャル・ビジネスを導入し、人はあまねく起業家だという考え方を導入すると、それは経済学の理論的枠組みの中でどのような意味を持つのか。われわれの経済システムをただちに全面的に変えなければならなくなるはずだ。本章では、今日の大きな社会的課題に対応するのに必要な喫緊の改革のために、法と金融の枠組みを変化、拡張、拡大する方法をいくつか示したい。これから説明するように、必要な変化の一部は、すでに始まっている。しかし、それを支援し加速させるために、しなければならないことがたくさんある。

既存の法律・金融システムの問題点

世界の豊かな国で発達した法律と金融のシステムを改革する必要性を真剣に議論するのに、今ほどふさわしいときはない。[1]わずか数年前、二〇〇八年から二〇〇九年にかけて世界は深刻な経済危機を経験し、何億もの人々が信じられないほどの苦難に見舞われた。この危機の原因は、歴史上最も進んで洗練されていると多くの人が考える国、アメリカの法律と金融のシステムの問題にあった。

危機の間、厳しい規制のもとにあるアメリカの銀行の多くが、膨大な損失を出した。完全な財政破綻を避けるため、政府資金を大量に注入する必要のあるケースもあった。「大きすぎてつぶせない」と見なされた金融機関を保護するという公的責任が新たに定義され、それを果たすために巨額の公金が使われた。この問題には多くの原因がある。銀行の一部が不正な融資をしていたのもそのひとつだ。しかし、ほとんどの専門家が合意しているのが、主な原因は不動産担保証券やその他、ウォール街のいわゆる〝ロケット科学者〟が考え出した複雑な金融商品の価格設定と取引システムの欠陥にあるということだ。これらの商品は互いに複雑に結びついていて、原物市場の弱さが明るみに出ると銀行家と投資家の間でパニックが広がった。自分たちが何を所有していて、その実際の価値がどれだけなのか、よくわからなかったからだ。市場崩壊の結果、何も間違ったことをしていない何百万もの市井の人々が、世界中で大変な苦しみを味わった。多くの人が家や仕事を失い、長年、一生懸命働いて貯めたささやかな貯金も失った。

皮肉だと思う人もいるかもしれないが、入り組んだ法的保証・保護の網の目に支えられたウォール街の複雑な金融構造が崩壊する一方で、バングラデシュのグラミン銀行のような、信頼ベースのマイクロファイナンス銀行は好調を続け、世界のほかの場所で金融不安が生じても影響を受けなかった。金融危機の中心地ニューヨーク市で、金融危機と同じ年に出発したアメリカ拠点のマイクロファイナンス、グラミン・アメリカも同様だ。どうやら、バングラデシュの農村やニューヨークの都市部に暮らす女性の誠実さと勤勉さのほうが、金融会社が賢く作り上げたものよりも、持続的な経済価値の土台として信頼できるようだ。

同じような状況が、一九九七年にも見られた。投機的貸し付けのバブルが弾けたとき、アジア諸国の多くでマクロ経済が急速に減退したが、マイクロファイナンス機関はこれらの国で勢いを保ったままだった。経済危機の間には、〝主流の〟金融機関がぐらつく中、マイクロファイナンス機関が安定のオアシスとなるようだ。

すでに説明したように、グラミン銀行はシンプルな信頼ベースの金融手続きによってお金を貸し付ける。法的書類は使わない。私たちが設計したシステムは、担保も求めない。あえてそうしたのは、貧困者と最貧困者に利用してもらいたかったからだ。私たちは、必然的に担保不要のシステムを作るしかなく、そこでローン返済を確保するのは、信頼や継続的に信用貸しを利用したいという前向きな気持ち、その他の支えである。グラミン銀行は、ローンを回収するために法律家や裁判所を使ったことは一度もない。

加えて、グラミンのビジネスのやり方はシンプルでわかりやすく、透明性が確保されている。ローンと貯金の利率は、グラミンのウェブサイトで誰でもはっきりと見られる（www.grameen.com）。すべてのローンは、消費のためではなく、収入を生む活動や住宅、教育のために提供される。ほとんどのビジネス・ローンの基本利率は定率二〇パーセントで、複利はない。これは政府が定めるマイクロファイナンス金利二七パーセントを下回る率だ。グラミンはまた、およそ一〇万人の物乞いたちにもローンを提供してきた。「苦戦するメンバー」とグラミンが呼ぶ人たちだ。これらのローンは無利息で、返済期限もない。目標は、メンバーが物乞いをやめ、定期的にお金を貯めたり借りたりするよう促すことだ。このお金を借りた人には、物乞いから完全に足を洗って、戸別訪問のセールスなど収入を得られる活動を始める人がどんどん増えている。

グラミン銀行の所有権と経営構造も、同じく説明責任を果たし、開かれたものとなるよう設計されている。グラミン銀行の七五パーセントは借り手（メンバーとも呼ばれる）が所有する。一二人いる取締役のうち九人が女性の借り手で、仲間から選ばれた人たちだ。

その結果はおのずから明らかだろう。グラミン銀行は、つねに九八パーセントを超える返済率を誇る。経済が厳しい状態にある時期でも変わらない。グラミン銀行は利益を確保して自立している。お金を貸し、ローン返済を受け、メンバーの貯金を受け付けるというシンプルな仕組みを通じて、潰れずに独立を保てるだけのお金を生み出しているのだ。それに、マイクロクレジットは主流の銀行システムとは異なり、社会全体に影響を与えたり国や世界の経済の安定を脅かしたりする金融不安を引き起こすことはもちろんない。

これらのことから、複雑な法律契約が、主流の金融産業にかかわる多くの人々と機関にどれほど役に立っているのかという疑問が生じてくる。統計によると、アメリカでは近年、住宅差し押さえの五〇パーセントは、借り手と貸し手が直接やりとりすることなく実行されるという。それとは対照的に、グラミン銀行の行員と借り手は、バングラデシュ全国八万の村で開かれるセンター・ミーティングで毎週欠かさず直接顔を合わせている。

一般の人がとうてい理解できない複雑な契約は、銀行と、銀行がサービスを提供するはずの人々との間に健全な関係を築くにあたって、確固たる土台とはならない。契約があまりにも複雑になりすぎて銀行員自身ですら完全に理解していないような状態で、どうしてそれが役に立つというのか。

契約は、借り手など銀行の顧客の権利を保護できていない。その解決策の一還として、アメリカのような国では政府の規制により、すべての金融契約で重要な条件と要求事項をはっきりとわかる言葉で開示するよう義務づけるルールが善意で作られた。しかし、あまりにも長く複雑で、誰も完全にその意味を理解しているとは思えない大量の書類の山に埋もれていたら、そのように開示させたところではたして効果があるのか、考える必要がある。

先進国の法律・金融システムを完全に単純にして、グラミン銀行のようにただ信頼だけに基づいた仕組みにすべきだと言いたいのではない。無私の心と、分かち合いの心と、社会的利益の追求に基づいて、法的な拘束力によってではなく、おおむねお互いへの信頼で結びついた、まったく新しい経済のセクターを創るにあたっては、法律や金融の課題はそれほど複雑でもやっかいでもないと言いたいのだ。個人を金持ちにすることではなく、恵まれない人にとって世界をよりよい場所にすること、それを使命とする組織を作っていけば、たいていの人は同じく自己犠牲の精神ですすんで手を差し伸べてくれる。市場への参加者たちが、互いに相手を出し抜こうと競争する必要はもうなくなる。利益最大化を目指すビジネスの世界では、搾取を防ぐために入念な保護策が求められるが、それもさほど重要ではなくなる。

ソーシャル・ビジネスの領域と、従来の利益最大化を目指すビジネスの領域がはっきりと区別されていれば、どちらの領域も発展できる。多くの人が無私のビジネスという考え方を知り、ソーシャル・ビジネスの創出に参加して、その恩恵を受けるようになるにつれ、仲間同士で助け合う経済についての理解が広がってゆくだろう。そうなれば、人々の関係をコントロールする手の込んだ契約を必要とせずに、人々が相互信頼の精神のもと、ともに仕事をすることが容易になるはずだ。

法律の専門家に何ができるか

信頼をベースにしたグラミン銀行のモデルに大きな価値があるのは、貧困者、とりわけ貧困女性が自らすすんで効率的に助け合い、尊敬と自尊心、コミュニティを育む手助けをし、人間と家族と社会の資本を築くからだ。これと同じ単純明快なアプローチをすべての経済関係に適用することは、おそらくできないだろう。少なくとも、現在はまだ無理だ。しかし、法曹界の人間は、今すぐ一歩を踏み出して、信頼ベースのモデルを社会のほかのセクターへ広める手助けをすることができる。そうすることで、われわれが創り始めた新しい経済システムを支えるのに最終的に必要となる改良版の法制度へ向けた道が整えられる。

このビジョンを共有する法律家が集中すべきなのは、次のような領域だ。

マイクロファイナンス・プログラムに適用される法律をシンプルにする。私は何年も前からずっと、豊かな人のための銀行に焦点を絞った現在の法律とは異なる法律、つまり貧困者のための銀行を立ち上げることを可能にする新たな銀行法が必要だと主張してきた。既存の法律をつぎはぎして、銀行を利用できない人に無担保融資を可能とするのは、成功の可能性が非常に低い。特に銀行がまったく利用できない人、あまり利用できない人に向けた銀行のニーズがあまりにも大きいときには、うまく機能させるのは難しい。

私はこれを伝えようと、金融サービスは個人の経済生活の酸素であると指摘してきた。この酸素は、最上位にいる人に極端にたくさん送られている。それどころか、豊かな人は今ある酸素をすべて吸いつくすある種の経済の火を持っている。このように、世界の極端な富の集中には金融システムが寄与しているのだ。

金融サービスのデザインや提供に前進が見られるとはいえ、経済の酸素は世界の半分以上の人には届いていない。その結果、何億もの人々が極端に不安定な経済生活を送り、つねに生きるための格闘を強いられている。その人たちに酸素を提供すれば、どれだけ元気になり、経済的に健康になるかわかるだろう。

このように、マイクロクレジットは、ただ単に貧しい女性にわずかばかりのローンを提供するだけではない。金融システム全体への挑戦なのだ。グラミン銀行は、従来の銀行が不可能だと主張してきたことをすべてやっている。同じ道を行けば、同じ目的地にたどり着く。これは自明の理だ。新しい目的地へたどり着きたければ、新しい道を見つけなければならない。新しい道がないのなら、自分で切りひらく必要がある。道は手段であり、目的ではない。既存の金融システムでは、道そのものが目的になり、目的地は忘れ去られてしまっている。

世界のどこにおいても、マイクロファイナンス・プログラムがすべての人から預貯金を受け付けられるようにし、またそのお金を貧困者へ貸し出せるようにするためには、もっとシンプルな法律が必要だ。これを可能にするには、マイクロクレジット機関を運営するNGOに限定的な銀行免許を与えればよい。この常識的なやり方が認められていない国が多すぎる。マイクロファイナンス機関が預金を集めて拡大するのを許すことが、正しい規制のあり方だ。これこそ、マイクロファイナンスを世界に広げるための最重要ステップになる。

短期的には、マイクロファイナンスに適用される完全に新しい法律を政府が通過させるのを待つ必要はない。新しい法律を作るのに最善を尽くす一方で、さまざまな金融機関のために作られた既存の法律を使って、マイクロクレジットを広めたり、すでにあるサービスを強化したりすることをサポートできる。たとえば、インドの中央銀行であるインド準備銀行は現在、非営利組織として運営されている実績のあるマイクロファイナンス機関に限定された銀行免許を発行し、本格的なマイクロファイナンス銀行として運営できるようにしている。私はこのシンプルな一歩を踏み出すようインドの金融当局に長年提案してきたので、ようやく実現したことはとてもうれしい。しかし当局は、新しくできたマイクロファイナンス銀行に目を光らせておいてもらいたい。大きなお金を得て、それにともなうチャンスと誘惑が生じた際に、基本的な性格を失ってしまわないようにする必要があるからだ。

しかし全体的には、やはり一番の選択肢は、低所得者向けのマイクロファイナンス銀行の立ち上げを目的とした新しい法律を政府が作ることだ。

小規模起業を阻む規制を減らす。とりわけアメリカで多くの低所得起業家が感じているのが、もともと大規模ビジネスのために設計された法律と規制のせいで、小規模ビジネスを立ち上げて経営するのが余計に難しくなっていることだ。たとえば、ルイジアナ州では、試験を受けて州の免許を取らなければ、花を二種類以上アレンジして同じ花瓶に入れて売ることはできない[2]。この規制があるために、新しい起業家の参入が阻まれて競争が減り、フラワー・アレンジメントのコストが高くなる。何百もある政府ルールのために、人々が小さなビジネスを始めるのが難しくなり、しかもそれによって利益が生じるわけでもないという一例だ。ルールを変えてこの種の免許は任意で選択可能なものとし、免許を持つ人と持たない人、どちらがアレンジした花を買うかは、買う側が選べるようにすればいい。

当然のことながら、一般の人々を守ったり、環境を保護したり、不正を防いだりするのに必要なルールを緩めないことは重要だ。オンブズマンや指定された委員会が、既存の規制を検討してどれを廃止し単純化すべきか、専門的かつ中立的な助言ができるように、議会はそれらの機関にもっと大きな権限を与えるべきである。

貧困者を規制の対象外とする。非常に貧しい人々が起業する際は、貧困者を念頭に設計されていない法律からできるだけ影響を受けないように、規制の対象外とすべきだ。規制のせいで貧困者や若者がビジネスに参入できずにいる様子を、貧しい国よりもむしろ豊かな国で私はたくさん目にしてきた。これらの人々を規制から解放する免除制度は、経済のニーズが最も多い地域で税負担を減らすのによく作られる自由交易地区、あるいはビジネス特区と似ている。同じように、法的介入のない地区を作って、そこで貧困者と若者が自分たちの生活を支えて自立しやすくすべきだ。もちろん、そのような制度のもとでも、安全や環境保護にかかわる重要ルールは緩められるべきではない。

個人の独立を促すように、福祉と医療の法律を設計する。貧困者にセーフティー・ネットを提供する政府プログラムは、うまく設計されていないことが多く、独立ではなく依存を促す。たとえば、低所得者が食料や住宅、医療の政府補助を受けている間、貯金したり稼いだりできる額は大きく制限されることが多い。収入を生む活動を通じて自分の生活を支えることで、人々が自尊心と独立を得られるよう支援するための創造的な政策変更が必要だ。給付金は、一定の所得額に達した時点で一度にすべて打ち切るのではなく、段階を踏んで徐々に減らすべきだ。そうすれば、生活保護受給者は試験的に段階を踏みながら起業へと向かい、最終的なゴールである生活保護からの脱出を目指すことができる。

ソーシャル・ビジネスに特別な税制優遇を与える税法を作るのはどうだろうか。ソーシャル・ビジネスというこの新しい種類のビジネスを広めるのに、われわれが取るべき法律上のステップだろうか。

現在の経済システムでは、ソーシャル・ビジネスは奇妙な間隙に位置している。組織には営利企業と非営利組織の主にふたつのカテゴリーがあるが、そのいずれにもはっきりと当てはまらないのだ。営利企業と同じように、商法のもとで登録され、事業主がいて、経済的に持続可能であり、商品やサービスを購入する顧客がいて、やがて出資金を出資者に返還する。しかし、非営利組織と同じように、人々と地球の幸福にもっぱら力を注ぎ、利益の最大化は求めず、事業主に富をもたらす目的のために運営されることもない。大きな善のために仕事をしようとする点で非営利組織に似ているが、これをビジネス的手法で追求する。これが、チャリティとソーシャル・ビジネスの大きな違いだ。チャリティのお金は一度しか使われないが、ソーシャル・ビジネスの出資金は、無限にリサイクルされる。

これらの複雑な状況を背景に、現在の法律ではチャリティ団体に税制上の優遇措置があるので、ソーシャル・ビジネスをそれと対等な立場に置くために、新しい法律が必要だと論じられている。私はこの案に反対だ。主な理由は、不謹慎な人間がソーシャル・ビジネスを悪用するのを防ぎたいからだ。ビジネスで個人的な利益を得ようという意図を狡猾に隠し、当局に対してソーシャル・ビジネスを装って、税制優遇を受けようとする者が出てくる可能性がある。そのような税金免除が許されたならば、偽物のソーシャル・ビジネスがどんどん入ってきて、最終的には偽物の数が本物を上回る状態になりかねない。それを恐れているのだ。どのビジネスがソーシャル・ビジネスかを判断する責任を負う税務署員は、やがて独占的な権力を持つようになり、汚職の土壌ができる。

したがって、透明性を確保し、ソーシャル・ビジネスの誠実さを守るために、ソーシャル・ビジネスも通常のビジネスと同じ税法の対象とすることが重要だと私は考える。ソーシャル・ビジネスは、人々の無私の心のうえに成り立っている。免税によって動機づけられるのではなく、無私の心に動かされるものにしておこう。

ビザ、入国管理、パスポートのシステムを単純化し、国境を越えた移動を促す。現在のシステムは世界中を移動する自由を制限しており、これが大きな原因となって不満が生じ、時間とリソースが無駄になっている。移動を妨げるこのお役所的な障壁の結果、最も影響を受けるのは貧困者と若者だ。たとえば、教育の機会やまともな暮らし、よりよい未来を求めて海外に行きたいと考えるバングラデシュの若者などである。

興味深いことに、およそ一〇〇年前までは、国境を越えるのにビザはそもそも必要なかった。主要植民地宗主国の国民は、世界を移動して回るのにパスポートやビザは求められなかったのだ。ビザが必要になったのは、第一次世界大戦中のことである。第二次世界大戦後、ヨーロッパ人がヨーロッパ連合（EU）という壮大なアイデアを打ち出すと、ビザのない過去の世界へ戻る大きな一歩となり、EU諸国を区切る国境線が解放されて、自由で制約のない移動が可能になった。それに逆行するのではなく、ビザのない世界へ向かう歩みを加速させる必要がある。

最近、アメリカ政府は、国を越えた移動をさらに困難にする動きに出ているが、これは世界の恵まれない人たちが持つわずかばかりの希望の源を潰してしまうものだ。またひとつチャンスの源を閉ざし、世界の貧困者の選択肢は、みんなで怒りを爆発させることぐらいしか残らない。開かれた移動を確保するよう、世界の国々に強く求めなければならない。そうすることで、富とチャンスがすべての人に公平に行き渡る世界の実現への重要な一歩が踏み出される。

法律について私が提案していることには、共通点があると気づいた人もいるかもしれない。いずれも目的は、人々やコミュニティが力を最大限に発揮するのを妨げる障壁を取り除くことにあるのだ。

主流派経済学に対して私がそもそも異議を唱えたいのは、それが人間を抑えつけるシステムの中に人々を閉じ込めるからだ。政府の役人や弁護士、政治家、コミュニティの活動家など、法律を担う人々は、既存の経済と法律の枠組みがいかに個人の、とりわけ貧困者の生まれ持った才能を最大限に発揮する自由を制限しているか、しっかりと目を向けるべきだ。貧困者を法律の壁と規制による制約で取り囲んだところで、貧困から抜け出す助けにはならない。

お金はどこから来るのか

「その資金を提供するためのお金は、どこから来るのですか?」。私がソーシャル・ビジネスについて最初に話し始めたころ、いつも尋ねられる質問がこれだった。現在、何千ものソーシャル・ビジネスが、企業や非営利組織、出資者、個人起業家から資金提供を受けて活動している。このことからも、多くの人や組織が、人間社会が直面する最も難しい問題の解決を目指すビジネスを支えたいという熱意を持っていることがわかる。

それでも、やはりこの疑問は今も投げかけられる。質問はこんな形を取ることもある。「最近、あちこちの国で貧困者を助ける政府プログラムにたくさんお金が使われているではありませんか。それと同じ人たちを助けるためのソーシャル・ビジネスに、どうやってお金を出させようと言うんです?」

この問いの背景には、われわれが暮らす世界では、重要なニーズを満たすための資金を見つけるのが難しいとの想定があるようだ。しかし、それが間違いだということは、周囲をざっと見渡しただけでもわかる。政府予算は数千億ドルもあり、しかも着々と増えている。軍隊と兵器のための資金は、阻まれることなく世界中から諸国に流れ込んでいる。世界中の都市は、超高層ビルを建てるクレーンであふれ、そのビルには、成長中の企業や豊かな人々が入居する。世界の株式市場における企業評価は最高額を更新し続けている。世界の金融市場は現在、推定二一〇兆ドルの投資資金であふれていて、その多くがある場所から別の場所へと、さらに大きな成長を求めて流れている。

お金の供給が足りないわけではない。人々はお金の海の中で暮らしている。貧困者だけがそれを享受できずにいるのだ。世界はたくさんのあぶくを作り出し、そのあぶくの中にいる人たちは、下の方の泡沫で起きていることを無視する。最上位のあぶくにすべての富が集中し、最下位の泡沫にはほとんどの人が含まれているにもかかわらず、そこには富は最小限しかない。時間が経つにつれて、最上位のあぶくに含まれる人の数はどんどん減り、富はますます増えて、富の独占がさらに極端になっていく。

私が本書で説明してきた経済システム改革は、これらすべてを変えることを狙いとしている。この変化を一気に起こすのに必要なのは、世界中にすでにある膨大なお金の流れを一部、新しい方向へ向けること、つまり世界の非常に大きな問題を解決すべく作られたビジネスの方向へと向けることだ。貧困者が生まれ持った才能とリソースをより生産的に活用できるようにすることも、そうしたビジネスが取り組むべき問題に含まれる。やがて方向を変えられたこの流れが、現在われわれを苦しめている著しい不均衡を変化させ、経済の平等が確保される世界をもたらす。そこでは、みんながお金の海へアクセスでき、水を飲んで、未来の畑に水をまき、そこから望ましい成長が芽を吹くのだ。

グラミン銀行は、少量の金融の水を貧困者へと向かわせる先駆的な取り組みだった。そうすることで、貧困者が自分たちの分け前の水を飲めるようになり、経済的に自立して創造性を発揮できるようになった。ソーシャル・ビジネスが広がるのにともなって、さらに多くの金融のパイプラインができ、世界の問題を解決しようと取り組む人々や組織へお金を届けている。

この取り組みのための資金は、どこから得られるのだろうか。それを考えつくのは難しくない。例をひとつ挙げよう。われわれはすでに、世界人口の下位半分よりも多くの富を持つ八人が誰で、それぞれがどれだけ富を持っているかを知っている。もしこれらのとてつもなく裕福な人たちが、自分が持つ富の半分を世界の利益のために提供すれば、お金の流れはたちまち方向を変えるだろう。

こんな反対の声が聞こえてきそうだ。「そんなに途方もない富を提供するように、ピラミッドのてっぺんにいるその八人を説得することなどできるのか？」。意外なことに、そんなことは問題にならない。そもそも説得する必要などないのだ。すでにみんな、そうすると決めているのだから。八人全員が、〈ギビング・プレッジ〉に署名し、死後に資産の半分をチャリティへ寄付することを約束しているのである。この八人のほかにも、数多くの世界の億万長者がギビング・プレッジに署名ずみだ（二〇一六年現在、参加者数は一五〇〇人を超えており、さらに増え続けている）[3]。

最も豊かな八人の億万長者のうちのひとりが、フェイスブックの創業者でCEOのマーク・ザッカーバーグだ。二〇一五年に第一子である娘、マックスが生まれると、ザッカーバーグは公式声明を出し、自分が持つフェイスブック株の九九パーセントをチャリティへ寄付する計画を発表した。彼の個人資産の大部分だ。この声明は証券取引委員会への申告をともなったものであり、贈与は正式なものとなった。ザッカーバーグはなぜこんなことをするのか。彼は、はっきりとこう説明している。自分のお金を使って、娘のためによりよい世界を創る手助けをしたかった。人類を苦しめる悲惨な問題を抱えた世界を、娘に残したくはないのだと[4]。

ギビング・プレッジという取り組みが存在し、しかも世界でもっとも豊かな人たちの人気を集めているのは、健全な徴候だ。あとは、このお金の一部でもソーシャル・ビジネスに使われるように説得するだけでいい。もしそれに賛同してもらえたら、われわれが世界で創るあらゆるソーシャル・ビジネスに無限のお金がもたらされる。出資されたお金は、けっして消えてなくなることがない。ソーシャル・ビジネスを拡大させ、増やしながら循環して増え続けるのだ。またそうするうちに、現在および将来すべてのほかのギビング・プレッジ参加者は、自分もソーシャル・ビジネスに取り組もうという気になるかもしれない。

ここでひとつ、重要なポイントを強調しておきたい。億万長者でなくても自分自身の〈ギビング・プレッジ〉を作ることができるということだ。これは誰にでもできる。自分のソーシャル・ビジネス・ファンドを作ることができる資産を持つ人はすべて、人生の第二フェーズに資産の半分あるいはそれ以上をソーシャル・ビジネスへの出資のための信託《トラスト》にすることを勧めたい（自分自身のニーズを満たすだけの貯金は十分に確保しておくこと）。生きている間はずっと自分のソーシャル・ビジネス・トラストのCEOでいられるし、トラストを運営する報酬として給料をそこから得ることもできる。

よく尋ねられる。「お金をソーシャル・ビジネスやソーシャル・ビジネス・トラストに使う動機づけになるものは何ですか？」。答えはシンプルだ。お金を稼ぐのは幸せだが、ほかの人を幸せにするのは、とてつもなく幸せだからだ。一度このとてつもない幸せを味わったら、もっとこれを感じたいと自分を止められなくなる。

その他あらゆる種類の世界の投資ファンドもまた、ソーシャル・ビジネスの発展に貢献できる。退職基金や年金基金、ファミリー・ファンド、大学の基金などがすべて、資産の一パーセントをソーシャル・ビジネス・トラストに出資する方針を作ったらどうなるか、想像してもらいたい。これが世界にとってどんな意味を持つか、考えてみてほしい。

ドナー諸国も、開発援助政策を再設計できる。ドナー国は、各被援助国に独自のソーシャル・ビジネス・トラストやファンドを作って、最低でも半分の援助金をそれらのトラストへ出資するのだ。

このような状況において、ソーシャル・ビジネスのお金が足りないなどと、どうして考えられるだろうか。

貧困者のための組織を作るのは政府の仕事であり、貧困者に金融サービスを提供するマイクロクレジット銀行も政府が作るべきだと論じる人もいる。私はこの考えには反対だ。もっぱら低所得者にお金を貸すソーシャル・ビジネスに政府のお金を使うことには、私は非常に慎重な立場を取る。たとえば、マイクロクレジットの銀行やプログラムに政府が関与するのは勧められない。貧困者に貸したお金を政治的組織が回収するのは、きわめて難しいからだ。貧困者にはたいてい返済の意志と能力があるが、たとえそうであったとしても、政府にとって貧困者からお金を取り立てるのは政治的にきまりの悪いことだ。政府には貧困者や弱者の面倒を見る責任があると、市民は考えている。これは政府の義務である。したがって、政府機関が貧困者にローンの返済を求めると、政府の責任と矛盾するように思われ、貧困者は政府プログラムから受け取ったお金の返済を渋るのだ。さらに、政府を運営するのは政治家だ。政治家は、政府のお金の受給者から借金の返済を受けることよりも、票をもらうことのほうにより強い関心を持つ傾向にある。その結果、政府が財源になると、ローンや出資金を返済するという重要な規律が損なわれてしまう傾向にあるのだ。

政府が社会問題に取り組む際には、お金を貸すプログラムを別とすれば、チャリティ組織や政府所有の営利企業を通じるよりも、ソーシャル・ビジネスを用いたほうが、効率的に取り組めることが多い。その際に不可欠な条件は、それぞれのソーシャル・ビジネスが独立して自己完結した会社として運営されることであり、通常の会社法のもとで設立され、取締役会だけに支配されることである。すべてのスタッフは法律上会社の従業員であるべきで、政府に雇われた人間であってはならない。利益はすべて、その利益を生み出したソーシャル・ビジネスに再投資されるか、ほかのソーシャル・ビジネスに出資されるべきだ。ほかのソーシャル・ビジネスと同じで、政府の出資によって立ち上げられたソーシャル・ビジネスも、自分たちが使命とする社会的目的を達成するために、必要に応じて自ら拡大・再構築する力を持つべきだ。

政府が所有するインフラ施設も、政府機関として運営するのではなく、ソーシャル・ビジネスとして設計できる。政府所有の工場や会社、航空会社、空港、鉄道、エネルギー企業、鉱山、その他の基幹産業も、ソーシャル・ビジネスとして設計・運営できる。政府は、利益最大化を目指す民間の企業や、民間所有のソーシャル・ビジネスと組んで、ソーシャル・ビジネス合弁事業を作ってもいい。

政府がソーシャル・ビジネスの構造を支えることで、数々の利益がもたらされる。ソーシャル・ビジネスの所有者として出資金を提供する政府機関は、その出資金の返還を受けるので、納税者のためにお金をとっておける。これらのソーシャル・ビジネスの財務状況は詳しく公表され、市民は汚職がないことを確認でき、そのソーシャル・ビジネスが目的とする社会的利益が生み出されていることを確かめられる。

経済改革を推進させる金融構造を作る

すでに提案したとおり、いろいろなソーシャル・ビジネスに出資金を向けさせるには、ソーシャル・ビジネス・ファンドを作るのが強力な手段となる。ソーシャル・ビジネス・ファンドは、手練《てだ》れの投資チームが運営する従来の利益追求型投資ファンドと似ている。ファンド・マネージャーが投資先の企業を選び、成果を入念にチェックする。しかし、民間の利益追求型投資ファンドとは異なり、ソーシャル・ビジネス・ファンドが焦点を絞るのはソーシャル・ビジネスだ。利益最大化を目指す企業ではない。ソーシャル・ビジネス・ファンドは、出資先から利益は得られないので、コストをまかなうために企業からサービス手数料を受け取る必要がある。ただ、目的は巨額の利益を生む有望企業に投資することにはない。貧困削減や栄養改善、医療の提供など、大きな社会的利益をもたらす企業を支えるのが目的なのだ。ソーシャル・ビジネス・ファンドへの出資者は、ファンド・マネージャーの専門知識と鑑識眼に頼りながら、世界でさまざまなソーシャル・ビジネスがありとあらゆる善をなすのを、自分のお金が支えていることを感じられるのである。

最初期にソーシャル・ビジネス・ファンドを作ったのが、クレディ・アグリコルだ。フランスの歴史ある有名銀行で、もともと地方や地域の協同組合網を通じて農家のニーズに応えるために創業された。現在はフランス最大の総合金融サービス企業だ。

二〇〇六年、クレディ・アグリコルで当時ヨーロッパ担当の上級役員を務めていたジャン＝リュック・ペロンが、マイクロクレジットに関心を持つようになった。クレディ・アグリコルの当時のCEO、ジョルジュ・ポジエも、貧困撲滅のツールとしてマイクロクレジットを広めるのに銀行が積極的な役割を果たすべきだという考えを熱心に支持していた。それを知ったペロンが、クレディ・アグリコルが取るべき行動計画を提案する。計画実施の一還として、ペロンとポジエは二〇〇七年七月に数日間、バングラデシュを訪れることにした。グラミン銀行のことを現場で知り、クレディ・アグリコルの取り組みのパートナーとなるよう依頼するためだ。

バングラデシュ滞在中、ふたりは農村を回って、グラミン銀行の支店がどう運営されているか、自分たちの目で確かめた。そして、最終的に私に会いに来て、支援を求めた。マイクロクレジットと、より広いソーシャル・ビジネスのコンセプトを支えるパートナーシップを、クレディ・アグリコルと結んでもらいたいと提案してきたのだ。

基本的なルールを作った後、私たちは地球規模でともに仕事をすることに合意した。それを受けて、クレディ・アグリコルはグラミン・トラストと合同で基金を立ち上げた。グラミン・クレディ・アグリコル・マイクロファイナンス財団（GCA）だ。この財団の目的は、資金不足のために活動を広げられずにいるマイクロファイナンス・プログラムへ資金提供することにある。クレディ・アグリコルがこの新財団に五〇〇〇万ユーロを寄付し、ジャン＝リュック・ペロンが最高経営責任者になった。

現在、GCAはおよそ五〇のマイクロファイナンス・プログラムを、二七の発展途上国、とりわけアフリカ諸国で支援している。二〇一二年に、財団はソーシャル・ビジネスを支援する新しいプログラムを加えた。これはGCAとは別の独立したソーシャル・ビジネス・ファンドとして立ち上げたものだ。

このファンドはそれ自体がソーシャル・ビジネスとしてデザインされている。目的は、社会的な意識が高い出資者から出資金を引き出すことで、財団自体も出資者である。その後、ファンド・マネージャーが出資先のソーシャル企業を選び、提案されたビジネスの持続可能性と、それが生み出す社会的利益を評価する。ファンドはまた、ソーシャル・ビジネスのパートナーに技術支援も提供する。

ペロンの説明によると、ファンドは慎重に事業を進めていて、出資先の候補を注意深く検討し、最も有望なものだけを選んで資金を提供している。「ソーシャル・ビジネスへの出資は、マイクロクレジットへの出資よりも難しくて、リスクもやや高いのです」とペロンは言う。「マイクロクレジットはすでに確立された金融テクノロジーで、幅広い経験に支えられています。それとは対照的に、新しいソーシャル・ビジネスは一つひとつが独特です。そのため、私たちはたっぷり時間をかけて企業の創業者とやりとりを重ねてから、支援をするか否かを決めています」

二〇一七年初めの時点までに、GCAのソーシャル・ビジネス・ファンドは健康や農業、再生可能エネルギー、文化といったセクターの一五のソーシャル・ビジネスへ出資した。たとえば次のようなものだ。

- ●ベルジェ乳業――セネガル北部でフラニ族の牛飼いから牛乳を集め、ヨーグルトなどの製品を作って〈ドリマ〉のブランド名で販売する乳業会社。
- ●グリーン・ビレッジ・ベンチャー――インドで最も貧しい州のひとつウッタル・プラデーシュで、農村の家庭にソーラーパワーを提供する会社。
- ●ファー・パフォーミング・ソーシャル・エンタープライズ――カンボジア企業。シェムリアップで大テントのサーカスを運営し、現代のサーカス技術とカンボジア文化の伝統的なパフォーミング・アートに触発されたショーを上演する。貧困家庭出身のアーティスト六〇人からなる一座を雇っている。アーティストたちに訓練を施すのは、この目的に力を注ぐNGO、〈ファー・ポンルー・セルパク〉である。

その他のソーシャル・ビジネスでは、〈農業および気候リスク・エンタープライズ〉(ACRE)もGCAは支援している。アフリカに拠点を置き、小規模農家向けの農作物保険を提供する企業で、これについては第八章で説明した。

ダノンも、ソーシャル・ビジネスに資金提供するようになった組織のひとつだ。ダノンの会長で当時の最高経営責任者、フランク・リブーがソーシャル・ビジネスのコンセプトに興味を持ち、最初のソーシャル・ビジネス合弁企業を立ち上げた経緯は、第三章で説明した。栄養価の高いヨーグルトをバングラデシュの貧しい家庭に提供するグラミン・ダノン・フーズという合弁企業だ。ダノンの株主と従業員は、この新しい種類のビジネス創出に参加することを非常に喜んだので、これを機にダノンはソーシャル・ビジネスへの支援を組織的に拡大することを決めた。

その結果現れたのが〈ダノン・コミュニティーズ〉で、これはソーシャル・ビジネスへの出資を専門に行なうファンドである。ダノンの株主と従業員が、ファンドのために最初の六五〇〇万ユーロを出した。お金は現在も、ダノンの従業員や、参加を望む外部の出資者から引き続き集まっている。今の仕組みでは、ファンドは九〇パーセントの資産を確定利付証券（債券）に投資して、従来どおりの投資収入を得ている。残りの一〇パーセントが、ソーシャル・ビジネスを支えるベンチャー・キャピタル・ファンドに投資される。現在、ダノン・コミュニティーズのファンドが出資しているのは、たとえば次のような会社だ。

- ●ニュートリ・ゴー――〈栄養包《インヤンバオ》〉という栄養価の高いサプリメントを販売することで、中国で幼児の栄養不良と闘う企業。
- ●ナンディー・コミュニティ・ウォーター・サービス――安全で安価な飲料水を、インドの貧しいコミュニティへ提供する。
- ●イゾミール――フランス企業。小規模の食品加工工場を作り、地域の農民がグループで使えるようにして、生計を維持できるか否かの瀬戸際にいる農業生産者の収入を増やす。

ＧＣＡと同じように、ダノン・コミュニティーズのファンドも、支援先の企業に専門知識やアドバイスを提供する。ダノンの栄養、生産、マーケティング専門家のノウハウなどだ。

ほかにもソーシャル・ビジネス・ファンドは世界中で誕生しつつあり、それぞれが独自の方法で運営されている。どこかの国、あるいは複数の国で、選び出したソーシャル・ビジネスに出資し、現在構築されつつある新しい経済へ参加する熱意を持つ個人や組織から出資金を集めている。

ソーシャル・ビジネス・ファンド一つひとつには、それぞれユニークな背景がある。ここで一例を紹介しよう。

二〇一〇年、私はインドのムンバイで開催されたカンファレンスで話をした。いろいろと話した中で、ソーシャル・ビジネス・ファンドという金融制度によってソーシャル・ビジネスが大いに力を得ることを説明した。私がステージから去ろうとすると、見知らぬ人が私を呼び止めてこう尋ねた。「インドでソーシャル・ビジネス・ファンドを作るとしたら、一番小さくてどのぐらいの規模になるでしょうか?」

私はすぐに答えた。「少なくとも一〇〇万ドルは必要でしょうね」

その男性はうなずき、私がホテルの出口へ向かう間、隣を歩いてほかにもいくつかソーシャル・ビジネス・ファンドの運営方法について質問してきた。私が出口の扉へたどり着くと、握手をして彼は言った。「さようなら、ユヌス教授。ありがとうございました。私はインドでソーシャル・ビジネス・ファンドを始めますよ」

私は、頑張ってもらいたいとは思ったが、真剣に取り合ってはいなかった。刺激を受けてアイデアが浮かんだのだろうが、ビジネスの現実に直面したら熱意は萎んでしまうだろうと思ったのだ。ファンドのためのお金を実際に見つけるのは難しいので、その壁を乗り越えられないのではないかと感じていた。

私は間違っていた。一カ月も経たないうちにS・K・シェルギカール氏から手紙を受け取り、あぜんとした。私がムンバイで話した男性だ。彼は金融と投資の専門家だった。手紙によると、彼自身のお金一〇〇万ドルを元手にしたソーシャル・ビジネス・ファンドが、ムンバイで登録の準備を整えているという。彼はそのファンドを〈ユヌス・ソーシャル・ビジネス・ファンド・ムンバイ〉と名づけたいと私の許可を求め、私はこれに同意した。このファンドは運営されて七年になり、シェルギカール氏が愛情を持って見守る中、地元ムンバイのソーシャル・ビジネスを支援している。

ほかのソーシャル・ビジネス・ファンドも次々と現れている。たとえば、二〇一六年にユヌス・ソーシャル・ビジネス・ファンドがインドのベンガルールに設立された。手始めに四つか五つのソーシャル・ビジネスを教育や医療、住宅などの領域で支援する計画で、一件あたりの出資額はおよそ七万五〇〇〇ドルだ。立ち上げたのはヴィナタ・レッディとスレーシュ・クリシュナで、レッディのファミリー財団の資金を財源にした。レッディは、インドでマイクロファイナンスが普及しだした初期にグラミン銀行のインド版、グラミン・クータを創立した人物で、クリシュナはグラミン・クータのCEOだ。

アメリカでは、グラミン・アメリカ・ソーシャル・ビジネス・ファンドが二〇一六年に設立された。立ち上げ時に財政支援をしたのはサラ・ブレイクリー財団。下着メーカー〈スパンクス〉の創業者にちなんで名づけられた財団だ。このファンドは、アメリカ全国の都市やコミュニティで、女性のソーシャル・ビジネス起業家を支援する。

ユヌス・ソーシャル・ビジネスも、活動する国でソーシャル・ビジネス・ファンドを作ってきた。ほかのソーシャル・ビジネス・ファンドも、ヨーロッパやアジアからラテンアメリカやアフリカまで世界中で活動しており、さらに、新たに作られつつある。

政府も、さまざまな種類のソーシャル・ビジネス・ファンドを作ることができる。たとえば、環境や貧困、起業、農業、医療など特定の領域に特化したファンドを作れるだろう。また、地方や地域レベルのソーシャル・ビジネス・ファンドを作って、特別なニーズがある地域を支援することもできる。これらのファンドに必要なお金をまかなうには、政府が提供する立ち上げ資金を使ったり、政府所有の既存ソーシャル・ビジネスの利益を、新しいソーシャル・ビジネスの支援に再利用したりすればよい。

世界中で開発を支援するドナー諸国も、活動先の国で助成金の一部を寄付して、ソーシャル・ビジネス・ファンドを作ることができる。ファンドは、ドナーが優先領域を選んで出資すればよい。作られたソーシャル・ビジネスはそれぞれ事業を継続し、ドナーのお金はファンドに戻ってきて、将来何度も出資に使われる。チャリティのように、一度使ったら消えてしまうということはない。ドナー国は、現地企業と多国籍企業、とりわけドナーの本国に本部を置く多国籍企業が、ファンドを使って合弁ソーシャル・ビジネスを作るよう促すことができる。企業はまた、経験や経営スキル、テクノロジーを提供して、ファンドの力を大きくする手助けもできる。

革新者たちは、ソーシャル・ビジネス・ファンド以外にも世界経済の変化を促すためにさまざまな新形態の資金調達法を開発している。数多くの実験が進行中で、このことからもソーシャル・ビジネスへの資金調達の需要が大きいことがわかる。また、世界の膨大な金融リソースの一部をこの活気ある急成長部門へ向ければ、創造的な可能性が開けることがわかる。

その一例が、〈ソーシャル・サクセス・ノート〉だ。これはソーシャル・ビジネスの資金調達のための独創的な新しい仕組みで、ユヌス・ソーシャル・ビジネス（YSB）とロックフェラー財団の革新的な金融商品デザイナー・チームが最近開発した。ソーシャル・サクセス・ノートは、「成果連動型融資」として知られる金融メカニズムの一変形と見なすことができる。成果連動型融資では、非営利組織がなんらかの具体的な社会的目標を追求するために事業を始めるにあたって、民間の投資家がローンを提供し、政府機関やチャリティ団体がそのローンの責任を引き受ける。非営利組織が作ったプログラムがあらかじめ合意された成果目標に達したら、政府が資金を提供して、債券のようにローンを返済できるようにするのである。このやり方で、ゴールドマン・サックスのような民間の投資企業から社会的プログラムへ資金を引き出すのに成功してきた。

ソーシャル・サクセス・ノートは、このアプローチに新たにひと工夫加えたものだ。そこでは、ソーシャル・ビジネスと出資者、財団など慈善事業に特化したドナー三者の間でチームワークが展開される。出資者は、ローンとして資金をソーシャル・ビジネスに提供し、ソーシャル・ビジネスは具体的ではっきりとした社会的目標を追求する。たとえば、一定数のホームレスのために住宅を建てるとか、健康保険を一定数の家族に広めるといった目標である。ソーシャル・ビジネスは、ローン返済の責任を負う。しかし、もし合意した期限までにあらかじめ決められた目標を達成したら、慈善事業に特化したドナーが「インパクト・ペイメント」と呼ばれるお金を出資者に追加で支払う。

私が『ブルームバーグ・ビュー』の記事で述べたように、ソーシャル・サクセス・ノートは〝ウィン・ウィン〟のシナリオを作り出す。

インパクト・ペイメントのおかげで、出資者は、リスク調整された商業利益が得られる。財団は、自分たちの慈善目的のお金をはるかに効果的に活用でき、望んでいた社会的成果も得られる。ソーシャル・ビジネスは、低コストの資本が利用できて、市場レートの経済的見返りを提供するプレッシャーを感じることなく、世界を改善する活動に集中できる。(5)

ソーシャル・サクセス・ノートは、三つの関係者の動機を巧みに連携させて、人類に利益をもたらす事業に出資金が流れるようにしているのだ。企業がこの新しい資金調達の形を試すうちに、さらに革新的なバリエーションが誕生するに違いない。ソーシャル・ビジネス・セクターの未来の発展を最もうまく牽引するのは、どの資金調達メカニズムなのだろうか。それはやがて、時間の経過とともに明らかになるだろう。

長期的には、この章で説明した金融ツールはおそらく、一時的な間に合わせの方法だったということになるだろう。いつの日か、ソーシャル・ビジネス銀行やソーシャル・ビジネス証券会社、ソーシャル・ビジネス・ベンチャー投資ファンドができて、ソーシャル・ビジネス・セクターにごくあたりまえに資金を提供するときが来ると信じている。

＊＊＊

新しい経済システムを創るにあたって最も困難なのは、変化に向けた最初の弾みをつけることだ。これが今、私たちが取り組んでいることにほかならない。法律と金融の仕組みを改革しようとするのも、その取り組みの一環だ。一つひとつの改革によって、現在、経済変化の創造的な実験を阻んでいる障壁が取り除かれる。

今後、ソーシャル・ビジネスが成功を続けて数が増え、拡大するにつれて、もっと多くの人や組織が活動に参加するようになるだろう。ゆくゆくは、人間のニーズに応えるのに本当に力を入れる経済システムが必要だという自明の事実に世界が気づくまで、なぜこんなに時間がかかったのだろうかと不思議に思うことになるはずだ。

第11章　明日の世界をデザインし直す

資本主義の概念枠組みを最初に提示したのは、スコットランドの偉大な経済学者・哲学者のアダム・スミスだ。一七七六年の著作『国富論』にそれは主に見られる。この枠組みは、長い歴史の中で改良されてより精巧になってきたが、基本の教義は変わっていない。長年の間に、資本主義への代替案が数多く示され、実践された。その間、世界も大きく変わった。資本主義の基本構造を見直し、再検討する必要が感じられた機会も多くある。しかし今ほどそれが強く感じられたことはない。

世界は深刻な危機に直面している。この危機の根本原因は資本主義にあると感じる人が無数におり、私もそのひとりだ。ただ、資本主義を放棄して社会主義などほかのシステムを採用するよう求める人は非常に少ない。ほとんどの人が、たとえいろいろな欠陥はあっても、資本主義はやはりほかよりましな経済システムだと信じているからだ。しかし現在の危機を目の当たりにして、このシステムを徹底的に見直すべきだとの強い声が聞かれるようになった。

本書では、私がなぜ資本主義の理論と実践の枠組みを根本的に変える必要があると考えるのかを説明してきた。個人がありとあらゆる方法で自分を表現できるようにして、今の考え方の枠組みの中で解決されずにいる問題や、悪化してさえいる問題に取り組めるようにするための変化が必要なのだ。

私の提案は、資本主義の構造にとってかなり大きな変化だと思われるかもしれない。それでも、この構造が持つ根本的な欠陥に取り組む以外の選択肢は、私には考えられない。

私の考えでは、現在広く受け入れられている資本主義の理論枠組みは、いまだ不完全だ。アダム・スミスの「見えざる手」をひどく偏った手にして、市場の活動を最富裕層に有利になるように押しやっているのだ。「見えざる手」とやらは、実は最富裕層の手なのではないかと疑ってしまう。

すでに論じたように、現在の資本主義理論では、市場に参加できるのは、もっぱら利益に関心を持つ者だけということになる。この解釈では、人間は一面的な存在として扱われる。しかし、人間はさまざまな面を持つ存在だ。人間には利己的な面もあるが、無私の面もある。資本主義の理論と、それに沿って成立した市場には、人間の無私の面が入り込む余地がない。私が提唱する変化の中心にあるのが、新しい人間観を導入することによって資本主義を再解釈することにほかならない。新しい人間観は、現在の理論の〝資本主義的人間〟よりも〝ほんものの人間〟に近い人間観だ。この人間観を持つことで、われわれの経済に対する考え方、行動、制度枠組みが大きく変わる。本書で論じたのは、すべての人が持つ利他的な動機をビジネスの世界に持ち込めば、解決できない問題はほとんどなくなるということだ。

アダム・スミスは、二五〇年前にこれをはっきりと認識していた。一七五九年の著書『道徳感情論』はこう始まっている。

　人間というものをどれほど利己的とみなすとしても、なおその生まれ持った性質の中には他の人のことを心に懸けずにはいられない何らかの働きがあり、他人の幸福を目にする快さ以外に何も得るものがなくとも、その人たちの幸福を自分にとってなくてはならないと感じさせる。他人の不幸を目にしたり、状況を生々しく聞き知ったりしたときに感じる憐憫や同情も、同じ種類のものである。他人が悲しんでいるとこちらもつい悲しくなるのは、じつにあたりまえのことだから、例を挙げて説明するまでもあるまい。悲しみは、人間に生来備わっている他の情念同様、けっして気高い人や情け深い人だけが抱くものではない。こうした人たちはとりわけ鋭く感じとるのかもしれないが、社会の掟をことごとく犯すような極悪人であっても、悲しみとまったく無縁ということはない。（アダム・スミス『道徳感情論』村井章子・北川知子訳、日経BP社、二〇一四年、五七‐五八頁）

そしてスミスは最も根源的な問いを投げかける。なぜわれわれは、ある種の行為や気持ちを肯定し、ほかをとがめるのだろうか？　当時、見解は分かれていた。善悪の唯一の基準は法律とそれを作る主権者だと主張する人もいれば、道徳の原理は数学の定理のように合理的に導き出せると論じる人もいたのだ。

スミスの見解では、人間は生まれながらにして道徳的感覚を持つ。生まれつき美や調和の概念を持つのと同じだというわけだ。われわれの良心が、正しいことと間違ったことを教えてくれる。その良心は生まれつきのもので、立法者から与えられるものでもなければ、合理的な分析によって導き出されるものでもない。またそれを支えるものとして、人間は自然な仲間意識も持つ。スミスはこれを〝共感《シンパシー》〟と呼ぶ。これらの、生まれながらの良心の感覚と共感によって、人間は秩序だった有益な社会組織の中でともに暮らすことができ、実際に暮らしてきたのである。

スミスのもう一冊の名著『国富論』では、彼の『道徳感情論』での主張から完全に離れてしまった。『国富論』の論旨は、おおむね次のようにまとめられる。「人々が〝利己心〟を追求するのを許されれば、すべてはうまくいくのだ」と。〝利己心〟という言葉を使うときに、スミスが何を念頭に置いていたにせよ、世界はそれを利益の最大化と同じものと解釈してきた。事実上、利己心は自分勝手さと同列に見なされているのである。その結果、自己を越えた世界は、ビジネス・パーソンの心からほとんど消えてしまった。

『道徳感情論』でスミスは、正義やその他の道徳的徳の重要性を詳しく論じている。しかしスミスは、これと、『国富論』がよりどころとする利己心の概念との間で、折り合いをつけることはなかった。もしスミスがこの二冊の本をもとに、タイプが異なるふたつのビジネスの理論的土台を提示していたなら、おそらく世界は、今日われわれが直面する深刻な危機に陥るのを避けられただろう。

経済理論の現在の構造では、市場は利己心に動かされたビジネスだけの場になっており、人間の無私の面が役割を果たすことは許されていない。本書で示したように、チャンスさえ与えられれば、人々は市場に加わり、人類全体の状況を改善するためのビジネスを運営して、自分の無私の衝動に表現の場を与える。これはチャリティの仕事よりも明らかによい。チャリティの取り組みは、ずっとわれわれの身近にあり、立派であり必要でもある。しかしビジネスには、チャリティよりも大きな力がある。自由市場の力を通じてイノベーションを起こし、拡張して、さらに多くの人に手を差し伸べられる点だ。もし世界中の才能ある起業家やビジネス・リーダーが、栄養不良や失業をなくしたり、ホームレスに住まいを作ったり、再生可能エネルギーや適切な医療をすべての人に提供したりといった目標に献身的に取り組めば、際限なく何でも成し遂げられるのだ。

危機にある資本主義

世界人口が八〇億に近づきつつある今、資本主義の概念を再検討することがこれまで以上に重要になっている。このまま環境や健康、子どもたちの未来を犠牲にして、お金と権力を執拗に追い求めるのか。あるいは、すべての人々のニーズを中心に据え、われわれの創造性、富、その他のリソースを活用してそのニーズに応える、そんな世界を新たに心に描き、地球の運命をわれわれ自身で決めるのか。

われわれの経済システムを考え直し、作り直すのは、ただ単に「よい考え」では済ませられない。地球によりよい未来を望むのであれば、有効な選択肢はほかにないのだ。短期的には、少数の人がほかの多くを犠牲にすることで利益を得られるように見えるかもしれないが、長期的に真に持続可能なのは、すべての人が進歩を分かち合える世界だ。ウォール街の銀行の得意客である富裕層投資家の運命と、バングラデシュの衣料品工場で働く貧しい女性の運命は結びついている。ウガンダのトウモロコシ農家とメキシコのトウモロコシ農家、アイオワのモロコシ農家の運命もすべてつながっている。

過去一〇年の間、世界がひとつの危機からまた別の危機へと、よろめきながら歩むのをわれわれは目にしてきた。金融危機、飢餓、エネルギー不足、環境の大変動、紛争、難民の殺到、政治的不安定の広まり。ポピュリストの指導者が、国を隔てる壁を作れと命じている。何十年もかけた熱心な外交の末に、平和と繁栄を分かち合うという大きな希望を持って国際的な結びつきが築かれたにもかかわらず、突如として指導者がそれを国に放棄させる。今こそ世界がひとつになるときだ。よく計画され、よく管理されたやり方で、この一連の危機に立ち向かうときだ。新しい経済と金融の構造をデザインし直して導入するには一番のチャンスとして、この機を捉えるべきだ。そうすることで、この種の危機が二度と起きないようにし、長年の地球規模の問題に決然と対処して、矛盾した欠陥だらけの現在の経済と社会の秩序をついに修復できるはずだ。

この新しい世界経済構造の最重要ポイントは、不完全な資本主義の理論枠組みを完成に導くことにある。第二のタイプのビジネスであるソーシャル・ビジネスを組み込み、理論を見直して、すべての人間は起業家であり、現在の理論が想定する単なる労働の提供者ではないと認識することで、資本主義の理論枠組みを完成させるのだ。これらが理論枠組みに含まれれば、金融危機や食糧危機、エネルギー危機、環境危機の解決に重要な役割を果たせる。新しい経済構造は、貧困と疾病の未解決問題に取り組むにあたって、最も効果的な制度的仕組みを提供する。ソーシャル・ビジネスは、利益追求型ビジネスが後に残したあらゆる問題に取り組むことができるのと同時に、従来のビジネスの行きすぎも正せる。

人間の創造性の最高形態

ソーシャル・ビジネスは、人類が直面する危機を解決するのに不可欠な道具であるだけにとどまらない。人間の創造性をすばらしい形で表現するもの、おそらくは人間に可能な最高形態の創造性を表現するものでもあるのだ。

確かにソーシャル・ビジネスの目的は、人間のニーズに応えることだ。ただ、ソーシャル・ビジネスを立ち上げるときには、応えるべきニーズを厳密に定義しておかなくてはならない。というのも、ビジネス全体がこの目的に沿ってデザインされるからだ。従来のビジネスではこれは問題にならない。従来のビジネスの目的は根本的にすべて同じだからだ。それは投資に対して最高の見返りを得ることである。ソーシャル・ビジネスは違う。具体的な目的はビジネスによってさまざまだ。だからこそ、目的をはっきりと定義しておくことがとても重要なのである。

それからビジネスをデザインする。それは、目的を達成するのにふさわしいデザインでなければならない。ソーシャル・ビジネスの具体的な目的は一つひとつ非常に大きく異なるので、ソーシャル・ビジネス・デザイナーは、過去に存在したこともないものを考え出す。この仕事には創造性がふんだんに求められ、だからこそわくわくするのだ。

私自身、経験してわかったのは、一度ソーシャル・ビジネス・デザイナーとして成功すると、もはや止めることができなくなるということだ。ソーシャル・ビジネスの熱に取り憑かれたら、前にデザインしたものよりも、もっと強力な別のソーシャル・ビジネスをデザインしたくなる。それから次、さらにまた次と続いていくわけだ。

ソーシャル・ビジネスは、自己発見、自己探求、自己定義のための強力な手段である。何にもまして、お腹をすかせた子どもが食べ物を口にできたり、ホームレスの家族が住まいを与えられたり、病気の人が回復したりと、ビジネスが作り出した社会的恩恵を目にすることで、ほかの創造的活動ではとうてい得られない大きな満足感を得られる。信じてほしい。ソーシャル・ビジネスのイメージを膨らませて、それを現実に移し替え、それによって創造への情熱が満たされることほど、人生でやりがいを感じられることはほかにない。

若者たちにはみな、自分は創造的な起業家として仕事の世界へ飛び込めるのだと知りながら成長してもらおう。大人になったらどうやって自分の家族の面倒を見ながら、同時に世界を大きく変えることができるかを考え、将来に向けて日々、準備をしてもらおう。多くの少年と少女たちが、人生に同じ目的を見出し、同じゴールを信じることで、恋に落ち、パートナーとの生活を築いていくことだろう。ふたりで一緒にソーシャル・ビジネスを育て、充実感と喜びで満たされた家族生活を作り上げ、それと同時に世界全体に大きな幸福をもたらすのだ。

＊＊＊

幸い、われわれは大きな可能性のある時代に生まれた。驚くようなテクノロジーと大きな富、人間の無限の可能性の見られる時代だ。飢餓や貧困、病気など、歴史の夜明け前から人類を苦しめてきた世界の切迫した問題の多くは、いまや解決に手が届くところまで来ている。それらの解決策のほとんどは、ソーシャル・ビジネスという強力なツールを含む新しい経済秩序を創ることで加速させることができる。

毎日、気が滅入るようなニュースが報じられている世界で、不屈の人間精神は挫折や絶望に屈する必要などないのだとはっきり示し、大いに希望を持つことができる。この地球上に生きる人間の目的は、ただ単に命をつなぐことではない。気高く、美しく、幸福に暮らすことだ。これを実現できるか否かは、われわれ自身にかかっている。私利私欲ではなく、ありとあらゆる人間の価値に基づいた新しい文明をわれわれは創ることができる。今日から始めようではないか。

解説

「3つのゼロの世界」は未来の社会を創る指針

九州大学　理事・副学長
安浦寛人

私が暮らしている福岡は、ムハマド・ユヌス先生（いつもユヌス先生と呼んでいるので、ここでもこの呼称で統一させてもらう）と様々な関わりがある。二〇〇一年に福岡市が主催する福岡アジア文化賞の大賞がユヌス先生に授与された。グラミン銀行の活動が世界でもようやく大きく認められ始めた頃である。ユヌス先生は、ノーベル賞よりも先に福岡がグラミンに注目してくれたと時々話してくれる。二〇〇七年に九州大学の「社会情報基盤構築プロジェクト」に、バングラデシュ出身のアシル・アハメッド博士が参加したのがきっかけで、ユヌス先生が率いるグラミン・グループと九州大学の連携が始まった。発展途上国の社会情報基盤を構築する様々な活動である。本書の第八章で取り上げられている「箱に入った医者」（ポータブル・クリニックと呼ぶ各種の検査・診断器具と遠隔診療用の通信設備を内蔵したアタッシュケース）を作り、トヨタ自動車の協力も得て、農村の巡回健診をするものである。アシル博士が率いる九州大学の研究グループは、バングラデシュ以外の発展途上国でも遠隔医療の実践プロジェクトを進めている。

二〇〇八年に、私が初めてバングラデシュを訪れた時、ユヌス先生はダッカから遠く離れた農村を見に行くように強く勧めた。ダッカから車で五時間かけて訪れた農村で、私はグラミン銀行の活動や農村の女性たちが貧困からどのように自立したかという生の話を聞いた。さらに、農村に一台だけあるインターネットと接続したPCを使って、人々が中東などの建設現場の職を探しているのにも驚いた。徒歩や自転車で一時間以上もかけてインターネットによる職探しに来ていた人々の姿に、電子通信技術がグローバル化に果たしている意味と、それが生み出す経済効果や一方で格差を生みだす構造を目の前に突きつけられた強烈な記憶が残っている。

ユヌス先生はたびたび日本を訪問し、福岡市や九州大学をはじめ東京や関西でも、学生たちや女性起業家、そして財界人たちを相手にいろいろな講演会や対話会を開いている。聞き手の立場の違いによって、異なる視点や事例をうまく使って、資本主義社会の問題点を鋭く指摘し、ソーシャル・ビジネスの本質をわかりやすく説明してくれる。そして、若者や女性のポテンシャルを高く評価し、本書に書かれている新しい社会と経済の基盤としてのソーシャル・ビジネスを様々な視座から語ってくれる。我々が企画するソーシャル・ビジネス・コンテストにも気軽に参加し、貴重なコメントやアドバイスを与えてくれる。その成果の一例が、本書の第四章で取り上げられている副島勲氏の株式会社ヒューマンハーバーである。

＊

本書は、既存の資本主義システムを基盤とした現代社会への挑戦の書である。近年、いろいろな経済学者や社会学者が取り上げるようになった資本主義の歪みがもたらした貧富の格差の拡大という大きな社会問題に対して、一つの解決策を提案する本である。四十年以上ユヌス先生やその仲間たちが行ってきた実践は、本書で提案する解決策の有効性に対して大きな説得力を与えている。それは、冒頭の「マイクロクレジットはその後、世界中で、三億人以上の貧困者に対して、起業家としての能力を発揮する機会を与え、貧困と搾取の連鎖を断ち切る手助けをしている」という一節で強烈に語られる。ごく一部の人々に富が極度に集中して多くの人が貧困から抜け出せず、若者が自分を生かせる職を持てず、悪化する環境による気候変動や災害に対応できずにいる社会を、どのような方向へ導くかを明快に説いている。そして、何より「新たな文明を築く若い世代」への強烈なメッセージの書である。

第一部で、ユヌス先生は、経済学者として現在の資本主義経済のシステムの矛盾点や欠陥点を鋭く指摘している。「このような構造は持続不可能である。社会的にも政治的にも、この構造は時限爆弾のようなもので、いずれ、われわれが長年かけて築き上げてきたものすべてを破壊してしまう」と述べ、新しい社会システムを生み出す必要性と必然性を説いている。資本主義が前提としている人間の本性をもう一度見直し、無私の行動を取る人間の存在を前提とした「経済のエンジンの再設計」を提案している。そして、自らが実践してきたソーシャル・ビジネスを「人類の問題を解決することに力を注ぐ無配当の会社」と定義づけ、その意味を詳しく述べている。グラミン銀行の活動は、マイクロクレジットによる資金の提供とともにその資金を元手にした起業を支援することがセットになっており、借り手の女性たちに自立を促す。常識的には、信用がないとされる貧困層の女性が、九六%を超える返済率を実現し続けていることこそが、いろいろな経済理論の議論を超えた真実である。ユヌス先生は、さらに、ソーシャル・ビジネスの概念を広げ、多くのソーシャル・ビジネス・ベンチャーを起こしてきた。そして、ソーシャル・ビジネスの起業が、現在の資本主義に対抗できる新しい経済システムになると主張している。また、一過性のチャリティと、継続性を持つソーシャル・ビジネスの違いも明確に示している。

第二部では、人類が目指すべき最もわかりやすい3つの達成目標を提示し、ソーシャル・ビジネスによる目標達成の可能性を示している。「貧困ゼロ」は、グラミン銀行の活動を始めた時からのユヌス先生の夢であり、現在は世界中で同様の取り組みが行われる大きな流れとなっている。その中核となるのが、無私の精神に立脚したソーシャル・ビジネスによる経済システムである。日本のユーグレナの出雲充社長とのソーシャル・ビジネスも例として取り上げられている。バングラデシュでの成功は、ヨーロッパ諸国やアフリカ、南米にも広がり、大きな流れとなっている。

「失業ゼロ」は、「貧困ゼロ」を実現する手段であるだけでなく、誰もが起業家になる能力を持つという、すべての人間の尊厳に対する厚い信頼でもある。「仕事を探す者ではなく仕事を創る者になろう」という、若者への熱い呼びかけでもある。バングラデシュで生まれたノビーン・プログラムは、米国でも成功をおさめるようになった。

持続可能な地球を維持するために、3つ目のゼロ「二酸化炭素排出ゼロ」を訴える。気候変動は、貧しい発展途上国に大きな影響を与える。特に、農業への影響は、食糧生産とも大きく関係するので、重大な社会問題に直結する。二酸化炭素排出ゼロを達成するためには、環境に優しいエネルギーシステムを構築する必要があり、効率重視の資本主義だけでは進めにくい。ソーシャル・ビジネスの視点を持ち、地球全体の問題として考えることが重要である。

第二部では多くの事例が紹介されているが、バングラデシュだけでなく、ヨーロッパ、アフリカ、中南米、アメリカ、日本など世界中で同じような考え方のプロジェクトやビジネスが行われていることが紹介されており、ユヌス先生の考え方の広がりと普遍性が感じられる。第六章で国連の「ミレニアム開発目標（ＭＤＧｓ）」や「持続可能な開発目標（ＳＤＧｓ）」が紹介され、その現状と未来を展望している。

ユヌス先生は、講演や本で、いつも若者と女性への大きな期待を語る。第三部では、特に若者への力強いメッセージを具体的な事例を示しながら語っている。大学や学校は、若者に未来を設計する能力を教えるべきだと説いており、実際に世界の多くの地域で、ソーシャル・ビジネスを教えるコースが始まっている。若者たちも世界的なネットワークを作り始めている。また、ユヌス先生は、芸術やスポーツも非常に大切にしている。芸術やスポーツは、人間の本性に根ざした行為であり、これらを大切にすることが、多くの人に支持される新しい社会システムを生み出す源泉となることを、ユヌス先生はいつも語っている。

第八章で紹介されている先端の科学技術を利用した社会改革は、ユヌス先生のもう一つの顔である。先進国の後追いを開発途上国がする必然性はないことを説き、先端科学技術の成果とその利用に大きな関心を寄せる。私も、バングラデシュの農村で、有線電話がなくても携帯電話が普及している実態や、送電線がなくてもソーラーパネルによるエネルギーの地産地消が行われている実態を見て、技術発展の歴史観を根底から覆させられた。アシル博士が、九州大学の社会情報基盤プロジェクトに応募してきて、「先進国の社会情報基盤ではなく発展途上国の社会情報基盤の研究をさせて欲しい」という希望を聞いた時の漠然とした私の驚きは、バングラデシュの農村で極めて明快な確信に変わった。ユヌス先生がこの本で述べていることは、新しいテクノロジーの開発の方向性を考える起点となる。

第四部では、新しい社会の法体系や金融システムのあり方を、一つひとつ事項を検証しながら解き明かしている。二百五十年にわたって刷り込まれてきた資本主義の仕組みと、それを支えるとされる人間の本性を、まずは疑ってかかろうとするユヌス先生の姿勢は、常識にとらわれずに未来を考えることの重要性を教えてくれる。我々は、社会システムや思想の大転換を起こすべき時代に生きているのかもしれない。ユヌス先生の示す未来像は、若い人が未来を考える時の大きな指針となるように感じる。

この十年、私はユヌス先生と出会えたことで、バングラデシュをはじめ、ヨーロッパや東南アジアのソーシャル・ビジネスを実践する多くの人々と出会うことができた。大企業のトップや社会のリーダーもいれば、希望に満ちた学生たちや社会の底辺でコツコツと努力を続ける起業家たちもいる。彼らや彼女らは、ユヌス先生に触発され、自ら考え、行動し、大きな成果を生んできた人々である。あるいは、これから創造する人たちである。この本の読者の一人ひとりが、世界の未来とあるべき社会の姿について、もう一度自ら考えてくださることを期待している。

二〇一八年二月　福岡にて

原　注

第1章

1. Annie Lowrey, "Is It Better to Be Poor in Bangladesh or the Mississippi Delta?" *The Atlantic*, March 8, 2017, https://www.theatlantic.com/business/archive/2017/03/angus-deaton-qa/518880/.
2. "Just 8 Men Own Same Wealth as Half the World," Oxfam International, January 16, 2017, https://www.oxfam.org/en/pressroom/pressreleases/2017-01-16/just-8-men-own-same-wealth-half-world（「世界で最も豊かな8人が世界の貧しい半分の36億人に匹敵する資産を所有」オックスファム・ジャパン、2017年1月16日、http://oxfam.jp/news/cat/press/201799.html）。
3. Lauren Carroll and Tom Kertscher, "At DNC, Bernie Sanders Repeats Claim That Top One-Tenth of 1% Owns as Much Wealth as Bottom 90%," Politico, July 26, 2016, http://www.politifact.com/truth-o-meter/statements/2016/jul/26/bernie-s/dnc-bernie-sanders-repeats-claim-top-one-tenth-1-o/.
4. Sean Gorman, "Bernie Sanders Says Walmart Heirs Are Wealthier Than Bottom 40 Percent of Americans," Politico, March 14, 2016, http://www.politifact.com/virginia/statements/2016/mar/14/bernie-s/bernie-sanders-says-walmart-heirs-are-wealthier-bo/.
5. 経済成長を測る新しくさらによい方法を開発しようと、すでに数多くの実験が行なわれている。たとえば次を参照。Stewart Wallis, "Five Measures of Growth That Are Better Than GDP," World Economic Forum, April 19, 2017, https://www.weforum.org/agenda/2016/04/five-measures-of-growth-that-are-better-than-gdp/.

第2章

1. Mark Kinver, "Earth Warming to Climate Tipping Point, Warns Study," BBC News, November 30, 2016, http://www.bbc.com/news/science-environment-38146248.
2. Megan Rowling and Morag MacKinnon, "'No Planet B,' Marchers Worldwide Tell Leaders Before UN Climate Summit," Reuters, November 29, 2015, http://www.reuters.com/article/us-climatechange-summit-demonstrations-idUSKBN0TI00720151129.

第 3 章

1. Rachel Savage, "The Most Entrepreneurial Country in the World Is . . . Uganda?" *Management Today*, June 25, 2015, http://www.managementtoday.co.uk/entrepreneurial-country-world-is-uganda/article/1353317.
2. 食糧、エネルギー、環境、金融の危機についての以下の論考は、一部、次の文章を元にしている。Muhammad Yunus, "Adam Smith Lecture at Glasgow University," delivered December 1, 2008, http://www.muhammadyunus.org/index.php/news-media/speeches/210-adam-smith-lecture-at-glasgow-university.
3. "World Food Situation: FAO World Food Price Index," Food and Agriculture Organization of the United Nations, February 2, 2017, http://www.fao.org/worldfoodsituation/foodpricesindex/en/.
4. たとえば、ヨーロッパ連合が採用した農業政策は、ラテンアメリカとアフリカの農家に有害な影響を及ぼしている。次を参照。"Making the EU's Common Agricultural Policy Coherent with Development Goals," Overseas Development Institute briefing paper, September 2011, https://www.odi.org/sites/odi.org.uk/files/odi-assets/publications-opinion-files/7279.pdf.
5. Beth Hoffman, "How Increased Meat Consumption in China Changes Landscapes Across the Globe," *Forbes*, March 26, 2014, http://www.forbes.com/sites/bethhoffman/2014/03/26/how-increased-meat-consumption-in-china-changes-landscapes-across-the-globe/.
6. "Climate Change to Shift Global Spread and Quality of Agricultural Land," Science for Environment Policy, European Commission, February 12, 2015, http://ec.europa.eu/environment/integration/research/newsalert/pdf/climate_change_to_shift_global_spread_quality_agricultural_land_403na1_en.pdf.
7. Sunil Sazawal et al., "Impact of Micronutrient Fortification of Yoghurt on Micronutrient Status Markers and Growth—A Randomized Double Blind Controlled Trial Among School Children in Bangladesh," *BMC Public Health* 2013, 13:514.
8. Simon Parry, "The True Cost of Your Cheap Clothes: Slave Wages for Bangladesh Factory Workers," *Post Magazine*, June 11, 2016, http://www.scmp.com/magazines/post-magazine/article/1970431/true-cost-your-cheap-clothes-slave-wages-bangladesh-factory.
9. フランス・アクション・タンクと、それが立ち上げに協力したソーシャル・ビジネスについては、次の論考を参照のこと。Muhammad Yunus et al., "Reaching the Rich World's Poorest Consumers," *Harvard Business Review*, March 2015, https://hbr.org/2015/03/reaching-the-rich-worlds-poorest-consumers.

第 4 章

1. "Youth Unemployment Rate in Europe (EU Member States) as of December 2016 (Seasonally Adjusted)," Statista: The Statistics Portal, https://www.statista.com/statistics/266228/youth-unemployment-rate-in-eu-countries/.
2. たとえば、アメリカ労働統計局がまとめるU-6失業率は、"縁辺労働者"と"就業意欲喪失者"も含む数値であり、通常メディアで報道されるU-3失業率のおよそ二倍となるのが普通である。次を参照。Kimberly Amadeo, "What Is the Real Unemployment Rate?" The Balance, February 20, 2017, https://www.thebalance.com/what-is-the-real-unemployment-rate-3306198.
3. Gregory Viscusi, "Europe Sacrifices a Generation with 17-Year Unemployment Impasse," Bloomberg, October 7, 2014, http://www.bloomberg.com/news/articles/2014-10-07/europe-sacrifices-a-generation-with-17-year-unemployment-impasse.
4. "Decent Work and the 2030 Agenda for Sustainable Development," International Labour Organization, http://ilo.org/global/topics/sdg-2030/lang--en/index.htm.
5. "Lowering the Recidivism Rate," editorial, *Japan Times*, November 24, 2014, http://www.japantimes.co.jp/opinion/2014/11/24/editorials/lowering-recidivism-rate/.

第 5 章

1. Gardiner Harris, "Borrowed Time on Disappearing Land: Facing Rising Seas, Bangladesh Confronts the Consequences of Climate Change," *New York Times*, March 28, 2014, https://www.nytimes.com/2014/03/29/world/asia/facing-rising-seas-bangladesh-confronts-the-consequences-of-climate-change.html.
2. "About the B Team," http://bteam.org/about/.

第 6 章

1. United Nations Department of Public Education, "Sustainable Development Goals: 17 Goals to Transform Our World," http://www.un.org/sustainabledevelopment/sustainable-development-goals/. 日本語訳：外務省「持続可能な開発のための 2030 アジェンダと日本の取組」、http://www.mofa.go.jp/mofaj/gaiko/oda/files/000252816.pdf。

2. United Nations Department of Public Education, "Goal 1: End Poverty in All Its Forms Everywhere. Goal 1 Targets," http://www.un.org/sustainabledevelopment/poverty/. 日本語訳：「我々の世界を変革する：持続可能な開発のための 2030 アジェンダ」（仮訳）、http://www.mofa.go.jp/mofaj/files/000101402.pdf。なお訳は一部、改変している。
3. Daniel Nowak, "Investing in Social Businesses in the Western Balkans," European Venture Philanthropy Association blog, August 30, 2016, http://evpa.eu.com/blog/investing-in-social-businesses-in-the-western-balkans.
4. Sara Manisera, "She's Helped Change the Prospects of Women Affected by the Bosnian War," *Christian Science Monitor*, September 15, 2016, http://www.csmonitor.com/World/Making-a-difference/2016/0915/She-s-helped-change-the-prospects-of-women-affected-by-the-Bosnian-war.
5. "McCain CE Collaborates to Launch Social Business," McCain website, July 11, 2014, http://www.mccain.com/information-hub/news/some-test-news.

第 7 章

1. Max Ehrenfreund, "A Majority of Millennials Now Reject Capitalism, Poll Shows," *Washington Post*, April 26, 2016, https://www.washingtonpost.com/news/wonk/wp/2016/04/26/a-majority-of-millennials-now-reject-capitalism-poll-shows/.
2. Michael Munger, "Why You Can't Just 'Reject' Capitalism," Learn Liberty, May 15, 2016, http://www.learnliberty.org/blog/why-you-cant-just-reject-capitalism/.
3. Sarah Kendzior, "Why Young Americans Are Giving Up on Capitalism," *Foreign Policy*, June 16, 2016, http://foreignpolicy.com/2016/06/16/why-young-americans-are-giving-up-on-capitalism/.
4. Syeda Nafisa Nawal, "Redefining 'Win—Win': Youth in Social Business," Daily Star [Dhaka, Bangladesh], July 29, 2016, http://www.thedailystar.net/next-step/youth-social-business-1261174.
5. これに続く老年と隠退についての節は、2014 年 6 月 10 日にインドのハイデラバードで開催された国際高齢者団体連盟（IFA）第 12 回国際高齢者会議でのムハマド・ユヌスの基調講演に基づいている。

第 8 章

1. Jason Choi, "Emerging Markets Can Be Wildly Profitable-If You Aren't Focused on

Mobile and Cloud," *Forbes*, June 8, 2016, https://www.forbes.com/sites/groupthink/2016/06/08/emerging-markets-can-be-wildly-profitable-if-you-arent-focused-on-mobile-and-cloud/.
2. "How Does MakeSense Work?" MakeSense, November 2015, https://makesense.s3.amazonaws.com/resources/social_entrepreneurs.pdf.

第 9 章

1. Transparency International Corruption Perceptions Index 2016, January 25, 2017, https://www.transparency.org/news/feature/corruption_perceptions_index_2016.
2. Muhammad Yunus with Karl Weber, *Creating a World Without Poverty* (New York: PublicAffairs, 2007), chap. 5（ムハマド・ユヌス『貧困のない世界を創る――ソーシャル・ビジネスと新しい資本主義』猪熊弘子訳、早川書房、2008 年、第 5 章)。

第 10 章

1. 以下の、世界の経済システム改革における法律面の考察は、次に一部を拠っている。Muhammad Yunus, "How Legal Steps Can Help to Pave the Way to Ending Poverty," *Human Rights Magazine*, Winter 2008, http://www.americanbar.org/publications/human_rights_magazine_home/human_rights_vol35_2008/human_rights_winter2008/hr_winter08_yunus.html.
2. "Retail Florist License," Louisiana Horticulture Commission, http://www.ldaf.state.la.us/consumers/horticulture-programs/louisiana-horticulture-commission/.
3. The Giving Pledge, https://givingpledge.org.
4. Kerry A. Dolan, "Mark Zuckerberg Announces Birth of Baby Girl & Plan to Donate 99% of His Facebook Stock," *Forbes*, December 1, 2015, https://www.forbes.com/sites/kerryadolan/2015/12/01/mark-zuckerberg-announces-birth-of-baby-girl-plan-to-donate-99-of-his-facebook-stock/.
5. Muhammad A. Yunus and Judith Rodin, "Save the World, Turn a Profit," *Bloomberg View*, September 25, 2015, https://www.bloomberg.com/view/articles/2015-09-25/save-the-world-turn-a-profit.

3つのゼロの世界《せかい》
貧困0・失業0・CO_2排出0の新たな経済
2018年2月20日　初版印刷
2018年2月25日　初版発行
＊
著　者　ムハマド・ユヌス
訳　者　山田《やまだ》　文《ふみ》
発行者　早川　浩
＊
印刷所　中央精版印刷株式会社
製本所　中央精版印刷株式会社
＊
発行所　株式会社　早川書房
東京都千代田区神田多町2－2
電話　03-3252-3111（大代表）
振替　00160-3-47799
http://www.hayakawa-online.co.jp
定価はカバーに表示してあります
ISBN978-4-15-209744-6　C0036
Printed and bound in Japan
乱丁・落丁本は小社制作部宛お送り下さい。
送料小社負担にてお取りかえいたします。